Thea Leitner
Habsburgs vergessene Kinder

## Zu diesem Buch

Was ist aus Marie Antoinettes Kindern geworden? Wer kennt Don Juan de Austria II.? Wer weiß, daß der letzte Kaiser von Brasilien ein Habsburger war? Die Schriftstellerin Thea Leitner verfolgte die Spuren von Nachkommen des Hauses Habsburg, die von der Geschichte bisher kaum beachtet wurden. Dabei stieß sie auf Menschen »mit ihren Ängsten, Leidenschaften und Verstrickungen, mit ihren heroischen Höhepunkten und ihren abgrundtiefen Nöten«.

*Thea Leitner,* geboren in Wien, studierte Malerei, Kunstgeschichte, Sprachen und arbeitete als Journalistin. Nach zahlreichen Kinder- und Jugendbüchern gelang ihr mit »Habsburgs verkaufte Töchter« (1987) und anderen Büchern zur österreichischen Geschichte der Sprung auf die Bestsellerlisten. Thea Leitner lebt heute als freie Autorin in ihrer Geburtsstadt.

# Thea Leitner
# Habsburgs vergessene Kinder

Mit zahlreichen Abbildungen

Piper München Zürich

Von Thea Leitner liegen in der Serie Piper vor:
Habsburgs verkaufte Töchter (1827)
Fürstin, Dame, Armes Weib (1864)
Habsburgs vergessene Kinder (1865)
Skandal bei Hof (2009)
Die Männer im Schatten (2324)
Spiele nicht mit meinem Herzen (3004)

Ungekürzte Taschenbuchausgabe
Piper Verlag GmbH, München
1. Auflage Juli 1994
9. Auflage April 2003
© 1989 Carl Ueberreuter Verlag, Wien
Umschlag: Büro Hamburg
Stefanie Oberbeck, Katrin Hoffmann
Umschlagabbildung: Österreichische Nationalbibliothek, Wien
Foto Umschlagrückseite: Verlag Carl Ueberreuter, Wien
Satz: Carl Ueberreuter Druckerei Ges.m.b.H., Korneuburg
Druck und Bindung: Clausen & Bosse, Leck
Printed in Germany   ISBN 3-492-21865-2

www.piper.de

# Inhalt

7 Kinder und Enkel

11 Sohn einer Komödiantin
Don Juan José de Austria 1629–1679

53 Aschenbrödel
Maria Anna 1738–1789

105 Marie Antoinettes Kinder
Louis 1785–1795 (?)
Marie Thérèse 1778–1851

189 Magnanimo
Pedro 1825–1891

239 Der Mann von Mallorca
Ludwig Salvator 1847–1915

281 Stammtafeln

286 Personenregister

Für Bastian in Liebe und Dankbarkeit

# Kinder und Enkel

Wer war Don Juan de Austria?
Viele wissen es nicht. Aber sehr gebildeten und in der Geschichte überaus sattelfesten Menschen kommt, mit der gewissen Überlegenheit derer, die sich ihrer Sache absolut sicher sind, die Antwort geschwind über die Lippen: Don Juan d'Austria war der natürliche Sohn Kaiser Karls V. aus der Beziehung mit der Bürgerstochter Barbara Blomberg, glorreicher Sieger über die Türken in der Seeschlacht von Lepanto im Jahre 1571.
Und das ist dann der Augenblick meines Triumphes. Nein, sage ich, ich meine den anderen.
Welchen anderen?
Den Sohn König Philipps IV. und der Schauspielerin Maria Calderón, glorreicher Sieger über den Aufstand der »Masaniellos« im Neapel des Jahres 1647.
Darauf folgt meist ein irritiertes Schweigen der sehr gebildeten und in der Geschichte überaus sattelfesten Menschen, bis sie sich zu der Frage durchringen, wie ich denn auf jenen anderen Don Juan gekommen sei, von dem kein Mensch – Fachhistoriker ausgenommen – je zuvor gehört hat.
Das ist nun wieder eine Geschichte für sich. Begonnen hat sie vor einigen Jahren, als mein Ärger wuchs, daß immer nur über dieselben Frauen des Hauses Habsburg geschrieben wird. Aus purer Neugier befaßte ich mich eingehender mit den links liegengelassenen Damen aus dem großen Geschlecht. So kam das Buch »Habsburgs verkaufte Töchter« zustande, das lebhaftes Interesse sowie mancherlei Fragen auslöst. Was, zum Beispiel, sei denn aus dem Sohn der unglücklichen Kaiserin Leopoldine von Brasilien, Tochter Kaiser Franz' I. von Österreich, geworden, der seine Mutter bereits im Alter von einem Jahr verloren

hat? Kaiser von Brasilien – soviel war mir schon klar, Näheres jedoch nur rudimentär.
Ich folgte der Anregung, suchte alles Erreichbare über diesen Kaiser Pedro II. zusammen und stieß auf einen bemerkenswerten Mann, der noch einmal, wie in einem Prisma, alle lobenswerten Herrschereigenschaften der Habsburger in sich vereinigte – wenn er auch »nur« ein Enkel und kein Sohn des Hauses Österreich war.
So kam dann eines zum anderen ...
Die Lebensläufe der Kinder Marie Antoinettes müßte man doch auch verfolgen, besonders jetzt, zum 200. Jahrestag der Französischen Revolution! Das Schicksal von Marie Antoinettes Sohn Louis mag manchen schemenhaft erinnerlich sein. In der Schule haben wir lediglich erfahren, daß er im Hause eines Schusters gelebt haben soll – und das ist schon einmal falsch, wie so vieles, das man uns beigebracht hat. Louis war bis zu seinem frühen Tod im Temple gefangen, der *ehemalige* Schuster Simon war sein Kerkermeister. Von der Tochter Marie Antoinettes, Marie Thérèse, wissen wir im allgemeinen so gut wie gar nichts. Oder hat man je gehört, daß Marie Thérèse, wenn auch nur einen Herzschlag lang, Königin von Frankreich war? Ist man nicht überrascht zu vernehmen, daß Marie Antoinettes Tochter in Rußland, in England, in Schottland, in Wien und in Prag gelebt hat und nahe Wiener Neustadt gestorben ist?
So ging ich den Lebenslinien von weiteren vergessenen Kindern und Enkeln der Habsburger nach; ich war verblüfft und entzückt, aus einer Fülle bunter, lebenspulsierender Geschichten voller Überraschungen und Pointen schöpfen zu können. Zum Vorschein kamen Menschen mit ihren Ängsten und Leidenschaften und Verstrickungen, ihren heroischen Höhepunkten und ihren abgrundtiefen Nöten. Sie haben es wahrlich nicht verdient, weiterhin im Schatten der meist zum ehernen Standbild ihrer selbst erstarrten berühmten Verwandten dahinzudämmern.
Der Leser wird sich vielleicht wundern, in diesem Buch nur sympathischen oder zumindest respektablen Hauptfiguren zu begegnen, in einer Zeit, da uns ständig vorgelebt wird, daß offensichtlich die negativen Charaktere überwiegen. Ein Erscheinungsbild, das von Büchern und Zeitungen, von Theater, Film und Fernsehen genüßlich ausgewalzt, so lange vergröbert und verallgemeinert wird, bis schließlich der Ein-

druck entsteht, der Homo sapiens sei ein durch und durch verkommenes Wesen, rettungslos dem selbstverschuldeten Untergang geweiht. Zugegebenermaßen war es ursprünglich nicht meine Absicht, aus dem reichhaltigen Material nur die gefälligen unter den vergessenen Kindern des Hauses Habsburg herauszupicken. Bis ich auf einmal merkte, daß ich an die Grenzen meiner schriftstellerischen Gestaltungskraft geriet: Als ich mich mit einer Habsburgerin beschäftigte, die sich bei näherem Nachforschen nicht nur als labil und wankelmütig, sondern dazu noch als egoistisch und korrupt erwies, ließ ich die mühsame Recherchenarbeit von einigen Monaten ohne weiteres sausen. Alles in mir sträubte sich dagegen, über jemanden zu schreiben, den ich nicht leiden konnte. Vielleicht kommt das daher, daß ich ein altmodischer Mensch bin, behaftet mit der augenblicklich allgemein verpönten und verhöhnten Sehnsucht nach einer heilen Welt, die von anständigen Menschen bewohnt wird.

Das Buch »Habsburgs schwarze Schafe« soll schreiben, wer will – ich werde es bestimmt nicht tun.

Thea Leitner

Wien, im Januar 1989

# Sohn einer Komödiantin

## Don Juan José de Austria 1629–1679

Dreimal versuchte der Prinz zum todkranken König vorzudringen, dreimal wurde er abgewiesen. »Was will er, ich habe ihn nicht gerufen«, keuchte der alte Mann. »Sagt ihm, jetzt ist Zeit zum Sterben und nichts anderes.«
Don Juan José de Austria, der sechsunddreißigjährige Lieblingssohn Philipps IV., blieb an diesem 17. September 1665 draußen vor der Tür, während man seinen vierjährigen Halbbruder Carlos ans Sterbelager schleppte. Philipp flüsterte dem Kind zu: »Möge der Herr in seiner Güte dich glücklicher machen, als ich es war.« Dann ging er von dieser Welt. Das war der Anfang vom Ende von Habsburgs Glorie in Spanien.
Als Carlos, dann bei uns schon besser bekannt unter dem Namen König Karl II., fünfunddreißig Jahre später kinderlos sein armes bißchen Leben aushauchte, entbrannte schließlich zwischen Frankreich und Österreich, genauer gesagt zwischen Bourbon und Habsburg, der aus langweiligen Schulstunden hinlänglich bekannte Spanische Erbfolgekrieg. Er kostete Tausenden Männern das Leben und Habsburg die spanische Krone.
Mit diesem unseligen Krieg war Habsburg in zwei selbstgestellte Fallen geraten: in die Falle seiner spekulativen Heiratspolitik und in die Falle seines starren Standesstolzes.
Bourbon pochte auf seine Erbrechte, weil Ludwig XIV. mit der spanischen Habsburgerin Maria Teresa verheiratet war. Im Ehevertrag war ausdrücklich festgehalten, daß Maria Teresa und ihre Nachkommen den Anspruch auf Spaniens Krone behielten, falls ihre Mitgift in der Höhe von 500 000 Gulden nicht bezahlt würde. Da die Spanier außerstande waren, diese horrende Summe aufzubringen, war Frankreichs Begehren rechtlich abgesichert. Der Habsburger-Sproß aber, der alle

physischen und psychischen Eigenschaften besessen hätte, dem Hause Österreich nicht nur gesunden Nachwuchs zu garantieren, sondern Spanien zu jener Weltgeltung und Wehrhaftigkeit zurückzuführen, die es einst besessen hatte, dieser Mann war mehr oder weniger ins Abseits gedrängt. Er war zwar als königlicher Prinz anerkannt, jedoch von der Erbfolge ausgeschlossen. Der Makel seiner illegitimen Geburt hinderte ihn an der vollen Entfaltung seiner Talente. Don Juan José de Austria leuchtete nur kurz wie ein heller Komet im immer dichter werdenden Dunkel der spanischen Nacht...

Das spanische Weltreich war schon längst ein Koloß auf tönernen Füßen, als Don Juans Vater, Philipp IV., 1621 an die Macht kam. Es hätte übermenschlicher Kraft, übermenschlicher Weisheit und übermenschlicher Geduld bedurft, das lecke Staatsschiff wieder flottzumachen. Philipp besaß nichts davon.

Er hatte von seinem Vater ein praktisch bankrottes Reich übernommen, durch innere Fehden und auswärtige Kriege zermürbt und ausgelaugt. Das spanische Mutterland war niemals eine nationale Einheit gewesen, sondern ein Konglomerat von mühsam zusammengehaltenen Volksgruppen, die eigene Sprachen und eigene Gebräuche pflegten (Basken, Katalanen, Andalusier) und in ständigem Aufruhr gegen die von Madrid aus gelenkte Vorherrschaft der Kastilier ankämpften. Während Philipps Regierungszeit kam es zu mehreren blutigen Revolutionen, vor allem von seiten der Katalanen, die nur mit äußerster Brutalität unterdrückt werden konnten.

Philipps Truppen kämpften aber auch gegen Portugal, das Ende des 16. Jahrhunderts von Spanien annektiert worden war und nun erbittert um seine Freiheit rang. Spanien lag in ständiger bewaffneter Konfrontation mit seinem französischen Nachbarn sowie mit den erst vor wenigen Jahrzehnten abgefallenen Teilen der Niederlande, die meist von England unterstützt wurden, und Spanien stand den österreichischen Habsburgern auch noch im Dreißigjährigen Krieg bei.

Erschreckend war der Bevölkerungsschwund: Hatte Spanien zur Zeit Kaiser Karls V. (als spanischer König Karl I.) noch mehr als zehn Millionen Einwohner gezählt, so waren es beim Regierungsantritt Philipps IV. nur noch rund sieben Millionen. Diese Verluste waren zum Teil auf zwei schwere Pestepidemien mit einer Million Opfern, zum Teil auf kurzsichtige politische Maßnahmen zurückzuführen: 800 000

Morisken – die Nachfahren der einstmals herrschenden Araber – und 350 000 Juden waren im Verlauf weniger Jahrzehnte aus dem Land getrieben worden. Peinlicherweise waren es gerade diese Morisken und diese Juden gewesen, die Handel und Wandel im Lande vorangetrieben hatten. Die Morisken waren tüchtige Handwerker und fleißige Arbeiter, die Juden bildeten den Humus, auf dem geistiger und wirtschaftlicher Fortschritt gediehen.

Selbst die wenigen Juden, die sich das spanische Heimatrecht durch die Taufe erkauft hatten, blieben von allen staatlichen und politischen Funktionen ausdrücklich ausgeschlossen. Das Gesetz des »reinen Blutes« (limpieza de sangre), ein direkter Vorläufer des berüchtigten Ariernachweises im Deutschland des 20. Jahrhunderts, anerkannte nur jene Mitbürger als vollwertig, deren Eltern und Großeltern bereits katholisch gewesen waren.

Aber nicht nur die Morisken und Juden gingen dem Land und seiner Wirtschaft verloren: Abertausende junge Männer, die entweder im Kriegsdienst standen oder den Sirenenlockungen folgten, welche raschen Reichtum und grenzenloses Glück in den neuerworbenen Kolonien verhießen, stellten einen nicht wiedergutzumachenden Aderlaß dar. Weite Landstriche blieben unbestellt. Inflation, Hungersnöte und wahnwitzig hochschnellende Preise für alle Lebensmittel waren die Folge. Spanien wurde das teuerste Land Europas.

Und die Steuern! Innerhalb weniger Jahrzehnte stieg die Belastung um 400 Prozent – die Lebenshaltungskosten erhöhten sich »nur« um 300 Prozent. Die Abgaben waren höchst ungleichmäßig verteilt. Die ganz Armen – und deren gab es nur allzu viele – konnten nichts an den Staatssäckel abführen. Adel, Beamte, Offiziere und Klerus brauchten keine Steuern zu zahlen. Spanien verfügte über siebenunddreißig Bistümer, 200 000 Geistliche und 300 000 Beamte. Die Zahl der Adeligen stieg sprunghaft an: Sie hatte sich seit 1520 versiebenfacht; die neuen Granden (höchste Adelsstufe) sowie Titulos (alle übrigen vom Herzog bis zum Hidalgo) durften sich neben der Steuerfreiheit auch noch anderer, außerordentlicher Privilegien wie Sonderstellung gegenüber der Justiz erfreuen.

Zu der Schwemme an Adelstiteln war es gekommen, nachdem die königlichen Schatzmeister im Schacher mit den begehrten Prädikaten eine ständig sprudelnde Einnahmequelle entdeckt hatten. Bis zu 30 000

Gold-Escudos brachte der Verkauf eines Wappens an die zahlungskräftige Klientel. Warum sollte man nicht mit Adelstiteln handeln, wenn alles und jedes auf dem Weg über Bestechung und Korruption zu haben war? Nicht nur Ämter und Titel, auch Patente, Papiere und Privilegien kamen so unters Volk. Groteskes Paradebeispiel: Die Universität von Navarra handelte mit Arztdiplomen, obwohl sie gar keine medizinische Fakultät besaß. Und die Bettler von Madrid, die sich hauptsächlich aus arbeitslosen Landarbeitern rekrutierten, durften ihrem »Gewerbe« nur dann nachgehen, wenn sie ein diesbezügliches Zertifikat erworben hatten. Wurden sie ohne dieses aufgegriffen, steckte man sie in Arbeitshäuser oder warf sie aus der Stadt.

Und das Gold? Die unermeßlichen Reichtümer aus den überseeischen Provinzen? Hören wir dazu die Stimme eines Fachmanns. Der Diplomat und Historiograph Francisco Sancho de Moncada schrieb 1619: »Die Entdeckung Amerikas trägt die Schuld an der spanischen Armut.« Was paradox klingt, läßt sich nicht nur durch die simple Volksweisheit »Gold allein macht nicht glücklich«, sondern durch die Grundgesetze wirtschaftlicher Abläufe erklären.

Gold an sich ist nutzlos, wenn die dazugehörige Infrastruktur fehlt. Spanien brachte, ähnlich den heutigen Entwicklungsländern, fast ausschließlich Rohprodukte hervor: Wolle, Seide, Eisenerz. Es verfügte über keine noch so bescheidene Industrie, kein voll entwickeltes Gewerbe. Alle Fertigprodukte mußten um schweres Geld und Gold aus dem Ausland eingeführt werden. Des lukrativen Handels mit Übersee hatten sich längst Holländer und Engländer bemächtigt, das berühmtberüchtigte Gold aus Amerika floß zum Teil direkt in europäische Bankhäuser – von wo die spanische Regierung sich das Geld für hohe Zinsen wieder ausleihen mußte. Außerdem: die spanische Flotte war längst nicht mehr imstande, die kostbaren Transporte hinreichend zu schützen. Das Edelmetall fiel einzelnen Piraten oder wohlorganisierten englischen und holländischen Kaperflotten in die Hände.

Philipp IV. war gerade sechzehn, als er den Thron bestieg. Ein nicht besonders hübscher, aber leidlich begabter Junge, der leicht lernte – er sprach fließend Kastilisch, Französisch, Italienisch und Portugiesisch. Aber er war ein verwöhntes Kind gewesen und niemals wirklich zu ernsthafter Arbeit angehalten worden. Dieses Negativum teilte er mit allen Söhnen des höheren und niederen Adels, denn Arbeit galt als

*König Philipp IV. von Spanien*

plebejisch und nichtswürdig – eine Geisteshaltung, die übrigens bis in die breitesten Volksschichten drang. Es sind genug Fälle bekannt, daß Handwerkersöhne, hatten sie einmal vom fleißigen Vater ein wenig Geld geerbt, lieber dem Müßiggang frönten, als einer nützlichen Beschäftigung nachzugehen – auch dies ist ein Grund für Spaniens Rückständigkeit auf allen Gebieten.

Schon Philipp III. hatte sich herzlich wenig um die Regierungsgeschäfte gekümmert, und sein Sohn sah durchaus keine Veranlassung, es anders zu halten. An der Spitze der Regierung standen unter Philipp III. blutsaugerische und speichelleckerische Günstlinge des Monarchen. Auch beim jungen Philipp IV. war sogleich der rechte Mann zur Hand, der dem Knaben die lästige Arbeit des Regierens abnahm. Don Gasparo de Guzman, Graf von Olivarez, Herzog von San Lucar de Barranda, hatte bald alle wichtigen Funktionen inne. Don Gasparo gebot über die Innen- und die Außenpolitik, ohne ihn lief nichts im Lande.

Philipp IV., gutmütig, träge und – zumindest nach außen – sehr fromm, war zufrieden, solange er nur seinen persönlichen Interessen nachgehen konnte. Er lebte in der hermetisch abgeschlossenen Scheinwelt des Hofes, dessen sinnloser Tagesablauf vom eisernen Korsett des immer bizarrer werdenden Hofzeremoniells zusammengehalten wurde; es hieß übrigens in Spanien nicht das spanische, sondern das burgundische, in stolzer Erinnerung an die glorreichen Ahnen aus der mittelalterlichen Großmacht Burgund. Es gab pompöse Feste, die Unsummen verschlangen, und aus dem geringsten Anlaß kostspielige Umzüge, Stierkämpfe oder glanzvolle Theateraufführungen.

Man hatte Philipp IV. schon als zehnjähriges Kind mit Elisabeth, der Schwester des französischen Königs Ludwig XIII., verheiratet; zugleich zog Philipps Schwester Anna nach Paris, um an der Seite Ludwigs XIII. von Herzen unglücklich zu werden. Philipp kümmerte sich weder um Glück noch um Unglück seiner Gemahlin; die Hauptsache, nämlich für Nachwuchs zu sorgen, erledigte er pflichtgemäß. Das Paar hatte sieben Kinder, von denen jedoch nur zwei, Maria Teresa und Baltasar Carlos, das zarteste Alter überlebten.

Philipp war von vier großen Leidenschaften besessen: Theater, Jagd, Stierkampf und Frauen. Fast täglich ging er jagen, fast täglich besuchte er ein Schauspiel oder eine Oper, fast täglich eine Corrida. Er bevor-

zugte bei weitem die perverseste Form dieses atavistischen Vergnügens am Töten wehrloser Tiere: die primitive Stierhatz.
Am Rande eines Gewässers wurde eine hölzerne Rutschbahn errichtet, deren glattgehobelte Bohlen durch reichlich darauf verschmierten Talg noch gleitfähiger gemacht wurden. Auf den höchsten Punkt der Rutsche stellte man einen Stier und versetzte ihm einen kräftigen Stoß. Das Tier verlor das Gleichgewicht und donnerte unter entsetzlichem Gebrüll, mit allen vieren wild um sich schlagend, in die Tiefe, bis es schließlich ins Wasser klatschte. Kaum tauchte der Stier an die Oberfläche, wurde er von Booten aus mit Lanzen, vom Wasser aus durch Schwimmer mit langen Dolchen attackiert. Versuchte die elende Kreatur an Land zu flüchten, wurde sie von weiteren tapferen Stierkämpfern mit einem Hagel von Geschossen empfangen. Hetzte der Bulle ins Wasser zurück, wurde er neuerlich von allen Seiten bedrängt. In panischer Angst torkelte und schwamm das Tier zwischen Wasser und Ufer hin und her, bis es seinen Verletzungen erlag oder in totaler Erschöpfung seinen Geist aufgab. Philipp hatte so viele Stierkämpfe und Stierhatzen gesehen, daß ihn schließlich selbst die raffiniertesten und sadistischsten Darbietungen zu langweilen begannen.
Ähnlich erging es ihm mit den Frauen. Schon von frühester Jugend an gewöhnt, seinen erotomanischen Gelüsten ungehindert nachzugehen, fand er bald kaum mehr an der Liebe Lust. Er hatte binnen kurzem im ganzen Land ungezählte Kinder gezeugt, um die er sich ebensowenig kümmerte wie um deren Mütter, als ihm ein Vertrauter des Grafen Olivarez – immer bemüht, dem Herrn und Gebieter zu Gefallen zu sein und ihn der Politik fernzuhalten – ein Mädchen ganz besonderer Art zuführte: die blutjunge und bildschöne Maria Calderón, ein einfaches Kind der andalusischen Berge, das in der Hauptstadt sein Glück als Schauspielerin gemacht hatte.
Es waren offenbar weder die Jugend noch die hervorstechenden äußeren Reize der Maria Calderón, die den damals vierundzwanzigjährigen König fesselten, als vielmehr eine kleine interessante anatomische Anomalie der Künstlerin, auf die man den schon fast liebesüberdrüssigen Lebemann aufmerksam machte. Kurz und gut: die Komödiantin wurde die offizielle Mätresse des Königs, und als sie ihm am 4. April 1629 einen Sohn gebar, war Philipp außer sich vor Freude. Dieses eine illegitime Kind hob er heraus aus der Schar seiner Bastarde, zu diesem

allein bekannte er sich in aller Öffentlichkeit. Don Juan José durfte sich Hoheit nennen und wurde als solche behandelt; die Königin mußte ihn als »mein lieber Sohn« ansprechen, was ihr zeitlebens die größten Schwierigkeiten bereitete.

Doña Maria Calderón verschwand bald in der Versenkung, man weiß nichts über ihren weiteren Lebensweg, Don Juan hingegen konnte sich der ungebrochenen Liebe seines Vaters erfreuen – fast bis an dessen Lebensende. Aber eben nur fast bis dahin.

Don Juan José de Austria war ein außergewöhnlich hübscher Knabe. Er hatte von der Mutter die ebenmäßige Gestalt, das feingeschnittene Gesicht, die lackschwarzen Locken und vom Vater die strahlend blauen Habsburger-Augen geerbt. Sein Charme war hinreißend, er war jedermanns Liebling und noch dazu so vielseitig begabt, daß seine Lehrer aus dem Staunen nicht herauskamen. Don Juan lernte mit Leichtigkeit auf allen Instrumenten zu spielen, sein malerisches und graphisches Talent war überdurchschnittlich, Mathematik, Sprachen und Geisteswissenschaften waren ihm das reine Kinderspiel.

Der entzückte Vater las dem Wunderkind jeden Wunsch von den Augen ab und verwöhnte ihn dermaßen, daß diese Affenliebe deutliche Spuren im Charakter Don Juans hinterließ: Er verlor, wie wir noch sehen werden, gelegentlich das rechte Maß für seine Grenzen, und wer sich seinen Wünschen widersetzte, den verdächtigte er, sein persönlicher Feind zu sein. Seine brillante Intelligenz bewahrte ihn nicht vor Hochmut gegenüber allen, die nicht auf seiner geistigen Stufe standen – und das war nun einmal die Mehrheit.

Philipp IV. schlug den Dreizehnjährigen zum Ritter. Der Junge erhielt einen eigenen Hofstaat und einen Palast in Consuegra, einer damals kleinen Stadt in der Provinz Toledo; seine Jahresapanage betrug nicht weniger als 100 000 Gold-Escudos. Den erst Fünfzehnjährigen wollte Philipp zum Statthalter des noch bei Spanien verbliebenen Teils der Niederlande ernennen, was aber an der wütenden Ablehnung der ohnehin zum Aufruhr neigenden Provinz scheiterte. Wie weit dieser Widerstand von Wien aus unterstützt und gelenkt wurde, läßt sich nicht mehr genau feststellen. Tatsache ist, daß die österreichische Verwandtschaft den kometenhaften Aufstieg des spanischen Bastards mit zunehmender Besorgnis wahrnahm.

Philipp beförderte seinen Liebling statt dessen zum »Principe de la

*Maria Calderón*

*Don Juan José de Austria*

Mar«, zum Oberkommandierenden der spanischen Flotte also, und eine gründliche militärische und nautische Ausbildung sollte in nicht allzu ferner Zeit erfreuliche Früchte tragen.
Unterdessen wurde Philipp von schweren Schicksalsschlägen getroffen. Nachdem er schon fünf seiner sieben Kinder verloren hatte, wurde ihm auch seine Frau Elisabeth entrissen. Sie erlitt im Oktober 1644 eine Fehlgeburt. Der geschwächte Körper war einer simplen Halsentzündung nicht gewachsen. Die Ärzte mit ihren gräßlichen Aderlässen und Purgierungen taten ein übriges, die erst einundvierzigjährige Frau vom Leben zum Tod zu befördern.
Elisabeth hatte kaum die Augen geschlossen, als Philipp von seinen Ratgebern – es waren inzwischen andere, Olivarez war im Jahre 1643 gestürzt worden – aufs dringlichste gebeten und beschworen wurde, sich alsbald wieder zu verheiraten. Philipp besaß zwar einen legitimen Sohn, den beim Tod der Mutter fünfzehnjährigen Baltasar – aber *ein* Sohn war zuwenig in einer Zeit, da die Kinder starben wie die Fliegen. Philipp schlug alle Argumente in den Wind: Baltasar Carlos hatte die gefährlichste Zeit der frühen Kindheit hinter sich gebracht, in wenigen Wochen würde er seine Cousine Maria Anna, die Tochter Kaiser Ferdinands III. und dessen Frau Anna, heiraten und dann, mit Gottes Hilfe, schon dafür sorgen, daß die spanische Linie Habsburgs weiter blühe und gedeihe. Die Mutter der Braut war übrigens niemand anderer als Philipps eigene Schwester.
Dem königlichen Optimismus zum Trotz geschah das Unfaßbare: Baltasar Carlos, ein zarter, melancholisch wirkender blonder Knabe von noch nicht einmal siebzehn Jahren, starb im März 1646 innerhalb von drei Tagen während einer Reise nach Saragossa – vermutlich an einem Blinddarmdurchbruch.
Philipp war halb wahnsinnig vor Schmerz. Tagelang saß er, verstört und geistesabwesend, am offenen Sarg des Toten, auf dem die ganze Hoffnung seines Hauses geruht hatte. Monatelang versank er in düsteres Schweigen. Die Vorschläge seiner Minister, sich nun doch eilig nach einer neuen Ehefrau umzusehen oder, praktischerweise, gleich die kindliche Braut seines Sohnes, Maria Anna von Österreich, heimzuführen, wies er brüsk zurück.
Don Juan hatte mittlerweile die militärische Ausbildung beendet. Schon sein erster Einsatz geriet ihm zum Triumph. Es gelang dem erst

Achtzehnjährigen, 1647–1648 einen Aufstand in Neapel – Süditalien und Sizilien gehörten damals zu Spanien – ohne größere Verluste niederzuschlagen, obwohl die französische Flotte ausgelaufen war, den sogenannten »Masaniellos« zu Hilfe zu eilen. Die Aufrührer, angeführt von einem gewissen Tommaso Aniello, hatten den spanischen Vizekönig verjagt und für einige Zeit eine Art Kommune-Regime geführt.
Nach dem Kampf gab sich Don Juan der wohlverdienten Ruhe und den Freuden des süßen Lebens hin – und so wurde er, gleich am Anfang seiner Herzensbrecherlaufbahn, in einen handfesten Skandal verwickelt. Er verführte und schwängerte die süße, blutjunge Maria Rosa, Tochter des berühmten Jusepe de Ribera, besser bekannt unter seinem Spitznamen »Lo Spagnoletto« (der kleine Spanier), Hofmaler des Vizekönigs, Mitglied der Akademie San Luca zu Rom und erst kürzlich mit dem päpstlichen Christusorden ausgezeichnet. Als die Affäre aufflog, geriet der angesehene Künstler in die größten Schwierigkeiten, denn einige seiner Madonnen trugen zweifelsohne die Züge der gefallenen Tochter, und er mußte die Bilder übermalen. Ribera, um die Früchte seines honorigen Lebenswerkes gebracht, verfiel in Trübsinn und starb buchstäblich an gebrochenem Herzen. Maria Rosa wurde in ein Kloster gesteckt, wo man auch den lebenden Beweis ihrer Liebe, ein Mädchen, zeitlebens internierte.
Don Juan, der um nichts weniger den Freuden der Liebe frönte als sein Vater, zeugte noch zwei weitere Töchter, die ebenfalls in Klöstern verschwanden. Geheiratet hat er nie. Das hing offensichtlich mit seiner für die damaligen Zeiten zwielichtigen Herkunft zusammen, an der auch die Legitimierung durch den königlichen Vater nichts änderte. Eine Frau unter seinem tatsächlichen oder eingebildeten Status wollte Don Juan nicht ehelichen, ein ihm standesgemäß erscheinendes Mädchen bekam er nicht.
Doch noch war es nicht soweit, noch war er gerade neunzehn Jahre alt und im Mittelpunkt gesellschaftlicher Aufregung am neapolitanischen Hof. Der gütige Vater in Madrid zog ihn stillschweigend aus der Gefahrenzone und setzte ihn auf den Posten eines Gouverneurs in Sizilien. Er konnte dort fürs erste das angenehme Dasein eines Nichtstuers führen und sich seinen mannigfachen künstlerischen sowie wissenschaftlichen Neigungen widmen.
Während Don Juan nichtsahnend das sizilianische Exil genoß, näherte

sich in Madrid das intrigenreiche Spiel um eine neue Verehelichung des Königs seinem Höhepunkt. Es endete mit dem schwer errungenen Entschluß Philipps IV., sich doch für die Braut seines verstorbenen Sohnes Baltasar Carlos zu entscheiden. Der König hatte alle Warnungen seines Freundes und Wortführers der Anti-Maria-Anna-Partei, des Grafen Penaranda, in den Wind geschlagen. Der Graf argumentierte, daß die fast drei Jahrzehnte jüngere Maria Anna zu unreif sei, um einem kräftigen Thronerben das Leben zu schenken; daß bereits seit drei Generationen zwischen Wien und Madrid, zwischen Vettern und Basen, Onkeln und Nichten kreuz und quer geheiratet wurde und darum für den Nachwuchs nichts Gutes zu erwarten sei. Wann, so fragte Penaranda besorgt, werde die kleine Erzherzogin überhaupt imstande sein, Kinder zu gebären, und fügte in einem Memorandum hinzu: »Königinnen ... sind auch dazu da, zu trösten und zu helfen ... Wird der König [Erholung] bei einem Kinde finden, unfähig, einem Gespräch zu folgen, das sich nicht um Puppen dreht?«

Im Laufe einer hitzigen Auseinandersetzung waren Penaranda und seine Parteigänger sogar so weit vorgestoßen, dem König eine Ehe mit einem einfachen andalusischen Bauernmädchen vorzuschlagen, das sicher fähig sein würde, viele gesunde Knaben zur Welt zu bringen – dies eine deutliche Anspielung auf die Verbindung Philipps IV. mit der aus Andalusien stammenden Maria Calderón, der ein so prächtiger junger Mann wie Don Juan entsprossen war.

Man schlug dem König eine französische Prinzessin vor – er lehnte ab. Man versuchte ihm eine andere Habsburgerin, aus der Tiroler Seitenlinie, schmackhaft zu machen, mit der kein so unselig enges verwandtschaftliches Verhältnis bestand. Aber je mehr auf ihn eingeredet wurde, desto starrsinniger verhielt sich Philipp, vor allem darum, weil man ihn von Wien aus immer heftiger zur Heirat mit Maria Anna drängte. Die österreichischen Habsburger wollten ihren möglichen Anspruch auf den spanischen Thron weiter untermauern.

1649 war es endlich soweit. Maria Anna, noch nicht einmal fünfzehn Jahre alt, hielt als neue spanische Königin Einzug und Hochzeit in Madrid, die in einem dreitägigen Festestaumel zelebriert wurden. Maria Anna war alles andere als anziehend. Sie hatte das gleiche lange Gesicht mit der tief herunterhängenden Habsburgerlippe wie ihr ältlicher Onkel und Gemahl, aber sie war stolz darauf, den Bruder ihrer geliebtten verstorbenen Mutter heiraten zu dürfen und Herrscherin über ein, wie sie glaubte, mächtiges Reich zu werden. Manchmal lachte sie sogar. Das wurde ihr allerdings von Anfang an gründlich ausgetrieben: Eine Königin lacht nicht in der Öffentlichkeit; sie lächelt nicht einmal, wurde die Kleine von der strengen Obersthofmeisterin belehrt. Das in Spanien geübte »burgundische« Hofzeremoniell war doch noch um vieles härter als das in Wien durch österreichische Nonchalance verwässerte »spanische«.

Das Lachen, ob öffentlich, ob privat, ist ihr dann ohnehin sehr schnell vergangen; schon das Antlitz der Achtzehnjährigen zeigte Ansätze von Verbitterung und Enttäuschung, die sich im Laufe ihres Lebens immer mehr vertieften. Der König verlor rasch das Interesse an seiner Frau, nachdem sie ihm 1651 nur eine Tochter, Margarita, gebar. Der Thronfolger, Philipp Prosper, ein nur mit Mühe lebensfähiges Kind, ließ bis 1657 auf sich warten.

Philipp behandelte seine Frau meist, als wäre sie Luft. Wenn er je über sie sprach, dann nur verächtlich als von »meiner kleinen Nichte«. Über »die beiden Mädchen«, nämlich seine junge Frau und seine Tochter aus erster Ehe, Maria Teresa, die nur vier Jahre jünger als Maria Anna und deren einzige nähere Bezugsperson am kalten Hof von Madrid war, machte Philipp sich mehr als einmal lustig.

Als dann auch noch Maria Teresa nach Paris entschwand, um die Frau des französischen Königs Ludwig XIV. zu werden, wurde die Einsamkeit um Maria Anna immer bedrückender. Sie hielt sich meist vom Hofleben fern, und der Klatsch wollte wissen, daß sie pausenlos weinte, wenn sie sich stundenlang in ihre Gemächer einschloß. Einziger Trost blieb ihr der Beichtvater, den sie aus Wien mitgebracht hatte, ein unauffälliger, kleiner Jesuitenpater namens Johann Eduard Nithard (nach anderer Schreibweise Nidhard), der zu Philipps Lebzeiten nicht die geringste Rolle spielte. Das sollte sich später drastisch ändern ...

Das Lachen hätte auch Don Juan vergehen müssen, hätte er gewußt, welch erbitterte Feindin ihm in der Person der neuen »Stiefmutter« erwachsen würde. Sie lehnte es kategorisch ab, den gehätschelten Bastard ihres Gemahls mit »mein lieber Sohn« anzusprechen, denn mit überraschender Hellsichtigkeit erkannte sie in dem erfolgreichen jungen Mann eine enorme Gefahr für sich und alle ihre geborenen und noch

MARIE ANNE D'AVSTRICHE REINE D'ESPAGNE, de Naples, de Sicile, et Fille vnique de l'Empereur Ferdinand III et de Maria d'Austriche, nasquit Neustad le 24 Decemb.re 1634

*Königin Maria Anna*

ungeborenen Kinder; sie behandelte ihn von der ersten Stunde ihrer Begegnung an mit eisigster Ablehnung.
Dieses Zusammentreffen zwischen Maria Anna und Don Juan, zwischen einer häßlichen, von großen Teilen der Aristokratie noch immer deutlich abgelehnten siebzehnjährigen Kindfrau und einem zweiundzwanzigjährigen Beau, den die Damenwelt vergötterte, fand 1651 statt. Der Vater hatte ihn, nachdem er in Neapel seine Feuerprobe bestanden und sich in Sizilien bewährt hatte, nach Madrid zurückgeholt und als Vollmitglied in den Staatsrat berufen. Maria Anna muß sehr erleichtert gewesen sein, als in Katalonien – wieder einmal – ein Aufruhr gegen die Zentralregierung ausbrach und der König seinen tüchtigen Sohn mit bewaffneter Macht ausschickte, die widerborstigen Katalanen Mores zu lehren.
Zum Unterschied von früheren Feldherren, die sich die Ruhe im Lande mit Feuer und Schwert, mit Mord und Unterdrückung erkauften, ging Don Juan vorsichtig und diplomatisch ans Werk. Er hielt die Soldateska mit eiserner Hand im Zaum, und es wurde eher eine Friedensmission denn ein Kriegszug: Der Widerstand brach lautlos zusammen.
Am 10. Oktober 1652 suchte eine Delegation der Bürger von Barcelona Don Juan in seinem Feldlager auf, um ihm die Öffnung und Übergabe der Stadt anzubieten. Als der Anführer der Abordnung vor den Prinzen trat, machte er Anstalten, vorschriftsmäßig in die Knie zu sinken – doch Don Juan sprang hinzu, richtete den greisen Stadtvater auf und reichte ihm herzlich die Hand. Diese erst- und einmalige Geste haben ihm die Katalanen nie vergessen; sie zählten von da an zu seinen ergebensten Gefolgsleuten.
Nachdem Don Juan Katalonien gründlich befriedet und in der Funktion eines Vizekönigs die Verwaltung in Ordnung gebracht, sich beim Adel, beim Klerus und beim Volk große Sympathien erworben hatte, wurde er als Generalgouverneur in die Niederlande versetzt – vor allem in seiner Funktion als oberster Kriegsherr, denn auf niederländischem Boden spielten sich die permanenten bewaffneten Auseinandersetzungen mit Frankreich und Holland ab.
In Brüssel zeigte sich zum ersten Mal deutlich, wie sehr Don Juan durch das Odium seiner illegitimen Geburt irritiert wurde. Einer von Don Juans Oberbefehlshabern, ein aus Frankreich vertriebener und

zum Feind übergewechselter Bourbonenprinz, machte aufgrund seiner makellosen königlichen Abstammung dem Generalgouverneur bei jeder sich bietenden Gelegenheit den ersten Platz streitig. Don Juan, an der verletzlichsten Stelle seines Ehrgefühls getroffen, ließ sich provozieren und in endlose Querelen verstricken: über den Vortritt bei offiziellen Anlässen, über die Form der Anrede und wer wann wo mit bedecktem Haupt erscheinen durfte oder unbedeckt erscheinen mußte.

Im übrigen konnte auch Don Juan nicht vollbringen, was alle Feldherren vor ihm vergeblich versucht hatten. Die geschwächten Truppen waren nicht imstande, einen Erfolg im Zweifrontenkrieg gegen Holland und Frankreich herbeizuzwingen, und schließlich kam es am 14. Juni 1658 bei Dünkirchen zu einer blamablen Niederlage gegen die Holländer, die von England tatkräftige Waffenhilfe erhielten.

Spanien war am Ende seiner Kräfte und mußte Friedenssondierungen mit Frankreich aufnehmen. Philipp berief seinen Sohn aus den Niederlanden ab, und er konnte seine Enttäuschung über Don Juans angebliches persönliches Versagen nicht verhehlen. Der König hatte auf dem niederländischen Kriegsschauplatz nicht mehr und nicht weniger als ein Wunder erwartet, ähnlich dem, das der erste Don Juan siebenundachtzig Jahre zuvor bei Lepanto vollbracht hatte.

An dieser Stelle muß ein wenig ausführlicher auf jenen ersten Don Juan d'Austria eingegangen werden, an dem sich der Held unseres Berichts immer wieder messen lassen mußte.

Don Juan I., geboren 1547, war der Sohn Kaiser Karls V. aus dessen Romanze mit dem schönen Regensburger Bürgermädchen Barbara Blomberg. Auch dieser Bastard erhielt die Legitimierung durch den kaiserlichen Vater und wurde am Hof von Madrid zusammen mit Don Carlos, dem unglücklichen Enkel des Kaisers, erzogen. Vom Vater eigentlich für den geistlichen Beruf bestimmt, setzte Don Juan bei seinem Halbbruder, Philipp II., die Erlaubnis durch, eine militärische Laufbahn einzuschlagen, die am 7. Oktober 1571 ihren glanzvollen Höhepunkt erreichte. Der »Sieger von Lepanto«, einer kleinen Hafenstadt im Golf von Korinth, ist in die Geschichte eingegangen. Als Kommandant einer spanisch-venezianischen Flotte gelang es ihm, *den* entscheidenden Sieg zu erringen. Die Übermacht der Türken im Mittelmeer war für immer gebrochen, die Gefahr, daß der Sultan von Süden her für Europa gefährlich werden könnte, für immer gebannt.

Obwohl Don Juan I. in seinen letzten Lebensjahren – er starb, erst einunddreißigjährig, an Typhus – weder als Politiker noch als Heerführer sonderlich erfolgreich war, umgab ihn die Gloriole des nationalen Heros, dessen Ruhm zu singen und zu preisen Spaniens Dichter nicht müde wurden.

Immer wieder, immer wieder wurde Don Juan II. mit seinem großen Vorbild konfrontiert, schwer lastete der Zwang auf ihm, die irrealen Erwartungen zu erfüllen, die an die Namensgleichheit und Parallelen in der Lebensgeschichte beider geknüpft wurden.

Don Juans angeschlagenes Selbstbewußtsein wurde während der Heimreise nach Madrid wieder gestärkt. Als er bei der Durchquerung Frankreichs in Paris Station machte, erhielt er die Einladung, im Palais des allmächtigen Ministerpräsidenten Kardinal Mazarin Quartier zu nehmen. Er wurde mit allen Ehren von König Ludwig XIV. empfangen und von den Pariser Damen ebenso umschwärmt wie von den Schönen seiner Heimat. Madame de Motteville – eine Hofdame der Königinmutter Anna –, deren Tagebücher ein beredtes Zeitzeugnis ablegen, vermerkte äußerst angetan über den Prinzen, er sei zwar von kleiner Statur, habe aber ein »äußerst angenehmes Gesicht, schwarze Haare, ausdrucksvolle blaue Augen« und wirke hochintelligent. Auch erwähnte sie die Schönheit seiner formvollendeten Hände – ein besonderes Kompliment, denn ihre Herrin, Königin Anna, besaß die schönsten und meistbesungenen Hände ihrer Zeit.

Viel wichtiger als der gesellschaftliche Glanz war aber für Don Juan, daß ihn Königin Anna, die Schwester seines Vaters Philipp und noch immer de facto Regentin Frankreichs, zu einer stundenlangen Geheimkonferenz unter vier Augen in ihre Privatgemächer bat. Es steht außer Zweifel, daß zwischen Tante und Neffen Einzelheiten über den bevorstehenden Friedensvertrag zwischen Frankreich und Spanien sowie die gleichzeitig stattfindende Hochzeit von König Ludwig XIV. mit seiner spanischen Cousine Maria Teresa erörtert wurden.

Am 6. November 1661, wenige Tage nach dem Tod ihres seit Geburt siechen ersten Sohnes, schenkte Maria Anna wieder einem Knaben das Leben: Carlos, der spätere König Karl II., dessen schwächliche Konstitution als Neugeborener zur größten Besorgnis Anlaß gab. Auch sein Vater, Philipp IV., befand sich zu diesem Zeitpunkt bereits in bedenklichem Zustand. Nach einem Schlaganfall war er rechtsseitig gelähmt. Er wurde von Nierenkoliken und Hämorrhoiden gequält. »Er macht den Eindruck eines Neunzigjährigen«, berichtete der österreichische Gesandte Graf Poetting nach Wien. Man mußte dem Herrgott auf den Knien danken, daß Philipp überhaupt noch einmal Vater geworden war.

Don Juan befand sich schon wieder an der Front. Diesmal als Oberbefehlshaber gegen die Portugiesen, die, seit achtzig Jahren von Spanien okkupiert, nunmehr mit Zähnen und Klauen um ihre Freiheit kämpften. Portugals starker Verbündeter war Frankreich – obwohl es soeben mit Spanien feierlich Frieden geschlossen und seinen König mit einer spanischen Prinzessin vermählt hatte, sandte es frische Hilfstruppen unter dem Haudegen General Schomberg; auch Cromwells England ließ sich eine neue Attacke gegen den alten Feind Spanien einiges an Menschen und Material kosten.

Wer je Don Juan im Feld gesehen hatte, bescheinigte ihm größte persönliche Tapferkeit. Immer in vorderster Linie, versuchte er den müden Haufen seiner Spanier mitzureißen, doch der Übermacht bestausgebildeter, gut versorgter frischer Truppen aus England und Frankreich, dem Todesmut der Portugiesen, wäre auch ein Herkules nicht Herr geworden. Im Juni 1663 erlitten die Spanier bei Stremoz eine empfindliche Schlappe.

Zornig berief Philipp IV. seinen Sohn nach Madrid und machte ihm heftige Vorwürfe. Doch Don Juan drehte den Spieß um und überschüttete seinerseits den Vater mit schweren Anschuldigungen, die Aufrüstung der Truppe und den Nachschub sträflichst vernachlässigt zu haben. Der Prinz ging in seiner Rage noch einen Schritt weiter, nachdem er den kleinen Halbbruder Karl ausgiebig in Augenschein genommen hatte. Das zweijährige Kind, über und über mit eitrigen Geschwüren bedeckt, nicht einmal imstande, sich aufzusetzen, noch immer auf Brustnahrung angewiesen, bot einen erbarmungswürdigen Anblick. Weil es ganz offensichtlich war, daß der von Krankheit gezeichnete König nie mehr fähig sein würde, ein weiteres Kind zu zeugen, schlug Don Juan seinem Vater vor, ihn, das einzig wirklich gesunde Mitglied der ganzen Sippe, als Thronerben zu bestimmen. Philipp sagte nicht ja und sagte nicht nein. Er gab vage Versprechungen ab, Truppen auszuheben; die Sache mit der Legitimierung bis zur letzten Konsequenz werde er sich noch überlegen, seine Rechtsberater würden in aller

Ruhe Präzedenzfälle suchen und vor allem die Akten des ersten Don Juan genau studieren. Mittlerweile möge der Sohn wieder ins Feld ziehen und versuchen, das Beste aus der Situation zu machen.

Aus dieser Situation ließ sich nichts mehr machen. Kaum war Don Juan an der portugiesischen Grenze, liefen schon bei der ersten Feindberührung die halbnackten, unterernährten Spanier einfach davon. Philipp entzog seinem Sohn daraufhin den Oberbefehl und schlug ihm eine geistliche Laufbahn vor. Er könne Erzbischof von Toledo oder, wenn ihm das lieber wäre, sogar Großinquisitor werden. Der Prinz lehnte brüsk ab, und nun wurde er vom Vater völlig kaltgestellt. Don Juan zog sich grollend auf seine Besitzungen in Consuegra zurück. Er wartete auf seine Stunde.

Der König hatte seinen Soldaten mittlerweile zwar einen neuen Kommandanten, ansonsten aber nichts gegeben. So kam es im Juni 1665 zur entscheidenden, vernichtenden Niederlage. Der Traum von einem vereinigten iberischen Großreich war damit endgültig ausgeträumt. Portugal sollte schon in kurzer Zeit unabhängig werden.

Als in Madrid die ersten Gerüchte über das Debakel kursierten, begann sich der aufgestaute Volkszorn zu entladen. Aufgeregte Bürger stürmten zum Palast, machten sich in wüstem Geschrei und grellen Pfiffen Luft. Das Volk forderte den Rücktritt der Regierung, die Abdankung des Königs. Rufe nach Don Juan waren unüberhörbar.

Hektisch berieten Philipp und seine Minister, was zu tun sei, und verfielen dann auf einen überaus kindischen Plan. Der König ließ sich auf den Balkon tragen. Mit der gesunden Hand schwenkte er ein Blatt Papier. Durch einen Herold ließ er verkünden, es habe überhaupt keine Niederlage gegeben; wie er eben erfahren habe, sei vielmehr ein strahlender Sieg errungen worden; die guten Leute von Madrid mögen sich zerstreuen, nach Hause gehen und feiern. Die Menge reagierte ratlos. Kopfschüttelnd trollten sich die Aufrührer, die eben noch bereit schienen, den Palast zu stürmen.

Die Atempause dauerte nicht allzu lange. Die Wahrheit wurde zwangsläufig bekannt – aber es kam zu keinen gefährlichen Demonstrationen mehr.

Der König verlor zusehends an Kräften. Er mußte meist das Bett hüten, und den Ärzten fiel nichts Besseres ein, als ihn ausschließlich mit Suppe und Eselsmilch zu ernähren. Über Nacht tauchten Flugblätter und Maueranschläge auf, in denen die Bürger ihre Meinung derb und unmißverständlich zum Ausdruck brachten.

> Entre dos niños tetandos
> Está la pobre Castilla.
> El Rey está malo,
> El Principe malito.
> La Reina con jaquecas
> La Infanta se irá.
> ¿A quién esta casa
> Se alquilará?

(Zwischen zwei an der Brust saugenden Kindern steht das arme Kastilien. Der König ist krank, dem Prinzen geht es schlecht, die Königin hat Kopfweh. Die Infantin wird gehen. An wen wird das Haus übergehen?) Zum besseren Verständnis: mit der Infantin war Margarita gemeint, die vierzehnjährige Tochter von Philipp und Maria Anna, die noch im selben Jahr den Bruder ihrer Mutter, Kaiser Leopold I., in Wien heiraten sollte.

Wer sollte wirklich das Königshaus in Madrid übernehmen? Für den einfachen Mann auf der Straße, den das eigene Wohlergehen mehr kümmerte als dynastische Fragen der Legitimität, gab es nur eine Antwort: Don Juan müßte der neue Hausherr werden. Die Volksmeinung war dem König bekannt, ebenso der Königin und, natürlich, auch Don Juan, der von Petitionen aus allen Schichten der Bevölkerung bestürmt wurde, endlich etwas zu unternehmen.

Don Juan, getragen von der Woge des Enthusiasmus seiner Landsleute, wagte den entscheidenden Schritt – und es war der denkbar falscheste. Er schlug dem Vater vor, ihm die Hand von Margarita, seiner eigenen Halbschwester, zu geben, um so eine kontinuierliche Thronfolge zu gewährleisten. Was, nüchtern betrachtet, durchaus logisch schien, nachdem schon seit hundert Jahren und offen inzestuös in der Familie durcheinandergeheiratet worden war, erwies sich aus Gründen des Anstandes und des Taktes in diesem Fall als widerwärtig, abstoßend und daher unannehmbar.

Don Juan beging, darüber hinaus, die peinliche Geschmacklosigkeit, dem Vater, zur Illustration seines Begehrens, ein Bildnis des kosenden blutschänderischen Götterpaares Juno und Jupiter zu überreichen, das

unverkennbar die Züge von Don Juan und Margarita trug. Nicht nur der König, auch die Königin war ins Mark getroffen; denn auf ihr Betreiben vor allem war die Verlobung zwischen ihrem Bruder, Kaiser Leopold I., und ihrer Tochter Margarita zustande gekommen.
Don Juan wurde aus dem Palast gewiesen. Der Vater lehnte es ab, den Sohn, den er so geliebt hatte, vor seinem Tod (am 17. September 1665) noch einmal zu sehen. Sein Testament allerdings hat er nicht mehr geändert, und das sollte der armen Maria Anna noch erhebliche Schwierigkeiten bereiten. In dem Letzten Willen nämlich hieß es, daß Maria Anna bis zum 14. Geburtstag ihres Sohnes Carlos die Regierungsgeschäfte führen, daß sie Don Juan einen seinem Stand entsprechenden Posten geben sollte – und daß kein Ausländer in Spanien eine führende Stellung innehaben dürfe. Ob der König bei der Abfassung dieses Paragraphen bereits an Maria Annas Beichtvater Nithard gedacht hat, wissen wir nicht. Es ist aber durchaus möglich.
Das merkwürdige Verhältnis Maria Annas zu Pater Nithard haben die Historiker bis heute der Königin zum Vorwurf gemacht, ohne zu bedenken, in welch fataler, schier aussichtsloser Lage sich die junge Frau befand. Ihr jetzt vierjähriger Sohn, der dermaleinst Spaniens Herrscher werden sollte, war ein armseliger Krüppel, unfähig, ohne fremde Hilfe zu gehen und zu stehen, von Herzattacken und Schwächeanfällen heimgesucht und immer noch an der Brust der nun schon fünfzehnten Amme hängend. Die Königin war nie darauf vorbereitet worden, mehr zu sein als die Frau im Schatten eines Monarchen, deren hauptsächliche Pflicht darin bestand, möglichst viele Kinder zur Welt zu bringen. Sie war seit ihrer Ankunft in Madrid von Feindseligkeit und Ablehnung umgeben. Es gab niemand außer Nithard, dem sich die Königin anvertrauen, dem sie ihr Herz ausschütten, ihre Sorgen mitteilen konnte.
Nithard stammte aus dem oberösterreichischen Ranna, wo er als der Sohn des dortigen Schloßverwalters 1607 zur Welt gekommen war. Der begabte Knabe wurde für den geistlichen Stand bestimmt und schon als junger Mann in die Gesellschaft Jesu aufgenommen; er war es, welcher der kleinen Maria Anna die erste Beichte abnahm, und er blieb ihr Beichtvater, ihr geistiger und geistlicher Führer; in der Fremde ersetzte er ihr den fernen Vater, die verstorbene Mutter. Statt die hilflose Königin anzuklagen, wäre es eher angebracht, Pater Nithard aufs Korn

*Pater Johann Eduard Nithard*

zu nehmen, der Maria Anna immer mehr unter seinen Einfluß – und damit ganz Spanien an den Rand des Ruins und der Revolution – brachte.

Maria Anna verlieh dem Pater, Philipps ausdrücklichen Wunsch mißachtend, die spanische Staatsbürgerschaft. Sie erreichte von Papst Alexander VII. die Dispensierung des Jesuiten von dessen Ordensgelübden, so daß er freie Bahn für eine politische Laufbahn hatte. Pater Nithard tat ein übriges, indem er die päpstliche Bewilligung einholte, über die Einkünfte aus mehreren Bistümern frei zu verfügen. Er nahm den Titel »Exzellenz« an, zog in den Staatsrat ein, drängte sich in alle politischen Entscheidungen und versuchte die Vorherrschaft an sich zu bringen; doch dabei stieß er auf erbitterten Widerstand. Die Kabinettssitzungen erinnerten gelegentlich an ein Tollhaus, wie wir aus der Feder des österreichischen Gesandten, Graf Poetting, wissen: »Die Konfusion nimmt dermaßen zu, daß sie einander nicht mehr verstehen. Sie schreien alle ›wir sind verloren‹ und keiner legt die Hand an zur notwendigen Remedierung [Abhilfe]. Nidhart beginnt allmählich kleinmütig zu werden...«

Nithard sah schließlich keinen anderen Ausweg, als Don Juan nach Madrid zu berufen, damit dieser beruhigenden Einfluß auf die erregten Gemüter der Ministerkollegen nähme. Doch dieses eine Mal befolgte die Königin den Ratschlag ihres Beichtvaters nicht. Sie lehnte es schroff und eindeutig ab, mit dem verhaßten Bastard zusammenzuarbeiten.

Die allgemeine Stimmung wurde noch verschlechtert, als Maria Anna den amtierenden Großinquisitor überraschend absetzte und diese traditionsreiche Position ihrem Protegé zuschanzte. Nun war es keineswegs so, daß die Inquisition noch immer das absolute Herrschaftsinstrument Spaniens darstellte. In jenen Jahren kamen kaum mehr als einige Dutzend Fälle vor das Inquisitionsgericht. Doch die Furcht und der Schrecken vor der Inquisition saß den Spaniern noch immer in den Knochen. Daß der verhaßte Ausländer das Amt des Großinquisitors übernommen hatte, machte ihn erst recht zur Zielscheibe des Volkszorns. Flugblätter und Maueranschläge überfluteten die Städte, sie enthielten schwere Vorwürfe gegen Nithard und offene Morddrohungen. Ein Gespenst ging um in Spanien, das Gespenst einer Revolution, wie sie, noch nicht einmal zwei Jahrzehnte zuvor, in England Charles II.

den Kopf und – in der Gestalt der furchterregenden »Fronde« – Maria Annas Schwägerin, der französischen Königin und Regentin Anna, um ein Haar den Thron gekostet hätte. Anna, selbst eine außerordentliche politische Begabung und den starken Kardinal Mazarin zur Seite, war der Fronde Herr geworden und hatte den Grundstein zur unumschränkten Herrschergewalt ihres Sohnes Ludwigs XIV. gelegt. Die hilflose spanische Königin konnte sich nur auf den politischen Dilettanten Nithard stützen, und der bedrängte sie neuerlich, Don Juan nach Madrid und in den Staatsrat zu berufen.

Endlich gab sie nach, aber sie ließ Don Juan unmißverständlich fühlen, daß sie wider Willen und unter äußerstem Zwang gehandelt hatte. Als er den Antrittsbesuch beim sechsjährigen Carlos machte, wurde er zwar im Audienzsaal empfangen, doch der kleine König verweigerte ihm, nach einem ängstlichen Blick auf seine Mutter, die Hand zum Kuß und wandte ihm abrupt den Rücken. Maria Anna entließ den gedemütigten Prinzen mit einem kühlen Kopfnicken.

Don Juan bezog im Juni 1667 Schloß Buen Retiro als Residenz und nahm im Staatsrat die Zügel in die Hand. Das heißt, daß »Exzellenz« Nithard immer mehr an den Rand gedrängt wurde und sich einer eng um Don Juan gescharten Front der einhelligen Ablehnung gegenübersah. Ehe die neue Koalition noch Gelegenheit fand, den Pater endgültig kaltzustellen, kam es in den Niederlanden zu neuerlichen Unruhen. Maria Anna ergriff diese günstige Gelegenheit, sich ihres Widersachers zu entledigen, indem sie ihm den Posten des Generalgouverneurs der Niederlande übertrug.

Don Juan stellte Bedingungen. Er verlangte größere Geldmittel für die Kriegskasse und freie Hand zu Friedensgesprächen mit Engländern und Holländern. Die erste Forderung wurde angenommen, die zweite auf Betreiben Nithards und des hohen Klerus abgelehnt: mit den Ketzern dürfe man nicht verhandeln, man müsse sie vernichten. Don Juan konterte: »Dann schickt doch Pater Nithard in die Niederlande. Er ist ein so heiliger Mann, daß ihm der Himmel keine Bitte abschlagen wird. Die Art, wie er bisher hier regiert hat, beweist doch eindeutig, daß er Wunder vollbringen kann.«

Nach langem Hin und Her ließ sich Don Juan dann doch bewegen, die Reise in die Niederlande anzutreten. Er machte sich auf den Weg in Richtung La Coruña, von wo aus er im Juni 1668 in See stechen wollte.

Unterwegs ereilte ihn die Nachricht, daß in Madrid ein Mordkomplott gegen Nithard aufgeflogen war. Der aragonische Edelmann Don José Mallada gestand, er habe Spanien von dessen bösem Geist befreien wollen, eine Mitwisserschaft Don Juans bestritt er selbst unter den schaurigsten Folterungen. Es konnten auch sonst keine Beweise für Don Juans Mitwirkung an der Verschwörung gefunden werden. Auf Geheiß Nithards wurde Mallada ohne Gerichtsverhandlung in seiner Zelle erdrosselt.

In Briefen an einige Freunde, darunter Graf Penaranda, machte sich Don Juan über Nithards schurkisches Vorgehen Luft. Er werde, so versicherte er, an »Nithard für sein grausames Verhalten und für all die anderen Untaten, die er begangen hat, um die Monarchie zu zerstören und Spaniens Glanz zu beschmutzen, Rache üben«. Im übrigen ließ er die Königin wissen, daß er unter diesen Umständen nicht gewillt sei, außer Landes zu gehen, sie möge, wen immer sie wolle, nur nicht ihn, in die Niederlande schicken.

Maria Anna blieb nichts anderes übrig, als Don Juans Rücktritt zur Kenntnis zu nehmen. Sie verbannte ihn nach Consuegra und stellte ihn dort unter Hausarrest.

Am 13. Oktober 1668 meldete sich ein aufgeregter Mann bei Hof und bat dringend, zur Königin vorgelassen zu werden. Der Konfident berichtete, daß Don Juans Privatsekretär, Don Mateo Patino, zusammen mit anderen Gefolgsleuten des Prinzen einen Plan ausgearbeitet hätte, Pater Nithard zu entführen. Maria Anna und Nithard verfügten unverzüglich die Verhaftung Don Juans und setzten eine Gruppe Bewaffneter mit versiegelten Befehlen in Marsch. Erst kurz vor Consuegra, so lautete die Order, sollte der Brief geöffnet und der Haftbefehl kundgetan werden.

Was sowohl die Königin als auch Nithard aufgrund der brisanten Stimmung im Lande eigentlich hätten voraussehen müssen, trat ein: Kein Offizier, kein Soldat dachte daran, Don Juan festzunehmen. Sie ritten dennoch nach Consuegra weiter – nicht um ihr Idol in Ketten zu legen, sondern um ihm ihre guten Dienste anzubieten. Doch das Nest war leer, der Vogel ausgeflogen. Freunde aus Madrid hatten ihn rechtzeitig gewarnt.

Nicht genug mit der Meuterei ihrer Offiziere – auch im Staatsrat mußten Maria Anna und Nithard eine Niederlage einstecken: Die Minister weigerten sich, irgendwelche Maßnahmen zur Verfolgung des Prinzen einzuleiten.

Don Juan floh nach Barcelona. Dort wurde er vom amtierenden Vizekönig, dem Herzog von Osuna, und vom überwiegenden Teil der Bevölkerung mit offenen Armen aufgenommen. Unvergessen war sein mildes und gerechtes Regime als Vizekönig in Katalonien geblieben. Osuna richtete dem Freund eine wahrhaft königliche Residenz im Torre de Lledó, hoch über der Stadt, ein. Das Volk strömte herbei, seinem Heros in Sprechchören zu huldigen: Vertreter des Adels, der Bürger und des Klerus gaben einander die Türklinke in die Hand, dem Prinzen ihre Ergebenheit kundzutun.

Was Don Juan nun inszenierte, könnte man mit Fug und Recht als den ersten großen Propagandafeldzug der Geschichte bezeichnen. Dutzende Schreiber waren pausenlos damit beschäftigt, eine Flut von Briefen über ganz Spanien zu ergießen. Empfänger waren nicht nur die Königin und sämtliche Minister; jeder Vizekönig, jeder Bischof, jeder Bürgermeister einer größeren Gemeinde, jedes Mitglied der Cortes erhielt ein Papier, in welchem Don Juan seine volle Rehabilitierung und die unverzügliche Entfernung Pater Nithards aus allen Regierungsämtern forderte.

Die Reaktion der ungezählten Briefempfänger war unterschiedlich. Manche nahmen die Schriftstücke kommentarlos zur Kenntnis, manche schickten sie an die Königin, andere wieder stellten sich offen hinter Don Juan, wie etwa die Regionalregierung von Valencia, die in einem Schreiben an die Königin festhielt:

»... die Bevölkerung sowie die Mehrheit der öffentlichen Stellen sind der Meinung, daß die Entfernung des Herrn Beichtvaters Ihrer Majestät nur von Nutzen sein kann.« Alle Mitglieder des Rates, ausgenommen zwei enge Vertraute des Erzbischofs, hatten für diese Adresse gestimmt.

In einem Anschlag an die Kathedrale von Granada konnte man lesen: »Diese Stadt ist von einem einzigen Willen beseelt, vom Willen, für Don Juan einzutreten. Mögen die Köpfe der Tyrannen fallen und zur Warnung aller auf die Stadtmauer gesteckt werden...«

Don Juans Briefaktion löste eine Lawine von anonymen Flugzetteln und Maueranschlägen im ganzen Land aus. Direkt unter der Nase der Königin, am Portal ihres Palastes, fand sich folgender Vers:

> Para la Reina hay Descalzas
> y para el Rey Tutor,
> si no se muda el Gobierno,
> desterrando al Confessor.

(Für die Königin die Nonnen, für den König einen Vormund, falls die Regierung sich nicht ändert und der Beichtvater nicht verbannt wird.)
An anderer Stelle hieß es noch deutlicher:

> Abrid Señora los ojos
> vuelva Don Juan vuelva luego
> que en fin hijo de casa
> y es el cariño mas cierto.

(Senora, öffnet die Augen, Don Juan kommt zurück, er kommt bald, er, der Sohn des Hauses, und er, der meistgeliebte.)
Nicht nur die Untertanen, auch die Ratgeber der Königin, die Minister, die Notabeln, rückten immer mehr von Maria Anna ab. Der Große Rat von Kastilien legte der Königin nahe, ihren Frieden mit Don Juan zu machen und den Beichtvater aus seinen Ämtern abzuziehen. Der Große Rat von Aragon verkündete, vorsichtig verklausuliert, Nithard möge, zum eigenen Besten und von sich aus, um seine Entlassung bitten. Der Staatsrat beschloß zu guter Letzt, Nithard als Gesandten nach Wien zu schicken.
Nachdem die Dinge sich eindeutig zu seinen Gunsten entwickelt hatten, verließ Don Juan Barcelona in Begleitung von vierhundert Berittenen, um nach Madrid zurückzukehren. Die Reise gestaltete sich zu einem Triumphzug ohnegleichen. Sein Weg war von Menschenmauern gesäumt, man sah, so berichtete ein Augenzeuge, nichts als hochgereckte Arme und Hunderte Hüte, vor Begeisterung in die Luft geworfen. »Heil und Sieg Don Juan, dem Retter von Spaniens Ehre«, erscholl es aus der Menge.
Die Bürgermeister der Städte, die Don Juan durchquerte, überreichten ihm die Schlüssel, der Adel drängte sich zur Audienz, und in Saragossa verbrannten Studenten auf dem Marktplatz eine Strohpuppe, die auf einer umgehängten Tafel als Pater Nithard vorgestellt wurde. Die Leibgarde, von Don Juan zum Schutz gegen seine Widersacher aufgestellt, hatte Mühe, ihn vor der Begeisterung seiner Anhänger zu bewahren.

Die Kunde von Don Juans Siegesmarsch eilte ihm Tage voraus nach Madrid. Die Königin ließ Truppen zusammenziehen, aber die Mannschaften desertierten samt ihren Offizieren und mischten sich unter das Volk, das sich durch die Straßen wälzte und brüllte: »Es lebe der König! Es lebe Don Juan! Nieder mit der Fremdherrschaft.« Die Wohlhabenden verließen angesichts der drohenden Bürgerkriegsgefahr Hals über Kopf die Stadt.

Der päpstliche Nuntius, Federico Borromeo, bot Maria Anna seine Vermittlerdienste an, und die Königin griff verzweifelt nach diesem letzten Strohhalm. Am Sonntag, dem 24. Februar 1669, trafen der Nuntius und Don Juan wenige Meilen vor der Stadt zusammen, aber der Prinz war, trotz gutem Zureden, zu keinem Kompromiß mehr bereit. Er geriet in wallenden Zorn und schrie den Kirchenfürsten an: »Wenn Nithard bis morgen nicht verschwunden ist, komme ich höchstpersönlich und schmeiße ihn zum Fenster hinaus.«

Hektische Beratungen den ganzen Montag über im Staatsrat. Endlich konnte die Königin bewogen werden, Nithards Entlassungsdekret zu unterschreiben. Sie tat es, blind vor Tränen und von heftigem Schluchzen geschüttelt. Don Juan hatte einen vollständigen und gänzlich unblutigen Sieg auf allen Linien errungen. Würde er nun auch noch nach der höchsten Krone der Macht greifen? Wider alle Erwartungen tat er es nicht.

In einem Brief an die Königin erklärte er ausdrücklich: »Ich habe nicht die Absicht, mich an die Spitze der Regierung zu stellen.« Allerdings erhob er eine Reihe von Forderungen: Steuersenkung und Steuergleichheit – das heißt, daß auch Adel und Klerus Abgaben entrichten sollten; Ausbau der Armee und gleiche Gerichtsbarkeit für alle Bürger, ohne Ansehen des Standes. Die Königin bildete ein Reformkomitee, das allerdings nur eine kurze Lebensdauer hatte, und sie schickte Pater Nithard als Gesandten zum Heiligen Stuhl nach Rom.

Am 24. Februar holte der Erzbischof von Toledo Pater Nithard in einer Kutsche vom Inquisitionspalast ab. Unter den Flüchen und Verwünschungen Hunderter aufgebrachter Bürger verließ der ungeliebte Jesuit die Stadt.

Nithard blieb für immer in Rom. Bis an sein Lebensende kämpfte er für die Erhebung der unbefleckten Empfängnis Mariä zum Dogma. Der 8. Dezember galt bereits seit langem in Spanien als einer der höch-

sten Feiertage. Pater Nithard erlebte es nicht mehr, daß »Mariä Empfängnis« für die gesamte katholische Welt zum Feiertag zweiter Klasse bestimmt wurde (1696). Das Dogma wurde erst 1854 beschlossen.
In Spanien herrschte nach Nithards unrühmlichem Abgang gespannte Ruhe. Maria Anna übertrug Don Juan den Posten des Generalgouverneurs von Aragon. In der diesbezüglichen Ernennungsurkunde rang sie sich sogar zur Anrede »mein lieber Cousin« durch. Gehorsam reiste der Prinz nach Saragossa; dort wurde er mit dem bereits üblichen tumultuarischen Jubel empfangen.
Aber unter der Oberfläche schwelte das Mißtrauen zwischen der Regentin und ihrem ungestümen »Stiefsohn«. Jeder fühlte sich vom anderen bedroht. Einmal flog ein angeblicher Giftanschlag gegen Don Juan auf, dann wieder meinte die Königin, nächtlicherweile Mordbuben um ihre Gemächer schleichen zu hören. Sie legte sich eine Leibgarde zu, die ihr auf Schritt und Tritt bis zur Schlafzimmertür folgte. Maria Anna war grenzenlos einsam, und darum suchte sie Halt bei einem neuen Vertrauten – der gewann jedoch sehr bald sehr viel mehr Macht über sie, als Pater Nithard je besessen hatte. Mit der Wahl dieses Don Fernando Valenzuela provozierte sie selbst ihren endgültigen Sturz.
Valenzuela entstammte dem verarmten Kleinadel. Er kam aus Neapel, wohin die Familie geflüchtet war, nachdem Don Fernandos Vater den Großvater – »aus Versehen«, wie er sagte – erstochen hatte. Fernando war ein aufgeweckter, vielseitig verwendbarer Junge. Nachdem er am Hof zu Palermo Pagendienste geleistet hatte, verschlug es ihn nach Madrid in den Dunstkreis Pater Nithards. Der erkannte sofort die außerordentlichen Talente des jungen Mannes und setzte ihn für Spitzeldienste und Zuträgereien, fürs beiläufige Ausstreuen gezielter Verleumdungen, zum Ausspinnen feiner Intrigen ein.
Als Pater Nithard Madrid verlassen mußte, legte er der Königin seinen Schützling nachdrücklich ans Herz. Don Fernando trug das Seine zur Vertiefung der Beziehung bei, indem er sich an die Lieblings-Kammerzofe der Herrscherin heranmachte und bald darauf diese Maria Eugenia heiratete. Vom einfachen Zureiter stieg er binnen weniger Monate zum Oberstallmeister, zum Generalinspektor des Palastes, zum Generalkapitän von Granada und schließlich zum Ersten Minister auf. Er wurde zunächst zum Marques de Pinares, zum Herzog von Villaseria

und dann sogar zum Granden erhoben; von der Königin »mein Cousin« tituliert, durfte er in ihrer Gegenwart den Hut aufbehalten.
Am Anfang seiner unglaublichen Laufbahn agierte das Ehepaar Valenzuela noch diskret im Hintergrund. Sie bezogen eine Wohnung unmittelbar neben den Gemächern der Königin. Maria Anna verließ ihre Suite immer seltener. Stundenlang schloß sie sich mit ihren beiden neuen Freunden ein, wickelte über Don Fernando ihre Geheimkorrespondenz mit Pater Nithard ab und ließ sich von ihrem »Hausgeist« – so Don Fernandos Spitzname in der Bevölkerung – über alles, was in der Stadt und im Land vorging, haarklein informieren. Das seltsame Trio wurde schon bald zum Ziel zotigen Spottes, wobei die Tatsache, daß Don Fernando ehemals königlicher Zureiter gewesen war, eine pikante Rolle spielte.
Sobald seine Macht gefestigt war, trat Valenzuela aus dem Schatten der Königin und beliebte sich aufzuführen wie ein Mitglied der Familie. Der Palast füllte sich mit neuen Gesichtern, zwielichtige Kreaturen feierten ausgelassene Feste; Theateraufführungen – bei denen Fernandos selbstgemachte, zweitklassige Dramen dargeboten wurden – lösten einander mit Stierkämpfen und Stierhatzen ab wie zu des guten alten König Philipps Zeiten.
Don Fernando war ein großer und ein großzügiger Bauherr. Er ließ sich ein feudales Palais sowie einige Landsitze errichten, aber auch für die Stadt Madrid fiel einiges ab: der großartig gestaltete Hauptplatz und zwei schöne Brücken legen noch heute Zeugnis vom Wirken des betriebsamen Mannes ab.
Unvergeßlich ist auch seine gigantische Korruptionswirtschaft, die alles auf diesem Gebiet bisher Dagewesene in den Schatten stellte. Man kann ruhig behaupten, daß Valenzuela der größte Schmiergeldnehmer der spanischen Geschichte gewesen ist. Kein Posten, kein Amt, auch nicht das allerkleinste, war zu haben, ohne daß Don Fernando und seine Spießgesellen nicht ihr Geschäft damit gemacht hätten. Allerdings: so rasch wie er es an sich raffte, so schnell warf der Favorit der Königin das Geld wieder zum Fenster hinaus.
Der Lebensstil und die Amtsführung Don Fernandos waren so außergewöhnlich aufreizend und skandalös, daß es im ganzen Land kaum mehr einen Menschen gab, der ihn nicht aus tiefstem Herzen verabscheut, gehaßt, verachtet und zum Teufel gewünscht hätte. So blind

Maria Anna in ihrem Zutrauen zu Valenzuela gewesen sein mag, hat sie wohl trotz der selbstgewählten Abgeschlossenheit geahnt, wie die Stimmung im Land war. Sie mußte sich fragen, wie lange Don Juan in Saragossa stillhalten würde. Darauf fiel ihr die einzig passende Antwort ein: Don Juan als Vizekönig ins ferne Sizilien, weitab vom Schuß, zu versetzen, und sie schickte eine dementsprechende Anweisung an den »lieben Cousin«.
Was weder Maria noch ihr sonst so vorzüglich informierter Favorit ahnten: zum nämlichen Zeitpunkt hatte Don Juan ein Schreiben des nun bald vierzehnjährigen Königs Karl II. erhalten. Der noch immer nicht voll zurechnungsfähige Knabe hatte das Papier weder selbst verfaßt noch geschrieben, aber es trug eindeutig seine ungelenke, leicht zittrige Unterschrift. Die wahren Urheber des Briefes waren sein Beichtvater und drei adelige Erzieher. Wörtlich hieß es in dem Dokument: »Am 6. November 1675 [dem Tag seines 14. Geburtstages] werde ich die Regierung meines Königreiches übernehmen. Ich brauche Sie zur Unterstützung an meiner Seite, und um mich der Königin, meiner Mutter, zu entledigen. Ich erwarte Sie am Mittwoch, dem 6., zu Mittag in meinem Vorzimmer.«
Don Juan hatte nicht gezögert, seine Freunde in Madrid von der ihn selbst überraschenden Wende zu benachrichtigen. Wie ein Lauffeuer verbreitete sich die frohe Botschaft in der Stadt, und als der König am Morgen des 6. November in festlichem Zug zum Alcazar fuhr, kannte der Enthusiasmus der Menschen keine Grenzen.
Zur vereinbarten Stunde traf Don Juan bei Karl ein. Die Brüder sanken einander in die Arme. Der König stammelte, Don Juan möge ihm helfen, er brauche ihn an seiner Seite. Nach einem feierlichen Tedeum trennten sich die beiden. Don Juan begab sich in seine Residenz, der König in den Palast.
Am Nachmittag empfing Maria Anna ihren Sohn. Barsch befahl sie seine Begleiter aus dem Zimmer und blieb mit dem Knaben zwei volle Stunden lang allein. Für das Gespräch zwischen Mutter und Sohn gibt es keine Zeugen, doch kann man sich leicht vorstellen, was geschah. Am Ende der Unterredung wankte der Junge aus dem Gemach der Mutter, totenblaß, die rotgeweinten Augen zu schmalen Sehschlitzen verschwollen.
In einer Sondersitzung beschloß nun der Staatsrat, die Großjährigkeit

des Königs für zwei weitere Jahre hinauszuschieben und Don Juan nach Saragossa zurückzuschicken. Don Juan fügte sich sofort: Er wollte, so sagte er, das Land vor dem Bürgerkrieg bewahren.

Valenzuela legte sich keine Zurückhaltung auf. Er übte schreckliche Rache an allen, die er im Verdacht hatte, in das Komplott verwickelt gewesen zu sein. Sie wurden aus ihren Ämtern entlassen, einige eingekerkert, andere des Landes verwiesen. Für den Augenblick hatte er seine Gegner zurückgedrängt – geschlagen gaben sie sich noch lange nicht.

Den Auftakt zum ersten spektakulären Staatsstreich in der spanischen Geschichte bildete ein am 15. Dezember 1676 veröffentlichtes Manifest, das zugleich eine glühende Loyalitätserklärung für den jungen König war. Darin wurde unmißverständlich die Trennung der Königin von ihrem Sohn, die Entlassung und Verhaftung Valenzuelas und die Berufung Don Juans als Berater des Königs gefordert. Unterzeichnet war das Papier von zehn Herzögen, vier Marquesen, drei Grafen, zwei Herzoginnen und vier Gräfinnen. An elfter Stelle, unauffällig, dennoch unübersehbar, fand sich die Signatur von Don Juan.

Valenzuela ließ mobilisieren. Auch Don Juan war schon mit zahlenmäßig kleiner militärischer Bedeckung aus Saragossa aufgebrochen. Unterwegs wurde die Truppe immer größer, scharenweise liefen Soldaten und Offiziere zu ihr über. Als Don Juan vor Madrid ankam, zählte seine Armee bereits 15 000 Mann Infanterie und Kavallerie.

Valenzuela spürte, daß er verloren hatte, und tauchte im Klostertrakt des Escorial unter. In der Nacht zum 15. Januar 1677 schlich sich Karl, nur von einem Kammerherrn begleitet (oder abgeholt?), aus dem Alcazar und begab sich ins Schloß Buen Retiro, der Residenz seines Bruders. Die Häupter der Verschwörung hatten sich dort versammelt und bereiteten dem Knaben einen stürmischen Empfang.

Als Königin Maria Anna am Morgen erwachte, fand sie auf ihrer Bettdecke einen von ihrem Sohn unterzeichneten Befehl, der sie ab sofort unter Hausarrest stellte. Verzweifelt jagte die Königin einen Kurier nach dem anderen mit Bitten, Befehlen und Beschwörungen nach Buen Retiro. Sie blieb ohne Antwort. Es ist anzunehmen, daß kein einziger dieser Briefe überhaupt in die Hände des Jungen gelangte.

Maria Anna ging wenig später ins Exil nach Toledo und hinterließ ihrem Sohn die folgenden Zeilen: »Sohn meines Lebens! Die Stunde des

Abschieds hat geschlagen, und meine Liebe zu Ihnen macht es mir zur Pflicht, Ihnen zu sagen, wieviel schmerzliches Leid es mich kostet, von Ihnen zu scheiden ... Unterlassen Sie es nicht, mir fortlaufend Bericht über Ihr körperliches und seelisches Befinden zu geben. Gott sei mit Ihnen. Ihre Sie liebende Mutter.«

Am 17. Januar erschienen fünfhundert Mann Infanterie vor dem Kloster des Escorial und verlangten die Herausgabe Valenzuelas. Der Abt verbot den Soldaten unter Androhung der Exkommunikation das Betreten des Klosters. Doch die Männer kümmerten sich nicht darum. Sie stürmten das Gebäude und drehten auf der Suche nach Don Fernando das Unterste zuoberst. Noch einmal konnte er ihnen entwischen, indem er an zusammengeknüpften Bettlaken in einen Hinterhof rutschte, rasch eine Kutte überstülpte und sich unter die Schar der Novizen mischte. Er wurde jedoch verraten, verhaftet, zuerst auf die Philippinen, später nach Mexiko verbannt.

Valenzuela sah die Heimat nie mehr wieder; er wurde 1691 von einem Pferd zu Tode getrampelt, das er sinnlos gequält hatte. Auch seine Frau nahm ein schlimmes Ende: Maria Eugenia wurde vorübergehend verhaftet, nach ihrer Freilassung war sie völlig mittellos, und es fand sich keine mildtätige Hand, die ihr auch nur ein Stück Brot zugesteckt hätte. Zerlumpt und abgemagert geisterte sie als Bettlerin durch die Straßen von Madrid und starb in einem Irrenhaus.

Am 23. Januar um sechs Uhr morgens stand Don Juan lächelnd vor dem Bett seines Halbbruders, kniete vor ihm nieder, küßte ihm die Hand und bat den König, ihm als erster Diener gehorchen zu dürfen. Das ganze Land versank für Wochen in einen nahezu hysterischen Rausch der Begeisterung. Freudenfeuer loderten, die Menschen sanken einander in die Arme und tanzten auf den Straßen, Tedeums und Dankesprozessionen wurden abgehalten. Es herrschte eine Aufbruchstimmung ohnegleichen. Don Juan wurde gefeiert, als »Befreier«, gar als »Erlöser«, und man erwartete von ihm auf der Stelle jede Menge kleiner und großer Wunder, die binnen weniger Wochen den jahrhundertelangen Schlendrian, den Abstieg Spaniens als Weltmacht aufhalten und in eine glanzvolle Wiederauferstehung verwandeln sollten. Kein Sterblicher hätte dieses Titanenwerk vollbringen können – und Don Juan waren nur noch zwei Jahre gegeben.

Seine erste Amtshandlung als neuer Regierungschef fand allgemeine

Zustimmung: Er entfernte die Kreaturen Valenzuelas und Pater Nithards aus ihren einflußreichen Stellungen und besetzte diese mit Männern seines Vertrauens.
Ehe er mit dem gigantischen Reformwerk begann, das er sich vorgenommen hatte, kümmerte er sich eingehend um die Person des jungen Königs, der bislang ein Schattendasein am Rande der mütterlichen Existenz geführt hatte. Eine sehr bezeichnende Episode ist dazu überliefert:
Wenige Tage nach Amtsantritt zeigte Karl seinem Bruder einen Brief des Herzogs Amadeus II. von Savoyen und bewunderte dessen wunderschöne, ebenmäßige Handschrift.
Don Juan betrachtete das Papier und sagte dann:»Der Herzog ist viel jünger als Eure Majestät. Sie müssen ihm auch handschriftlich antworten.«
Karl:»Aber ich kann gar nicht richtig schreiben.«
Don Juan:»Jesus Maria! Wie kann ein König von Spanien nur so etwas sagen.«
Von Stund an setzte sich Don Juan täglich hin und gab seinem Bruder Unterricht im Lesen und Schreiben.
Zum allgmeinen Erstaunen stellte sich heraus, daß Karl gar nicht so geistesschwach und zurückgeblieben war, wie es immer den Anschein gehabt hatte. Er war vielmehr durch die eigene Mutter an der Entwicklung und Entfaltung seiner – zugegebenermaßen – schwachen Kräfte und Begabungen gehindert worden. Niemals hatte sie ihm einen eigenen Hofstaat zugebilligt, niemals auch nur die kleinste Regung von Selbständigkeit überhaupt wahrgenommen und schon gar nicht unterstützt oder gefördert. Maria Annas Kritiker behaupteten und behaupten noch immer, die Königin habe ihren Sohn aus blanker Herrschsucht auf der Stufe eines Kleinkindes gehalten. Mit unserem heutigen psychologisch geschulten Denken erkennen wir jedoch, daß diese ständige Gängelung und Bevormundung aus übergroßer Fürsorge, aus quälender Angst um dieses armselige Bündel Leben, aus schmerzvoller Mutterliebe entsprang.
Wollte Don Juan politisch und physisch überleben, dann mußte er Karl aus der emotionalen Abhängigkeit von seiner Mutter befreien, aus dieser unglückseligen Mischung von äußerster Liebe und äußerster Furcht.

*König Karl II. von Spanien*

Don Juan verbrachte viele Stunden des Tages mit seinem Bruder. Es gelang ihm, was Dutzende hochrangige Wissenschaftler und Erzieher nicht geschafft hatten: Der Knabe begann sich für seine Umwelt zu interessieren, stellte Fragen und lernte schließlich, einigermaßen vernünftige Antworten zu geben. Karl, der seinen Vater im Alter von vier Jahren verloren hatte, faßte Zutrauen zu dem um zweiunddreißig Jahre älteren Halbbruder, es entstand eine Art Vater-Sohn-Beziehung, von der man nicht genau weiß, wie echt und wie tief sie von seiten Don Juans gewesen sein mag. Hat er den Bruder wirklich so geliebt, wie es nach außen den Anschein hatte, oder hat er Karl nur darum so fest an sich gebunden, weil er auf dem Weg über den königlichen Knaben seine ehrgeizigen Ziele verwirklichen wollte?
Sicher ist, daß Don Juan damals nicht mehr daran gedacht hat, Spaniens Thron völlig zu annektieren. Er tat alles, um das Ansehen und die Autorität des jungen Monarchen zu stärken und hielt sich selbst stets im zweiten Glied hinter ihm.
Obwohl Don Juan das würgende Zeremoniell radikal lockerte, die strenge schwarze Hoftracht in die Rumpelkammer verbannte und dafür die heitere, bunte, sinnenfreudige französische Mode einführte, obwohl der Ton bei Hofe sofort lockerer, ungezwungener wurde, hielt er ein strenges Auge darauf, daß Karl mit devotestem Respekt behandelt und sein königliches Ansehen niemals angetastet wurde.
Karl war beängstigend schwächlich und hatte darum niemals eine größere Reise unternehmen dürfen; dennoch bestand Don Juan darauf, daß der König wenigstens nach Aragon fahre, um dort die Huldigung seiner Untertanen entgegenzunehmen und den Eid auf die aragonischen Gesetze abzulegen.
Die Reise fand in winzigen Etappen statt. Dazwischen wurden lange Pausen eingelegt, der König konnte sich in den Palästen weltlicher und geistlicher Fürsten ausgiebig erholen. Er machte einen recht passablen Eindruck, als er am 1. Mai in der Kathedrale von Saragossa als König von Aragon bestätigt wurde. Karl war zwar noch immer zu klein und zu dünn für sein Alter, die Häßlichkeit seines Antlitzes mit der langen Nase, dem vorstehenden Kinn und der hängenden Unterlippe wirkte grotesk – aber er hielt sich aufrecht und strahlte eine gewisse Würde aus. Don Juan konnte mit seinem Werk zufrieden sein.
Da er die meiste Zeit des Tages mit dem König verbrachte, verlegte

Don Juan, sehr zum Mißfallen seiner Mitarbeiter, die übrigen Tätigkeiten in die späten Nacht- und frühen Morgenstunden. Als ob er geahnt hätte, wie wenig Zeit ihm blieb, stürzte er sich furios und ohne seine Kräfte zu schonen in die Arbeit. Er ging zahlreiche Projekte zugleich an, und er nahm auf niemanden und auf nichts Rücksicht, wenn er nur selbst von der Notwendigkeit einer Maßnahme überzeugt war. Unbekümmert warf er versteinerte Traditionen über den Haufen und ließ sich auf keine langen Debatten ein. Mit einem Wort: es gelang ihm in kurzer Zeit, sich mehr Feinde zu schaffen, als er je zuvor Freunde besessen hatte. Es dauerte nicht lange, und schon tauchten die berüchtigten Flugblätter und Maueranschläge auf, die ihm Unfähigkeit, Unerfahrenheit, krankhaften Ehrgeiz, Rücksichtslosigkeit und kleinliche Rachsucht vorwarfen.
Basierend auf der Einsicht, daß nur eine blühende Wirtschaft mehr Steuern einbringt, gründete Don Juan eine »Handelsgesellschaft«, die beim Aufbau einer nationalen Industrie mithelfen sollte. Investoren wurden für zehn Jahre von allen Steuern befreit. Zugleich beschnitt der Regent die zünftlerischen Vorrechte der Gilden und zog sich damit den Zorn sämtlicher Handwerker zu. Die Händler schäumten, weil Don Juan Importbeschränkungen für ausländische Waren lockerte, dazu aber staatlich kontrollierte Preisobergrenzen festlegte.
Die Gelehrtenwelt wurde böse, als der Regent hervorragende Köpfe aus ganz Europa, vor allem Mathematiker und Naturwissenschaftler, nach Spanien holte, und er bekam auch den Zorn der Kirche zu spüren, nachdem er die Alleinherrschaft der katholischen Universitäten gebrochen hatte und in privaten »Akademien« Lehre und Forschung freien Lauf ließ.
Auch die Mediziner hatten allen Grund, beleidigt zu sein: Don Juan holte neben anderen ausländischen Kapazitäten den berühmten italienischen Professor Giovanni Battista Juanini als Leibarzt nach Madrid, der radikal mit den noch immer praktizierten mittelalterlichen Lehren aufräumte und so Ungeheuerliches wie die Obduktion einführte. Juanini war es auch, der für Don Juan die erste in der Geschichte bekannte Studie über Luftverschmutzung einer Stadt am Beispiel Madrids und deren Auswirkung auf die menschliche Gesundheit verfaßte.
Schon achtzehn Jahre vor der Übernahme der Regierung hatte Don Juan den Anstoß zur Gründung der ersten regelmäßig erscheinenden

Zeitung in Spanien gegeben und seinen Sekretär Francisco Fabro Bremundran zum Chefredakteur gemacht. Es lag in der Natur der Sache, daß die »Gazeta« vehement die Politik Don Juans unterstützte, und es ist darum nicht verwunderlich, daß das Blatt unmittelbar nach seinem Tod eingestellt wurde. Ein Jahr danach wurde das Erscheinen sämtlicher Zeitungen in Spanien behördlich verboten.

Weite Kreise des Adels machte sich Don Juan zum Feind, als er dessen Steuerprivilegien beschnitt und darüber hinaus auch noch die unerhörte These verkündete, daß Arbeit keine Schande sei, daß es dem Land und seiner wirtschaftlichen Gesundung zum Vorteil gereichte, wenn Mitglieder der führenden Kreise dem Volk mit gutem Beispiel vorangingen.

Don Juan, der – eine absolute Seltenheit in der Geschichte – durch eine von *allen* Schichten getragene unblutige Revolution an die Macht gekommen war, wurde von seinen einstigen Anhängern auch für Entwicklungen und Ereignisse verantwortlich gemacht, auf die er persönlich kaum Einfluß besaß.

Der am 13. Dezember 1678 abgeschlossene Friedenskongreß von Nimwegen beendete zwar das jahrzehntelange Ringen gegen Frankreich und Holland, das Spanien an den Rand des Abgrunds gebracht hatte – doch der Preis war außerordentlich hoch: die holländischen Gebiete, die Freigrafschaft Burgund, Valenciennes, Gent und Ypern waren für immer verloren.

Schmerzte diese Wunde schon tief, so konnten es die meisten engstirnigen Lokalpatrioten nicht begreifen, daß Don Juan nun erst recht die Heirat König Karls II. mit Marie Louise von Orléans, einer Nichte Ludwigs XIV., anbahnte, obwohl der König bereits einer österreichischen Erzherzogin versprochen war. Es nützte dann auch wenig, daß Karl selbst für die Verbindung Feuer und Flamme war, denn er hatte sich leidenschaftlich in die rassige kleine Bourbonin verliebt, die er allerdings nur von zahlreichen Porträts kannte.

Völlig schuldlos war Don Juan natürlich an den beiden wetterbedingten katastrophalen Mißernten von 1677 und 1678, die zu Hamsterkäufen, Schleichhandel und zu den höchsten Getreide- und Brotpreisen seit Menschengedenken führten. Don Juan machte Staatsmittel locker, um überall im Land Getreide aufzukaufen, und die Bäcker wurden gezwungen, die Brotpreise zu senken – was nun auch die Bäcker in Wut

versetzte, für die 150 000 Einwohner von Madrid indes keine spürbare Erleichterung brachte.
Zu schlechter Letzt flammte eine neue Pestepidemie auf. Handel und Wandel waren aufs schwerste beeinträchtigt, und die von Don Juan versprochene Steuersenkung mußte immer wieder verschoben werden. Der Versuch, vom Adel und vom Klerus Geld einzutreiben, scheiterte kläglich am geballten Widerstand der Betroffenen.
Ab dem Frühjahr 1679 begann sich die Lage leicht zu entspannen. Die Mißstimmung indes hielt weiter an. Als Don Juan im Juli aufs Krankenbett geworfen wurde, wurden plötzlich feine Fäden zwischen Madrid und Toledo, zwischen Königin Maria Anna und Karl II., gesponnen. Das Netz um Don Juan wurde immer dichter, der König entglitt langsam, aber unaufhaltsam dem Einfluß seines Halbbruders.
Don Juan, von heftigen Fieberanfällen und rasenden Koliken gemartert, konzentrierte seine schwindenden Kräfte nunmehr ausschließlich auf das Kernstück seines Erneuerungsprogramms, auf eine tiefgreifende Währungsreform, die Hand in Hand mit einer allgemeinen Steueramnestie gehen sollte. Es gelang ihm noch, die Pläne durchführungsreif zu machen – ihre erfolgreiche Verwirklichung erlebte er nicht mehr.
Am Sonntag, dem 17. September 1679, ereilte ihn im Alter von nur fünfzig Jahren der Tod, auf den Tag genau vierzehn Jahre nach dem Hinscheiden seines Vaters, König Philipps IV. Die Obduktion des Leichnams durch Professor Juanini bestätigte vollinhaltlich dessen Diagnose: Gallenblasenentzündung und Durchbruch.
Nun, da er tot war, erwies man Don Juan die ihm gebührenden königlichen Ehren und bettete ihn im Escorial an der Seite der übrigen Habsburger zur letzten Ruhe. Sein Herz wurde, wie er es gewünscht hatte, in der Kathedrale von Saragossa beigesetzt.
Einen Tag nach dem Begräbnis reiste König Karl II. nach Toledo und sank weinend vor seiner Mutter in die Knie. Sie kehrte noch am selben Tag an seiner Seite nach Madrid zurück.
Der Freund und Leibarzt, Professor Juanini, widmete dem Verstorbenen einen enthusiastischen Nachruf, in welchem er vor allem die außergewöhnlichen Begabungen des Prinzen hervorhob:». . . niemals gab er sich dem Müßiggang hin und arbeitete stetig an seiner geistigen Fortbildung... Er war ein großer Mathematiker, spielte die verschie-

densten Instrumente perfekt, las vor allem Aristoteles, Tycho Brahe, Galilei und andere. Er beherrschte die Geometrie und die Geographie vorzüglich, und er war der beste Navigator. Er war ein ausgezeichneter Maler, sowohl in Öl als auch im Aquarell, und auch als Graveur war er meisterhaft...« Ein anonymer Zeitgenosse meinte: »Er war ein großer Fürst, aber er wäre ein größerer gewesen, wäre er großmütiger auf Beschwerden eingegangen und hätte er offener gehandelt.«
Wir wissen heute, daß er zu rastlos und zu ungeduldig war, um auf, wie es ihm schien, kleinliche Klagen einzugehen und alle seine Pläne jedermann offen darzulegen und mit jedermann ausführlich zu diskutieren. Er war brennend ehrgeizig, und er liebte die Macht – mehr als jeder »legitime« Habsburger, dem die Herrschaft schon in die Wiege gelegt worden war.
Noch bis in die jüngste Gegenwart hat die spanische Geschichtsforschung Don Juan verteufelt, ihn als abstoßenden Dämon und heimtückischen Intriganten dargestellt. Erst die neuesten Untersuchungen zeigen ihn als einen seiner Zeit weit vorausdenkenden Mann, der die Wurzeln allen Übels mit schmerzlicher Klarheit erkannte – der aber auch die Wege fand, das Land aus seiner Misere zu führen. Es sollte noch fast dreihundert Jahre dauern, ehe Spanien reif war, diese Wege zu verfolgen.

# Aschenbrödel

## Maria Anna 1738–1789

»Was die Schwestern Maria Anna und Elisabeth betrifft, so behandelt sie die Kaiserin schlecht und sieht sie selten, und fast immer schilt sie sie aus und zeigt ihnen üble Laune ... Über Maria Anna ist sie besonders verärgert und behandelt sie bei jeder Gelegenheit miserabel und läßt es auch in der Öffentlichkeit erkennen ...«

> *Leopold, Großherzog von Toskana (später Kaiser Leopold II.), über das Verhältnis seiner Mutter, Kaiserin Maria Theresia, zu ihren ältesten Töchtern*

»Ich bin so glücklich unter euch. So gute und erkenntliche Menschen habe ich noch an keinem Ort getroffen. Ich habe vierzig Jahre in Wien gelebt, aber man hat mir nie gezeigt, daß man mich liebt.«

> *Erzherzogin Maria Anna anläßlich eines Empfangs in Klagenfurt*

Das Kind war heiß erwünscht, aber, als es endlich das Licht der Welt erblickte, keineswegs hoch willkommen. Es war das zweite Kind der österreichischen Thronerbin Maria Theresia und ihres Gemahls Herzog Franz Stephan von Lothringen, später Großherzog der Toskana. Wieder ein Mädchen! Sosehr sich die jungen Eltern über den gesunden Nachwuchs gefreut haben mögen – die Wiener nahmen es Franz Stephan übel, daß es kein Bub war; wie sie überhaupt dazu neigten, alles übelzunehmen, woran sie dem jungen Mann die Schuld in die Schuhe schieben konnten: Er hatte sich soeben in einem Feldzug gegen die Türken blamiert, er war nicht einmal imstande, einen Sohn zu zeugen, er war in ihren Augen ein »Garniemand« – und überdies ein »Fran-

zos«. Die Franzosen waren aus den verschiedensten chauvinistischen Gründen bei fast jedermann von Herzen verhaßt.
Kaiser Karl VI., Maria Theresias Vater und somit Großvater des unglücklichen kleinen Wurms, versuchte seine Wiener zu trösten und zu besänftigen, indem er »zum allgemeinen Gaudium« Freikomödien veranstalten und dabei Brieftauben hochfliegen ließ, die um den Hals Bändchen trugen, mit einem simplen Verslein darauf:

>»Das Mannsvolk bleibt nicht aus
>Wo schöne Jungfräulein.
>Die Wahrheit des Spruches
>Trifft unfehlbar ein.
>Es wird daher ein Mann
>als drittes uns nach Wunsch begaben,
>Jetzt konnt's nicht sein. Warum?
>Gut Ding will Weile haben.«

Weder kostenlose »Gaudi« noch geflügelte Botschaften vermochten den Zorn des Volkes zu dämmen, so daß der Kaiser dem jungen Paar anempfahl, für eine Weile von der Bildfläche zu verschwinden. Eine Reise nach Florenz, der Hauptstadt von Franz Stephans neuer Heimat, war ohnedies überfällig und nur wegen der rasch aufeinander folgenden Schwangerschaften Maria Theresias immer wieder verschoben worden.
Im Zuge komplizierter politischer Tauschgeschäfte war Franz Stephan seines Thrones in Lothringen verlustig gegangen und hatte zum Trost nicht nur die Toskana, sondern auch die vielgeliebte Kaisertochter Maria Theresia erhalten.
So kam es, daß die am 6. Oktober 1738 geborene Maria Anna Josepha Antonia bereits im Alter von drei Monaten von Vater und Mutter getrennt wurde. Die ältere Schwester Maria Elisabeth war zu diesem Zeitpunkt zweiundzwanzig Monate alt. Beide Mädchen überstanden die Abwesenheit der Eltern, ohne Schaden zu nehmen. »Die kleinen Engel sind gottlob wohlauf, herzig und vollkommen. Euer Liebden werden an beiden Freude haben«, hieß es in einem Bericht an die Mutter der beiden.
Nach sechs Monaten unbeschwerter Lebens- und Festesfreuden in Italien war das Paar wieder daheim. In einem Trakt der Hofburg resi-

dierte es mit eigenem Hofstaat – getrennt vom kaiserlichen Vater und dennoch in seiner unmittelbaren Nähe.

Über die ersten zwei Lebensjahre »Mariandls« – später Marianna gerufen – wissen wir wenig. Sie scheinen unauffällig gewesen zu sein, vor allem was ihren später so problematischen Gesundheitszustand betrifft. Vielleicht lag eine der Wurzeln für Mariannas Anfälligkeit auch in den strikten Anweisungen Maria Theresias, die Kinder »abzuhärten«. Sie durften, um Gottes willen, nicht verweichlicht werden! Allzu warme Kleidung war verboten – nicht ganz verständlich angesichts der endlosen, kalten, zugigen Gänge der Wiener Hofburg, der hohen, schwer heizbaren Räume mit ihren schlecht schließenden Fenstern. Die einmal wöchentlich vorgeschriebene Reinigung der Füße schien indes kaum Schaden angerichtet haben.

Überhaupt war Strenge oberstes Gebot, das Mariannas erste »Aja« (Erzieherin), eine Gräfin Belrupt, gewiß aufs sorgsamste befolgte. Das »Dalken« – die Worte verstümmelnde Kleinkindersprache – war verpönt. Die Jungen und Mädchen sollten von Anfang an korrektes Hochdeutsch lernen. Es ließ sich allerdings nicht vermeiden, daß alle zusammen im Endeffekt ein weich fließendes Wienerisch sprachen, denn das Hochdeutsche war (und ist) nun einmal in Wien ein mehr oder weniger fremdes Idiom.

»Die Kinder sind geboren zu gehorchen und sollen sich mithin beizeiten daran gewöhnen«, dekretierte die Mutter. Merkwürdigerweise ist in ihren sehr detaillierten und häufig wiederholten Erziehungsanleitungen wenig bis gar nichts über Liebe und Zärtlichkeit enthalten...

Marianna stand im empfindlichsten und empfindsamsten dritten Lebensjahr, als 1740 eine Reihe von Katastrophen über das Haus hereinbrach. Ihren Eltern wurde am 12. Januar eine weitere Tochter geboren – jawohl, auch das wurde als Katastrophe empfunden! Nichts von den kühnen Prophezeiungen Kaiser Karls VI., daß das nächste Kind ein Bub würde (»Gut Ding will Weile brauchen...«), hatte sich erfüllt. Schon wieder ein Mädchen! Das konnte doch nur eines bedeuten: das Glück hatte sich abgewandt vom Hause Österreich, ab nun konnte es nur noch schlimmer werden.

Es kam schlimmer: Sechs Monate nach der Geburt der kleinen Maria Karolina starb die Erstgeborene, Maria Elisabeth, und im Herbst wurde der Kaiser, der Großvater der drei Mädchen, dahingerafft.

Noch bei guter Gesundheit war er zu einem Jagdausflug ins Schloß Halbturn gefahren – wenige Tage später, am 13. Oktober, brachte man ihn, keuchend, erbrechend, als halbtoten Mann nach Wien zurück. Die ursprüngliche Diagnose, Pilzvergiftung, hielt den Überprüfungen nicht stand: Keiner von des Kaisers Jagdgefährten fühlte sich krank. Ratlos umstanden die besten Spezialisten das Bett des hohen Patienten und diskutierten leise, aber heftig über mögliche Therapien. »Laßt's die Streitereien«, murmelte der Kaiser mit einem letzten Anflug von Sarkasmus, »wenn ich tot bin, dann brecht's mich auf und werdet's sehen, an was ich gestorben bin. Ich hoffe, es kommt bald einer nach und sagt es mir.«
Unter großen Schmerzen starb der Fünfundfünfzigjährige am 20. Oktober 1740. Die Obduktion brachte, wie vorauszusehen, Klarheit über die Todesursache: Es waren nicht die Pilze, es war ein akut verlaufenes Krebsleiden.
Maria Theresia, die innerhalb weniger Monate ein Kind und den sehr geliebten Vater verloren und plötzlich, aufs mangelhafteste vorbereitet, die Last des Regierens zu tragen hatte, konnte sich ihrem Schmerz nicht lange hingeben: Am 16. Dezember, acht Wochen nach dem Hinscheiden des Kaisers, fiel König Friedrich II. von Preußen, den sie später den Großen nennen sollten, ohne Vorwarnung über Schlesien her, weil er angeblich Erbansprüche auf das seit zweihundert Jahren zu Österreich gehörende Land besaß.
Die sogenannten »drei schlesischen Kriege« haben, mit kurzen Unterbrechungen, Österreich für volle dreizehn Jahre in kriegerische Handlungen verwickelt und schließlich zum Verlust dieser reichen Provinz geführt.
Und dann kam noch ein weiterer Kriegsschauplatz hinzu: Im Österreichischen Erbfolgekrieg (1741–1748) versuchte Bayern, von Preußen und Frankreich unterstützt, sich einen Teil der Erblande anzueignen. Die blutjunge und friedliebende Maria Theresia war wider Willen oberste Kriegsherrin in einem jahrzehntelangen Völkergemetzel geworden, eine Aufgabe, die unentwegt an ihren seelischen und körperlichen Kräften zehrte. Ihre Rolle als Frau und Mutter mußte sie zwangsläufig auf ein Minimum reduzieren. Sie bestand zwar darauf, Mann und Kinder täglich zu sehen – aber wirklich beschäftigen konnte sie sich mit keinem. Die Kinder hatten ihre Ajas und Ajos, der Mann in späteren

Jahren seine Liebhabereien und Liebesaffären. Glücklich war in dieser Konstellation niemand.

Am 25. Januar 1741 starb die ein Jahr zuvor geborene Maria Karolina, und die dreijährige Marianna war mit einem Mal das einzige Kind ihrer Eltern – aber sie blieb es nicht lange. Denn schon am 13. März desselben Jahres schenkte Maria Theresia erneut einem Kind das Leben – und es war endlich ein Knabe, den man auf den Namen Joseph taufte. Niemals zuvor und niemals nachher war um ein Kind Maria Theresias ein solches Aufheben gemacht worden. Die Menschen verstanden die Erfüllung tausendfacher Gebete als wahrhaftiges Zeichen und Wunder von oben; vergessen waren Groll und Gram, die Wiener feierten, was das Zeug hielt, und begeistert summten, sangen und pfiffen alle den Gassenhauer:

»Das war a G'schrei
Heut nacht um drei.
Man hat ka Ruah,
Vivat der Bua.«

Kaum geboren, wurde Joseph in den exklusiven Orden vom Goldenen Vlies aufgenommen. Die Zeugen der Zeremonie küßten ihm nicht die winzige Hand, sie küßten seine Windel! Überhaupt drehte sich von nun an alles um den kostbaren Knaben. Daß da irgendwo am Rande noch ein kleines Mädchen existierte, wurde kaum wahrgenommen.

Marianna hatte in ihrer Kindheit lediglich zwei große Auftritte, die sie ins unmittelbare Zentrum des öffentlichen Interesses stellten, aber nur der zweite mag die kleine, ständig nach Beachtung und Anerkennung dürstende Seele befriedigt haben. Es handelte sich um die Krönung Maria Theresias zur Königin von Ungarn im Jahre 1741 und zur Königin von Böhmen 1743.

Der Thronfolger Erzherzog Joseph war erst drei Monate als, als seine Eltern zu Schiff in die damalige ungarische Hauptstadt Preßburg aufbrachen. »Unsere Frau Marianna« wurde mit einem eigenen kleinen Hofstaat per Kutsche auf die Reise geschickt. Sie nahm an der enthusiastisch umjubelten Galafahrt der Mutter durch die geschmückten Straßen der Stadt teil – der Krönung der schönen Mama durfte sie nicht beiwohnen, und das aus einem sehr diffizilen Grund.

Maria Theresia, noch immer bis über beide Ohren in ihren »Franzl« verliebt, versuchte durchzusetzen, daß man den Gemahl als Mitregenten in Ungarn anerkenne und ihn mit ihr gemeinsam kröne. Doch die Magyaren, auf alte Gesetzestexte pochend, lehnten, bei allem Respekt, kategorisch ab – zumindest im Augenblick (später wurde Franz Stephan doch noch Mitregent). Für die Ungarn war Maria Theresia »der König« – daneben gab es nichts und niemand: Großherzog Franz Stephan möge, so es ihm beliebe, an der Zeremonie teilnehmen – aber nur als Privatmann.

Eine peinliche Lage, aus der schließlich ein fast komödienreifer Ausweg gefunden wurde. Nur »fast« komisch, denn im Grunde war die Situation für Franz Stephan und zugleich für seine Tochter Marianna verletzend und demütigend. Sie war alt genug, um das auch in voller Tragweite empfinden zu können.

Am 25. Juni verabschiedete sich Franz Stephan um sechs Uhr morgens von seiner Frau. Sie war bereits im vollen Ornat, einer Art ungarischem Nationalkostüm, prunkvoll mit Perlen und Edelsteinen geschmückt. Der Großherzog holte seine Tochter Marianna ab und begab sich mit ihr zum Friedhof von St. Martin, der Kirche, wo die Krönung vor sich gehen sollte. Zu einem dem Altar gegenüberliegenden Fenster war eine Art Hühnerleiter gebaut und darauf eine Plattform errichtet worden. Vater und Tochter sowie zwei weitere, ungesehen bleiben wollende Zeugen erklommen die Sprossen und beobachteten aus luftiger Höhe das Geschehen im Inneren des Gotteshauses. Maria Theresia wußte ihre Angehörigen auf dem seltsamen Ausguck, aber sie blickte kein einziges Mal hinauf.

Bei der Eidesleistung auf dem Krönungshügel, auf den die Königin, vom stürmischen Jubel ihrer Landeskinder angefeuert, strahlend und heroisch hoch zu Roß galoppierte, waren Franz Stephan und Marianna nicht einmal im Abseits dabei. Während des Krönungsmahles saß Maria Theresia, »der König«, an der Stirnseite der Tafel – ganz am Ende, noch hinter den Erzherzoginnen, war der Platz des »Privatmannes« Franz Stephan.

Marianna blieb mit ihren Eltern noch einige Wochen in Preßburg, da Maria Theresia wichtige Regierungsgeschäfte zu erledigen hatte. Den Vater sah das Kind häufig, die Mutter kaum. Denn wann immer es ihre Zeit zuließ, eilte sie nach Wien, um ihrer ersten und vornehmsten Mutterpflicht zu genügen – sich um das Wohl ihres einzigen Sohnes zu kümmern...

Knapp zwei Jahre später, im Mai 1743, war Marianna noch einmal allein mit den Eltern unterwegs, und zwar zur Krönung der Mutter in Prag. Bei der Rückkehr ward ihr die Ehre zuteil, zwischen den Eltern sitzend, in ein freudentaumelndes Wien einzuziehen. Übereinstimmenden Zeugenaussagen zufolge war dies die triumphalste Bewillkommnung, die je ein Herrscher in der Metropole erlebt hat, denn wenige Tage zuvor war ein entscheidender Sieg im Erbfolgekrieg errungen worden.

Ein bitterer Nachgeschmack blieb dennoch: Es war Maria Theresia zwar gelungen, ihren Mann von Anfang an in Böhmen zum Mitregenten zu erheben; ihr und sein ehrgeizigster Wunsch, ihm die deutsche Kaiserkrone aufs Haupt zu setzen, blieb indes fürs erste unerfüllt. Die deutschen Kurfürsten wählten den Bayernherzog Karl zum Kaiser. Franz Stephan ging leer aus; er blieb weiterhin im Schatten seiner Frau – so wie Marianna nach ihrer Rückkehr aus Prag erneut im Schatten ihres Bruders Joseph verschwand.

In den beiden darauffolgenden Jahren traten zwei weitere höchst erfolgreiche Konkurrentinnen um die Gunst der Mutter auf die Bühne: Maria Christina (Mimi), das hemmungslos bevorzugte Hätschelkind Maria Theresias, und Maria Elisabeth (Liesl), die aphroditische Schönheit unter den ansonsten bloß durchschnittlich hübschen Erzherzoginnen.

Maria Anna war nicht einmal durchschnittlich hübsch. Sie besaß zwar eine zarte, biegsame Figur und auffallend schöne Hände, doch die »Visitenkarte« jedes Mädchens, das Gesicht, wirkte schon bald hart, scharf, eckig. Marianna sah ihrem Vater sehr ähnlich, der allgemein als gutaussehender Mann bezeichnet wurde. Aber was bei einem Mann als »Charakterkopf« klassifiziert wurde, galt für ein Mädchen als »unweiblich« und daher zumindest befremdlich. Besonders Mariannas Profil mit der stark vorspringenden Nase, praktisch identisch mit dem des Vaters, wurde als häßlich empfunden.

Der preußische Gesandte am Wiener Hof, Graf Otto Podewils, ein wichtiger und mitteilungsfreudiger Zeitzeuge, beschrieb Marianna als am wenigsten anziehend unter ihren Geschwistern, bestätigte ihr aber Geist und Urteilskraft; zugleich bemängelte er die »hochmütige Miene« der Erzherzogin. Und der fleißige Tagebuchschreiber Fürst Johann Khevenhüller, Oberhofmeister Maria Theresias, berichtete von einer Komödienaufführung der Kinder: ».. . besonders tat sich hervor die Erzherzogin Marianna.«

»Hochmut« und »Hervortun« – bei Marianna untrennbar miteinander verbundene Eigenschaften: Sie tat alles, um Lob und Beachtung zu finden – der Erfolg war betrüblich gering. So blieb ihr keine Wahl, als die Enttäuschung mit einer abweisenden Miene zu tarnen.

Marianna war vielseitig begabt. Sie tanzte ausgezeichnet und mit großer Hingabe Ballett, unter Anleitung hervorragender Lehrer brachte sie es zu überdurchschnittlicher Fertigkeit; sie verfügte über eine kleine, aber wohlklingende Sopranstimme und hohe Musikalität. Im Studium war sie eifriger und konzentrierter als die meisten ihrer Geschwister, besonders auffallend war ihr phänomenales Gedächtnis, das die Merkfähigkeit selbst des blitzgescheiten Joseph weit übertraf. Doch das war eher ein Nachteil als ein Vorzug, denn es war gar nicht gerne gesehen, daß sie den künftigen Herrscher in irgendeiner Disziplin übertrumpfte.

Während Fürstin Marie Karoline Trautson (Mariannas Erzieherin nach der Gräfin Belrupt), eine geistreiche und künstlerisch kreative Dame, die musischen Talente Mariannas förderte, wurde die geisteswissenschaftliche Bildung des Mädchens – wie übrigens aller Töchter Maria Theresias – keineswegs auf höchstem Niveau gehalten. Die Schwestern wurden zwar in alle Wissensgebiete eingeführt, doch es fehlte an Gründlichkeit und Tiefe – ausgenommen Fremdsprachen, eine wichtige Mitgift für Töchter, die dazu bestimmt waren, durch Heirat auf ausländische Fürstenthrone zu gelangen.

Geradezu erbarmungswürdig war das Wissen der Mädchen um die primitivsten Grundregeln der geschriebenen Muttersprache – weder Grammatik noch Orthographie wurden zielstrebig unterrichtet. Maria Theresia selbst war im Deutschen nicht eben sattelfest – doch Mariannas schriftliche Ergüsse sind schlichtweg haarsträubend und manchmal so gut wie unverständlich. Aus diesem Grund werden später ihre Aufzeichnungen in einer »Übersetzung« zitiert.

Zur damaligen Zeit stieß sich niemand an unkorrekt geschriebenem Deutsch. Die Sprache der Gebildeten war nun einmal das Französische. Französisch war übrigens auch die Muttersprache Franz Stephans. Der allerdings konnte sich weder in dieser noch im Deutschen schriftlich ausdrücken – meist verwendete er ein Kauderwelch aus bei-

den. Ein Beispiel: »Ma vivasite fig mit Regt an et je vous dret ne lavoyre pas fay bocoup.« (Meine Lebhaftigkeit ficht mich recht an, und ich wollte um vieles, es nicht getan zu haben.)
Es muß allerdings auch vermerkt werden, daß für das eigentliche Lernen wenig Zeit blieb, da viele Stunden darauf verwendet wurden, den Kindern gesellschaftlichen Schliff zu geben (Tanzen, Ballett – und Theateraufführungen, von den Jungen und Mädchen selbst gestaltet). Auch ungezählte religiöse Verpflichtungen, der tägliche Besuch der Messe, die endlosen Beichtstunden und geistlichen Übungen, die Unzahl der kirchlichen Feiertage, reduzierten die schulische Bildung.
Unter der ständig wachsenden Kinderschar gab es heftige Rivalitäten, gespickt mit kleinen Bosheiten und Sticheleien, deren bevorzugtes Ziel die Älteste, Marianna, war; ihr rieb man ständig unter die Nase, daß sie »nur« die Tochter eines Herzogs und einer Erzherzogin war, nicht aber, wie die anderen, ein Königskind. Wir erinnern uns: die drei ältesten Töchter wurden geboren, noch ehe Maria Theresia zur Königin gekrönt wurde, Joseph war immerhin erst drei Monate alt, als man seine Anrede von »Durchlaucht« in »Königliche Hoheit« umänderte. Ab Oktober 1745, nachdem Franz Stephan als Nachfolger des überraschend verstorbenen Kaisers Karl VII. doch noch Kaiser wurde, waren die Kinder »kaiserliche Hoheiten«.
Besonders scharf war die Rivalität zwischen Marianna und ihren Schwestern Mimi (vier Jahre jünger) und Liesl (fünf Jahre jünger). Die folgenden Kinder waren altersmäßig zu weit entfernt, um in diesem speziellen Konkurrenzkampf eine Rolle zu spielen. Wie alle ihre Geschwister neigte Marianna zur Eifersucht – ein unübersehbares Erbteil von der Mutter. Maria Theresia hat bekanntlich ihren »Franzl« mit ständigem Argwohn gemartert; alle leichtfertigen Mannsbilder und Weiberleut' des Landes, vor allem aber in der Stadt Wien, ließ die Kaiserin durch die berüchtigten Keuschheitskommissionen bespitzeln und jagen: Gemeint waren im Grunde nicht »alle«, sondern eben nur der eine – und seine jeweiligen Favoritinnen.
Im Kampf um die Liebe der Mutter zog Marianna stets den kürzeren. Joseph besaß aufgrund seines Geschlechts eine unangreifbare Sonderstellung, aber auch gegen Mimi und Liesl war Marianna im Hintertreffen. Liesl war zwar kokett und oberflächlich, aber so überirdisch schön, daß schon darum jedermann von ihr hingerissen war – und sie

*Erzherzogin Maria Anna*

setzte diesen Vorteil auch ungeniert für sich ein: »... wie ... Elisabeth mit ihrer Schönheit gefallen will, bei einem Wachtmeister der Schweizer Garde oder einem Prinzen – das ist ihr gleich«, schrieb Maria Theresia später über die Halbwüchsige.
Mimis Anblick war nicht so überwältigend, doch sie war niedlich, freundlich und rosig, anschmiegsam, mit allen Schlichen weiblicher Diplomatie und Raffinesse begabt – und außerdem eine wertvolle Informationsquelle über die Vorgänge in den Kinderzimmern. Ohne Umschweife gesagt: Mimi war eine Petzerin. Die Mutter war blindlings vernarrt in sie, und sie konnte sich praktisch alles erlauben, was anderen streng verboten war. Kaum ein Wunsch war denkbar, den das Mädchen nicht letzten Endes durchgesetzt hätte.
Bezeichnend für die Stellung Mariannas ihren beiden Schwestern gegenüber ist eine Szene, die sich 1749 anläßlich der Großen Gala zum Namenstag der Kaiserin abspielte: Zum Tanz wurden auf der Stelle die siebenjährige Mimi (durch den französischen Botschafter) und die sechsjährige Liesl (durch den elegantesten und begehrtesten Mann bei Hof, den Obersthofmeister Fürst Khevenhüller) aufgefordert. Marianna wäre leer ausgegangen, hätte sie nicht ihr jüngerer Bruder Joseph aufs Parkett geführt.
Liesl bekam ihren ersten Heiratsantrag als Zwölfjährige – aber der polnische König war Maria Theresia nicht gut genug für die Tochter, deren fulminantes Aussehen ein hochgeschätztes politisches Kapital darstellte. Marianna wurde nur ein einziges Mal in ihrem Leben als Heiratskandidatin in Betracht gezogen. Die Verhandlungen mit dem Mittelsmann des Herzogs von Savoyen scheiterten bereits im Vorstadium, als ruchbar wurde, daß es mit der Gesundheit des Mädchens nicht zum besten stünde.
In der Tat war Marianna ab dem dritten Lebensjahr – also ziemlich genau nachdem der alles überstrahlende Stern des Bruders Joseph aufgegangen war – das, was man auf gut Wienerisch einen »Krankensessel« nennt: kein Winter ohne Husten, kein Heu ohne Schnupfen, und jeder Luftzug schien das zarte Pflänzchen zu gefährden.
Wenn wir Maria Theresias umfangreiche Korrespondenz durchgehen, dann existiert Marianna scheinbar nur im Krankenbett. Kaum jemals erwähnt die Mutter einen der unübersehbaren Vorzüge ihrer Ältesten – aber über ihre körperlichen Gebrechen läßt sie sich des langen und

breiten aus. Fazit: Als Gesunde besaß Marianna keinen besonderen Stellenwert, als Kranke wurde sie von der Mutter wenigstens beachtet. So litt sie denn pausenlos unter mehr oder weniger dramatischen Wehwehchen – ein klassischer Fall für den Psychosomatiker.
Mit achtzehn war Marianna endgültig der Kinderstube entwachsen. Sie besaß einen eigenen Hofstaat, die Aja war durch einen Obersthofmeister, den Grafen Colloredo, ersetzt; sie nahm, soweit es ihre Gesundheit zuließ, an Bällen und Schlittenfahrten teil; auch übertrug man ihr kleine Repräsentationspflichten.
Zu Ostern des Jahres 1757 – das sechzehnte und letzte Kind Maria Theresias, Erzherzog Max Franz, war eben vier Monate alt – stand Marianna beängstigend nahe am Rande des Grabes. Sie hatte tagelang hohes Fieber und beklemmende Atembeschwerden und erhielt, da ihr Zustand aussichtslos erschien, im Kreise der Familie die Sterbesakramente.
Maria Theresia schrieb einem Freund: »Meine arme Tochter liegt fast ohne Hoffnung darnieder. Sie ... ist voll Zärtlichkeit für mich und Resignation, es kostet sie nichts, zu sterben, im Gegenteil: nur das beunruhigt sie, daß sie mich verlassen soll. Dieses Kind, ich gestehe es, liebte ich am meisten, und nun nimmt es mir Gott.«
Es war das erste und einzige Mal, daß Maria Theresia behauptete, Marianna vor allen Kindern zu lieben – eine fromme Selbsttäuschung, schlechtes Gewissen? Wider allen Erwartungen genas die Patientin, »welche man pour dernière Ressource an einer Ämel (Amme) hat saugen lassen«. (Zitat aus einem Brief Maria Theresias.) Daß Marianna das meistgeliebte Kind ihrer Mutter gewesen sein soll – davon war in der Folge nie mehr die Rede. Im Gegenteil.
Nach ihrer Wiederherstellung war die älteste Erzherzogin mehr denn je das Fräulein »Garniemand«, denn die Ärzte verboten ihr alle anstrengenden Tätigkeiten und Vergnügungen wie etwa Tanzen und Jagen, ein Sport, den sie besonders geliebt hatte. Nicht einmal an den Schlittenfahrten, stets glanzvolle Höhepunkte winterlicher Kurzweil, durfte sie mehr teilnehmen.
Eine ständig schwerer werdende körperliche Behinderung gesellte sich zu allem Unbill. Nach der lebensbedrohenden Lungenentzündung wurde ihre Körperhaltung zunehmend schief, und nach einigen Jahren war das unglückselige Mädchen mit einem ausgeprägten Buckel behaf-

tet. Die damaligen medizinischen Kenntnisse reichten nicht aus, die Ursachen dieses Phänomens schlüssig zu erklären. Es wurde einfach angenommen, daß die Lungenentzündung zu »inneren Verwachsungen« geführt hätte. Mit unserem heutigen Wissen können wir annehmen, daß nicht die Pneumonie, sondern eine schleichende Wirbelsäulentuberkulose die für diese Krankheit typische Veränderung des Körperbaus herbeigeführt hat. In der Folge verengte sich der Brustkorb immer mehr, so daß Marianna in stetig kürzer werdenden Abständen an Atemnot litt. Den Buckel hat sie meist erfolgreich zu verbergen gewußt. Sie trug lange, lose geschlungene Schals, voluminöse Pelerinen, geschickt drapierte Volants, so daß ihre Figur für den unvoreingenommenen Beobachter fast normal wirkte.

Nun auch äußerlich gezeichnet und von den Geschwistern abgehoben, schloß sich Marianna um so inniger an den einen an, der ihr von Anbeginn Halt, Stütze und Vorbild gewesen war, ihren Vater. Franz Stephan schätzte seine Älteste, denn sie war schon frühzeitig aufgeweckt und ernsthafter Unterhaltungen fähig; sie teilte seine Vorliebe für die Jagd – solange sie noch halbwegs gesund war, begleitete sie ihn oft –, und sie teilte frühzeitig seine breitgefächerten Interessen: Franz Stephans Sammlungen aus dem Gebiet der Naturwissenschaften und der Numismatik genossen internationalen Ruf, der Schönbrunner Tiergarten und der Schönbrunner Park gehen auf seine Initiative zurück. Vater wie Tochter spielten leidenschaftlich Karten – mit hohen Einsätzen und enormem Glück –, und sie konnten miteinander albern, scherzen und lachen. Denn im Grunde waren beide lebhafte, positiv eingestellte Menschen – nur machte es ihnen die Umgebung schwer, das Leben von der heiteren Seite zu nehmen.

Franz Stephan befand sich, wie seine Tochter, in einer Außenseiterposition. Die Kaiserwürde brachte wenig mehr als Repräsentationspflichten; seine Absicht, ein wenig frischen Wind ins Hofleben zu bringen, stieß auf heftigen Widerstand von seiten der Traditionalisten; die fanden sein Benehmen »mehr als ungezwungen« und bemäkelten, wie wir von Graf Podewils wissen, daß er »zu wenig Ernst für den Rang, den er bekleidet«, zeigte. Er schaffte den obligatorischen Kaiser-Handkuß und das spanische Mantelkleid ab. Auf den steifen Hoffesten langweilte er sich tödlich. Dabei sagte er einmal zu zwei Damen: »Achten Sie nicht auf mich, ich will warten, bis sich der Hof entfernt hat.«

Nach einer Weile setzte er hinzu: »Der Hof, das sind die Kaiserin und die Kinder. Ich bin nur ein einfacher Privatmann.«
Podewils schildert die Lage des Kaisers so: »Seine Gunst ist wegen seines geringen Einflusses wertlos... Darum macht man ihm auch nur aus... Höflichkeit den Hof. Wenn er den Beratungen beiwohnt,... schenkt man ihm wenig Beachtung... Trotz seines geringen Ehrgeizes ist es ihm doch empfindlich, sich in einer so wenig glänzenden Lage zu sehen... Er ist wohlwollend und menschlich und würde jedermann glücklich machen, wenn es von ihm abhinge... In der Öffentlichkeit ist er wenig geachtet und geliebt.«
Alfred Ritter von Arneth, Leiter des Haus-, Hof- und Staatsarchivs, dessen vor mehr als hundert Jahren erschienene Biographie Maria Theresias bis heute ein Standardwerk ist, urteilt über das Zusammenleben von Maria Theresia und Kaiser Franz I.: »Maria Theresia überragte in geistiger Beziehung ihren Gemahl so weit, sie fühlte sich lebhaft als unumschränkte Herrscherin der österreichischen Länder, sie widmete sich so eifrig und mit ganzer Kraft... den öffentlichen Angelegenheiten ihrer Länder, daß neben ihr die Tätigkeit ihres Gemahls... bald in nichts zusammenschrumpfte... So innig sie ihn liebte, so wenig scheint sie der Richtigkeit und Schärfe seines Urteils Wert beigelegt zu haben... Nun würde sich jedermann täuschen,... daß Franz das Demütigende seiner Stellung nicht schmerzlich empfunden, daß er aus eigenem Antrieb seine Vergnügen den Staatsgeschäften vorgezogen hätte... Die Unzufriedenheit, die er darüber empfand, mag auch die Hauptursache für die Schwermut gewesen sein, der er sich allmählich immer weniger zu erwehren vermochte.«
Zu einer Entfremdung zwischen Vater und Tochter kam es in der Zeit zwischen 1760 und 1763, jenen drei kurzen Jahren der Ehe zwischen dem Thronfolger Erzherzog Joseph und Isabella von Parma, vor der die Wiener und der ganze Hof, von ihrem Ehemann bis zum letzten Kerzenputzer, auf den Knien lagen. Sie war schön, sie war charmant und liebenswürdig, sie besaß einen brillanten Verstand und stand Marianna an Intelligenz um nichts nach. Sie sang besser als Marianna, sie spielte schöner Violine und – sie eroberte auch das Herz von Mariannas Vater. Ganz zu schweigen von Mimi, mit der sie eine geradezu stürmische Freundschaft verband.
Marianna fühlte vom ersten Augenblick an, daß ihr eine neue, noch

weit überlegenere Rivalin gegenüberstand, kaum daß sie Isabella zum ersten Mal erblickt hatte. Die italienische Prinzessin mit den dunklen Märchenaugen stand nach ihrer Ankunft in Wien am Fuß der Treppe im Schloß Belvedere, um ihre zukünftige Familie zu empfangen. Wie verzaubert sanken ihr alle, der Bräutigam, die zukünftigen Schwiegereltern, Schwager und Schwägerinnen, alsogleich um den Hals. Nur Marianna stand steif wie ein Ladestock und reichte der Schönen mit säuerlicher Miene gerade noch die Fingerspitzen.

Sosehr unsere Sympathien dem Aschenbrödel Marianna gehören, so betrübt müssen wir feststellen, daß sie – Eifersucht hin, Zurücksetzung her – auf die nicht ganz feine Art gegen Isabella und Mimi oder gegen beide zusammen intrigierte und dadurch ihre eigene Lage noch verschlimmerte.

Isabella, zutiefst verletzt, schrieb mit unverhüllter Deutlichkeit über »die falsche Freundschaft«, »die verletzenden Zärtlichkeiten« und daß man immer auf der Hut sein müsse, »die Schläge zu parieren..., den Fallen zuvorzukommen«. Joseph entging keiner von Mariannas fortgesetzten kleineren und größeren Ausfällen gegen seine Frau; er hatte für die Schwester nie viel übriggehabt, nun behandelte er sie mit offener Feindseligkeit. Auch Franz Stephan verstand seine Tochter nicht mehr so recht. Später, als sie längst ruhig geworden war, bedauerte Marianna selbst »die Heftigkeit der Passionen« in ihrer Jugendzeit.

Isabella starb am 22. November 1763 an den schwarzen Blattern, und Joseph war untröstlich: »Ich habe alles verloren.« Er blieb bis ans Ende seiner Tage ein unfroher, verschlossener Mensch, und er verzieh Marianna niemals, daß sie sich gegen Isabella gestellt hatte.

Nach dem Tod der Schwägerin schloß sich Marianna wieder enger an den Vater an; sie durfte ihn sogar in seinem geheiligten Refugium, dem Jagdschloß Holics an der ungarisch-mährischen Grenze, besuchen, wo er, ausschließlich umgeben von treuen Landsleuten aus Lothringen, unbeschwerte Tage verbrachte. Kaum vorstellbar, was aus Marianna einmal werden sollte, wenn der Vater nicht mehr wäre. Der Zeitpunkt war näher als gefürchtet.

Im Morgengrauen des 4. Juli 1765 brachen die kaiserliche Familie und der halbe Hofstaat nach Innsbruck auf, wo der zweitälteste Sohn, der achtzehnjährige Leopold, mit der spanischen Infantin Maria Ludovica getraut werden sollte. Anschließend würde Leopold mit seiner Frau

nach Florenz reisen, um die Nachfolge seines Vaters als Großherzog der Toskana anzutreten.
Die Vorzeichen waren denkbar schlecht: Einhellig stimmten die Diplomaten, welche die Eheverbindung zustande gebracht hatten, dafür, die Hochzeit in Graz abzuhalten; unter den zur Wahl stehenden Städten lag es Wien am nächsten. (Der spanische König hatte nämlich, aus verschiedenen und in diesem Zusammenhang irrelevanten Gründen, darauf bestanden, daß das Fest nicht in Wien gefeiert werden dürfte.) Im Gespräch war ferner Mailand, das wesentlich leichter zu erreichen war als Innsbruck: Die damalige offizielle Route in die Tiroler Landeshauptstadt führte umständlich über Graz, Klagenfurt, Lienz und Brixen, denn Salzburg war in jenen Tagen noch »Ausland« und wurde darum vermieden. Von Mailand aus wäre das junge Paar dann rasch in die Toskana gelangt.
Maria Theresia wußte, was ihre Minister wollten, sie wußte, daß Franz Stephan Innsbruck verabscheute, weil er dort immer das Gefühl hatte, die Nordkette stürzte ihm auf den Kopf. Aber natürlich setzte die Kaiserin ihren Willen durch: »Es bleibt bei Innsbruck, wie es resolviert. Es sind wichtige Ursachen, die mich dazu tendieren.« Welche die Ursachen waren, sagte sie nicht – brauchte sie auch nicht zu sagen, denn sie war es, die anschaffte – und bezahlte.
Die jüngeren Kinder blieben in Wien. Mit von der Partie waren: in der ersten Staatskarosse der sichtlich vergrämte Kaiser und die Kaiserin; in der zweiten Staatskarosse der Thronfolger Joseph und der Bräutigam Leopold – beide waren einander niemals recht gewogen; in der dritten Staatskarosse Marianna und Mimi, von deren Animositäten wir inzwischen genug gehört haben, um zu ahnen, daß es für beide nicht eben eine Vergnügungsfahrt war.
Eine volle Woche brauchte die Gesellschaft, bis sie endlich in Klagenfurt ankam. Dazwischen lagen Besichtigungen, Empfänge, Jagdausflüge und Bälle sonder Zahl, nicht zu vergessen die üppigen Tafelfreuden und Franz Stephans nächtelange Hasardspiele. Es war, als suchte er Ablenkung und Zerstreuung, koste es, was es wolle, obwohl er seit ungefähr einem Jahr nicht mehr bei bester Gesundheit war. 1764, nach der Krönung seines Sohnes Joseph zum römisch-deutschen König in Frankfurt am Main, litt er immer häufiger an »Kopfzuständen, indem ihm das viele Geblüt Schwindel machte«, vermerkte Khevenhüller,

der auch während dieser Reise von schlimmen Vorahnungen geplagt wurde: Der Fackeltanz der Leobner Bergmänner erinnerte ihn unheilvoll an einen Totenreigen.
Maria Theresia ging sorgsamer mit ihren körperlichen Reserven um. Sie speiste – wie es ihr in den letzten Jahren zur Gewohnheit geworden war – abends allein und begab sich früh zur Ruhe. Marianna trat während der ersten Woche kaum in Erscheinung. Sie machte erneut einen hinfälligen Eindruck und hütete während der meisten Reisepausen das Bett.
Am 11. Juli, spät abends, traf der Konvoi in Klagenfurt ein. Die Kaiserin bewunderte gebührend das funkelnagelneue Zinnstandbild ihrer allerhöchsten Person, das sie lebensgroß in ungarischer Tracht darstellte, in der Hand ein Porträt des Kaisers.
Am nächsten Tag wurde die übliche Besichtigungsrunde durch Schlösser, Kirchen und Klöster unternommen. Alle vier Kinder begleiteten die Mutter; der Vater ging, wie gewohnt, seine eigenen Wege. Man zeigte den Gästen unter anderem das winzige Kloster der Elisabethinerinnen, wo elf arme Nonnen nach besten Kräften acht arme Kranke betreuten. Demütig knieten die frommen Frauen vor dem hohen Besuch, untertänigst bat die Äbtissin, Gräfin Agnes Khüenberg, um eine milde Gabe, da das Krankenhaus in der Völkermarkter Vorstadt knapp vor dem Ruin stand. Maria Theresia war in Eile, der nächste Punkt des gedrängten Programms wartete, aber sie ließ Marianna zurück, die Näheres in Erfahrung bringen sollte.
Gräfin Khüenberg gab der Erzherzogin weitere Erläuterungen und überreichte eine Bittschrift. Als Marianna die Hand danach ausstreckte, rutschte ihr das gebauschte Cape von den Schultern, sie stand in ihrer ganzen körperlichen Versehrtheit vor den Klosterfrauen. Gräfin Khüenberg hob den Umhang auf, legte ihn der Besucherin wieder um, sprach ruhig weiter, und auch die übrigen Nonnen zeigten weder Überraschung noch Erschrecken. Im Kloster gab es keinen Buckel. Eine Sekunden-Szene, die ein Leben verändert hat.
Marianna fand noch am selben Abend den Mut, ihrer Mutter das Anliegen der Schwestern so eindringlich vorzutragen, daß Maria Theresia spontan 100 Gulden spendete. Weitere Zuschüsse sollten bald folgen.
Nach diesem Intermezzo ging die Fahrt über Brixen nach Innsbruck. Dort empfing ein nicht übermäßig prächtiger Triumphbogen – »sieht

aus wie ein Trauerkatafalk«, nörgelte Khevenhüller – die Kaiserfamilie; und sie erhielten die Nachricht, daß sich die Ankunft der spanischen Braut noch eine Weile verzögern werde.
Jeder versuchte, sich die Zeit so gut wie möglich zu vertreiben. Die Kaiserin beehrte die umliegenden Orte mit ihrer und der Kinder Anwesenheit, der Kaiser ging fleißig ins Theater, und im übrigen litten alle unter der unerträglichen Hitze.
Die Braut traf endlich ein, am 5. August fand die Trauung statt. Der Bräutigam bot keinen strahlenden Anblick, denn er wurde von »ständigen Abweichungen« (Durchfällen) geplagt, daß man »es nicht wagen konnte, ihn zu seiner neuvermählten Gattin zu lassen« (Khevenhüller).
Das Großfeuerwerk zum Hochzeitsfest fiel einem subtropischen Wolkenbruch zum Opfer, und am nächsten Morgen, bei der Messe, fand es der Prediger angebracht, die ständige Nähe des Todes zu beschwören, der jeden hier und heute, hoch und niedrig, vor den Thron des Herrn bringen könnte.
Nachdem Leopold die Krisis, die ihn tatsächlich fast das Leben gekostet hätte, glücklich überstanden hatte, gab es neue Sorgen: Mit Bestürzung wurde registriert, daß der Kaiser, als er am 13. August einen Grafen Rosenberg in den Orden vom Goldenen Vlies aufnahm, plötzlich die dutzendfach memorierten und wiederholten lateinischen Promotionsformeln durcheinanderbrachte.
In der Nacht zum 18. August, einem Sonntag, fühlte sich der Kaiser nicht wohl. Er litt an »Brustdrücken und Wallungen«, lehnte es aber ab, sich zur Ader zu lassen.
Bei der öffentlichen Mittagstafel, einer Zeremonie, die er haßte, war er übel gelaunt und schweigsam. Gegen Abend schien sich seine Stimmung zu heben; er besuchte das Theater und fixierte mit dem Opernglas die hübschen Damen im Publikum. Nach der Vorstellung verabschiedete er sich von seinen Begleitern und versprach, sie beim Diner zu treffen; er wollte nur noch schnell seiner Gemahlin eine gute Nacht wünschen.
Allein wanderte er durch die Flure und Treppenhäuser der verwinkelten Innsbrucker Hofburg. Joseph, der ebenfalls noch einmal sein Zimmer aufsuchen wollte, war nur zufällig in der Nähe, als er sah, wie der Vater schwankte und sich gegen einen Türstock lehnte. Joseph lief zu

ihm, fragte, ob er helfen könne. Doch der Kaiser winkte ab, es ginge ihm schon besser, Joseph möge sich nicht weiter um ihn kümmern. Der besorgte Sohn blieb unauffällig hinter einer Tür stehen; er konnte gerade noch rechtzeitig hinzuspringen und laut um Hilfe rufen, als der Vater vor der Pforte eines Dienerzimmers zusammenbrach. Sie legten den Kaiser auf ein Lakaienbett, und dort verschied er binnen weniger Minuten – wie er gelebt hatte: abseits und privat.
Maria Theresia betrug sich genau so, wie man es von einer Frau in ihrer Lage erwarten konnte: Laut und ausgiebig weinend zerfleischte sie sich in Selbstvorwürfen, daß sie ihren »Franzl« gegen seinen Willen nach Innsbruck geschleppt hatte. Sie ließ sich die Haare abschneiden und verschenkte ihren gesamten Schmuck.
Marianna blieb äußerlich gefaßt. Wie es in ihrem Herzen aussah, vertraute sie nur dem verschwiegenen Papier an: »Gott ... nahm mir plötzlich und erschrecklich meinen vielgeliebten Vater weg, jenen, so meine einzige Stütze war, mein einziges Vergnügen. Dieser Tod schlug mich zu Boden ... Ich gestehe, ich war so heftig, so übertrieben in meiner Betrübnis, als ich es leider in allem war ... Ich fand keinen Menschen, so mir helfen konnte und bearbeitete es allein ...«
Franz Stephan war, laut Obduktionsbefund, einem Schlaganfall erlegen. Nicht der beste Arzt hätte ihn damals retten können, auch nicht eine Kapazität vom Format eines van Swieten, Maria Theresias berühmtem Leibarzt, der auf ihr Geheiß in Wien zurückgeblieben war, um über die Gesundheit der jüngeren Kinder zu wachen. Auch diese Entscheidung bereute sie nun auf das bitterste.
Wie die ganze unglückselige Innsbrucker Reise geriet auch der letzte Akt des Dramas zum Fiasko. Niemand hatte an einen Todesfall gedacht, niemand schwarze Kleidung im Gepäck, so daß der Beginn der Hoftrauer bis zur Rückkehr nach Wien ausgesetzt wurde. Die Diener hüllte man notdürftig in schwarzes Zeug, aus den umliegenden Klöstern herbeigeschafft.
Der tote Kaiser wurde zunächst mit einem braunen Schlafrock, dann mit einem ausgeborgten schwarzen Gewand bekleidet. Wegen der extremen Hitze setzte die Verwesung geradezu überfallsartig ein. Darum mußte die öffentliche Aufbahrung im geschlossenen und nicht, wie sonst üblich, im offenen Sarg vorgenommen werden. Die dem Totenschrein entströmenden Gerüche waren so übel, daß man beim offiziel-

len Begräbnis in Wien zunächst sogar erwog, einen leeren Sarg mitzuführen und den hohen Herrn später heimlich in die Kapuzinergruft zu legen. Jemand hatte dann den genialen Einfall, dem Toten stark riechende Essenzen beizugeben, so daß, laut Khevenhüller, »niemand sich beklagte, deshalb ausblieb oder sich entfernte«.
Fern blieben der Bestattung allerdings von Anfang an sämtliche Angehörige des Kaiserhauses: Maria Theresia behauptete, daß Josephs neue (ungeliebte) Frau, Josefa von Bayern, möglicherweise schwanger und daher verhindert sein könnte, es schicke sich nicht, daß die Familie ohne sie dem Trauerkondukt folge. Dies war offenkundig eine Ausrede; auch der Dümmste mußte sie durchschauen – aber die wahren Motive der Kaiserin blieben im dunkeln. Manche gingen in ihren Mutmaßungen so weit, zu behaupten, die Herrscherin hätte den Verstand verloren.
Maria Theresia war durchaus im Vollbesitz ihrer geistigen Kräfte; aber von schlimmen Depressionen gequält, spielte sie mit dem Gedanken, zu resignieren und sich in ein Kloster zurückzuziehen. Sie entschied sich letztlich anders: »Ich lasse mich nach Wien schleppen, einzig und allein, um für neun Waisen Sorge zu tragen, die um so mehr zu beklagen sind, als ... ihr Schicksal immer trauriger und beweinenswerter wird. Ihr guter Vater vergötterte sie und konnte ihnen niemals etwas versagen. Ich aber kann in gleicher Weise nicht mehr fortfahren.«
Das »Sorge Tragen« für die Waisen bezog sich, zumindest was die Mädchen betraf, vorrangig auf eine finanzielle *»Versorgung«*. Da für Marianna weit und breit kein geeigneter Heiratskandidat in Sicht war, entschied Maria Theresia bereits fünf Monate nach dem Tod des Gemahls, daß ihre Älteste die Leitung des Adeligen Damenstifts in Prag übernehmen sollte. Sie selbst hatte dieses weltliche Stift 1755 gegründet. Es bot dreißig unbemittelten, verwitweten oder ledigen Frauen ein sorgenloses Dasein, schloß auch Vergnügungen wie Theater- oder Konzertbesuche nicht aus; wenn sie heiraten wollten oder sich fürs Klosterleben entschlossen, konnten die Stiftsdamen jederzeit austreten. In den Statuten war festgehalten, daß die Äbtissin der Herrscherfamilie entstammen, daß jede Kandidatin den »Malteser Ahnenachweis« (Stammbaum bis zu den Ururgroßeltern), ein untadeliges Leumundszeugnis beibringen und das vierundzwanzigste Lebensjahr erreicht haben mußte.

Mariannas Lebensunterhalt war durch diese Aufgabe gesichert; sie bezog dafür 20 000 Gulden jährlich, übte sie allerdings niemals aus. »Glaubt nicht, daß es bald zu gedenken ist, daß sie nach Prag geht«, schrieb Maria Theresia – und dabei sollte es bleiben. Marianna verschanzte sich hinter ihrem schlechten Gesundheitszustand, behauptete, daß ihr das rauhe Prager Klima bestimmt nicht zuträglich wäre. Mag sein, daß das wirklich die Beweggründe waren – oder eher doch nicht. Denn es gab da ein gewisses Geheimnis ...
Die übrigen Töchter wurden – mit einer Ausnahme, von der gleich zu reden sein wird – verheiratet. Mimi bekam 1766, noch mitten in der offiziellen Trauerzeit, ihren heißgeliebten Prinzen Albert von Sachsen-Teschen. Marie Karoline mußte 1768 nach Neapel ziehen, wo sie dem infantilen König Ferdinand eine willensstarke und überlegene Ehefrau wurde. Amalia hatte vergeblich gehofft, so wie Mimi ihren Schwarm, einen Prinzen von Zweybrücken, ehelichen zu dürfen. Maria Theresia entschied, daß sie 1769 den fünf Jahre jüngeren, halb debilen, gewalttätigen, trunksüchtigen und – bigotten Ferdinand von Parma heiraten müßte. Marie Antoinette, die Geschichte ist nur allzu bekannt, trat 1770 als Fünfzehnjährige die Reise zum französischen Thron und damit in den Tod an.
Und Maria Elisabeth? Die lieblichste und begehrteste aller Prinzessinnen? Die vielumworbene Liesl – was wurde aus ihr? Aus ihr wurde nichts von dem, was sie erwünscht und erhofft hatte, denn im Oktober 1767 erkrankte sie an den Pocken. Ihre fulminante Schönheit zerfloß in einem Strom von Blut und Eiter. Sie hatte sich bereits als Gemahlin des ältlichen Ludwig XV. über Frankreich herrschen gesehen; nun blieb nichts als die wenig erfreuliche Aussicht, dermaleinst ebenfalls als Äbtissin eines Adeligen Damenstifts zu enden. Maria Theresia hatte auch in Innsbruck im ersten Schmerz um ihren Mann ein solches gegründet; der ausdrückliche Auftrag an die Stiftsdamen lautete, Tag und Nacht für das Seelenheil Franz Stephans zu beten.
Die Veränderungen im Leben der Erzherzoginnen – Marie Karoline und Marie Antoinette ausgenommen – belastete das ohnehin seit Franz Stephans Tod gestörte Gleichgewicht der Familie aufs nachhaltigste, was in den folgenden Originaltexten von Familienmitgliedern deutlich zum Ausdruck kommt.
Bereits wenige Monate nach dem Tod seines Vaters schilderte Joseph –

nun bereits sehr durchschlagkräftiger Mitregent seiner Mutter – die Zustände bei Hofe so: »Sieben Erzherzoginnen, eine Kaiserin, zwei Erzherzoge und ein Kaiser wohnen unter demselben Dach. Nichts destoweniger ist keine Spur von Gemeinsamkeit, kein vernünftiger, angenehmer und gemeinsamer Punkt vorhanden. Jeder zieht auf seine Seite... Der Neid der einen und die schlechte Meinung der anderen, die auf jeden Fall das Schlechte glauben..., das ist der Grund, daß alles beengt erscheint.«
Die Grundlage für die ungute Atmosphäre hat Joseph allerdings selbst geschaffen, indem der Pfennigfuchser die Hofhaltung seiner Geschwister auflöste und sie dazu verdonnerte, gemeinsam an einer Tafel zu sitzen.
Es gab kaum mehr eine Möglichkeit, einander aus dem Weg zu gehen.
Lediglich Maria Theresia speiste weiterhin allein.
Anlaß für Neid und Mißgunst bildete die nach wie vor bevorzugte Stellung von Mimi und ihrem Gemahl Prinz Albert von Sachsen-Teschen, die von Maria Theresia eine jährliche Apanage von einer Million Gulden erhielten. Beide residierten zwar in Preßburg, kamen jedoch jeden Augenblick angereist, um die Mutter zu besuchen.
Maria Theresia stellte dem jungen Paar für seine Wien-Aufenthalte ihre eigenen prachtvollen Appartements in der Hofburg als Absteigquartier zur Verfügung und zog sich in die bescheidenen Gemächer des zweiten Stockes zurück. Nach jedem Abschied von Mimi gebärdete sie sich, als hätte sie die Lieblingstochter für immer und ewig verloren. Von den Tröstungsversuchen der anderen Töchter nahm sie kaum Notiz.
Leopold, Großherzog von Toskana (später wird er Kaiser Leopold II. werden) hat ein geheimes Familientagebuch verfaßt, und darin heißt es: »Für [Mimi und Albert] hegt [die Kaiserin] die größte Zärtlichkeit... Diese machen mit der Kaiserin, was sie wollen... [Mimi] kann zu jeder Stunde zu ihr gehen, wenn sie will, und nur in sie von allen ihren Kindern setzt sie ihr ganzes Vertrauen... [Mimi] rühmt sich dessen öffentlich und vergibt großartig ihre Protektion, so sehr, daß sich die Kaiserin vor ihr fürchtet und es nicht einmal wagt, aus Angst vor ihr und um nicht ihre Eifersucht zu erregen, den anderen Schwestern irgend eine Aufmerksamkeit zu erweisen, außer mit ihrer Erlaubnis oder hinter ihrem Rücken... Sie hat große Eifersucht und Abneigung

gegen die Schwester ... Maria Anna, [die] sie verachtet, sie lächerlich macht und von oben behandelt ...«
Sosehr Maria Theresia ihre Tochter Mimi, die ohnehin im ehelichen Glück schwamm, bevorzugte und mit Geschenken überhäufte, so kühl, abweisend, ja hart betrug sie sich gegenüber Amalia, die in Parma so unglücklich war, wie ein Mensch nur sein konnte. Als Amalia versuchte, auf die Politik ihres kleinen Landes Einfluß zu nehmen, war Maria Theresia so wütend, daß sie ihren Söhnen und Töchtern jeglichen Kontakt mit der Herzogin von Parma untersagte. Alle ihre Briefe mußten ungeöffnet zurückgeschickt werden (eine Maßnahme, die später wieder aufgehoben wurde). Die einzige, die sich nicht an diese Anweisung hielt, war Marianna, denn sie liebte die acht Jahre jüngere Schwester zärtlich. Ihr Ungehorsam trug nicht eben dazu bei, das Verhältnis zur Mutter zu verbessern.
Auch Liesl, nach dem Sturz vom Thron einer Schönheitsgöttin zynisch und zänkisch geworden, erfreute sich weder bei der Mutter noch bei den Geschwistern besonderer Beliebtheit. Liesl ärgerte sich vor allem über den »Schandfleck in Maria Theresias Regierung«, daß die Kaiserin »ihre alten Töchter wie kleine Kinder behandelt«.
Merkwürdigerweise konnten sich auch die beiden hintangesetzten »alten Töchter« nicht vertragen und gingen nur kurzzeitige Zweckbündnisse ein. Leopold: »Mit der Marianna ist [Liesl] oft befreundet und vereinigt sich mit ihr, um sich über die Kaiserin zu beklagen und gegen Maria [Mimi] zu arbeiten, aber wenn sie allein sind, sind sie verfeindet, und [Liesl] redet schlecht von der Marianna und erzählt von ihr schreckliche Dinge ...«
Leopold über Joseph: »Von [Marianna und Liesl] sieht er Marianna fast niemals, er hält sie für talentiert, kann sie aber nicht leiden ... In der Öffentlichkeit verschmäht und verachtet er sie alle.« Man kann sich vorstellen, wie seine Umgebung reagierte, wenn schon der Kaiser die Schwestern so abfällig behandelte.
Marianna über einen Besuch bei Joseph: »Nachmittags ging ich ..., um dem Kaiser Geburtstag zu wünschen. Er kam mich aber recht hart an. Mußte mich auslachen lassen und Verachtung anhören, so mich innerlich erzürnte und meine Verachtung und Bitterkeit stets vermehrte ...«
Und schließlich Leopold über Marianna: »Die Marianna hat keinen

Einfluß, sie lebt ganz für sich zurückgezogen... Sie hat viel Talent und Ehrgeiz..., sieht sich völlig verachtet und beschimpft... sowohl von der Kaiserin wie vom Kaiser, die ihr niemals ins Gesicht sehen und ihr die ärgsten Kränkungen zufügen, und ebenfalls von der Maria [Mimi]. Sie hat sich deshalb völlig zurückgezogen und lebt für sich allein. Sie ist voll Mißtrauen und Geheimnissen...«
Mariannas tiefstes und unergründlichstes Geheimnis blieb verborgen, bis Anfang dieses Jahrhunderts ihre Tagebücher aufgefunden und publiziert wurden: Die scheue und häßliche kleine Frau, hinter vorgehaltener Hand als »die bucklige Mariann'« verhöhnt, wurde von einer leidenschaftlichen, unglücklichen Liebe verzehrt. Das Ziel ihrer Zuneigung konnte bislang nicht identifiziert werden, und so bleibt darum auch ungewiß, ob der Betreffende für sie unerreichbar, weil von niedrigerem Stand, war; ob er von Mariannas Liebe überhaupt etwas wußte oder, wenn ja, ob er diese möglicherweise nicht erwidert hat.
Daß er tatsächlich existierte, ist jedoch nach Mariannas eigenen Worten unzweifelhaft: »Meine Geburt und meine gewisse hohe Art im Umgang bewahrten mich lange vor der Gefahr zu lieben, auch war ich zeit meines Lebens nicht eitel und glaubte mich nicht imstande, gefallen zu können. Nachdem ich aber das Glück hatte, jemanden zu lieben, wollte ich niemals eine Komödie, wie ich ihrer viele gesehen habe, spielen, und sobald ich einmal liebte, so dachte ich an niemanden anderen und liebte beständig fort durch einundzwanzig Jahre, das letzte wie das erste...«
Der Zeitpunkt, da die »verachtete und beschimpfte« Marianna mit ihrem brennenden Geheimnis im Herzen sich entschloß, den Wiener Hof zu verlassen, um ihr eigenes Leben zu führen, dieser Zeitpunkt ist genau bekannt: Es war unmittelbar nachdem Amalia, die liebste der Schwestern, 1769 Wien verlassen hatte. Marianna schrieb an die Äbtissin des Klagenfurter Elisabethinen-Klosters, Gräfin Agnes Khüenberg: »Gott hat mir die Gnade gegeben, die Welt und ihre Eitelkeit zu erkennen, und dadurch mir die Stärke erteilt, mein Leben nicht als Klosterfrau, doch in der Einsamkeit und im Dienste der Nächsten zu schließen. Ich habe dazu Klagenfurt ausgewählt, und zwar Sie und Ihre frommen Schwestern, hoffend, daß mein unvollkommener Wert durch Ihre guten Beispiele angeeifert, meine Seligkeit mir gewiß versichert wird.«

Die Erherzogin stand bereits seit 1767 in näherem Kontakt mit der Gräfin Khüenberg, die damals mit zwei Nonnen nach Wien gekommen war, um weitere Unterstützung für ihr Spital zu erbitten. Marianna hatte mit den Klosterfrauen ein längeres Gespräch, und seither schrieben sie einander.

Maria Theresia paßte Mariannas Vorhaben in keiner Weise. Es soll ziemlich heftige Auseinandersetzungen zwischen den beiden Frauen gegeben haben, weil die Kaiserin ihre Tochter in Prag besser versorgt und standesgemäßer untergebracht fand als im Dunstkreis eines Armeleute-Klosters. Doch Marianna blieb unnachgiebig: Sie würde nach Klagenfurt übersiedeln – allerdings selbstverständlich erst nach dem Tod der Mutter.

Es ist viel gerätselt worden, warum die Erzherzogin sich ausgerechnet das damals unbedeutende Klagenfurt zum ständigen Wohnsitz auserkoren hat. Wir dürfen vermuten, daß ihr die Äbtissin Khüenberg besonders sympathisch war; daß sie es schätzte, in Klagenfurt weit weg von den Kabalen des Wiener Hofes und näher zu den in Italien verheirateten Lieblingsschwestern Marie Karoline und Amalia zu leben. Gewiß aber hat der kleine Zwischenfall, da die Äbtissin und die Nonnen keine Notiz von Mariannas Mißgestalt nahmen, eine entscheidende Rolle gespielt.

Die Kaiserin fügte sich letzten Endes in Mariannas Pläne und bewilligte den Bau einer Residenz in der Völkermarkter Vorstadt, unmittelbar neben dem Kloster. Auf einem Grundstück von zwölf Joch schuf der Hofarchitekt Nicolaus Pacassi ein kleines feines Palais nach dem Vorbild des Schlosses Hetzendorf bei Wien, hufeisenförmig um einen Hof gebaut, mit einem üppigen schmiedeeisernen Gitter zur Straße abgeschlossen. (Heute ist das Gebäude erzbischöfliches Palais.) Die von Marianna gewünschte Parkanlage im Versailler Stil fiel Josephs erbarmungslosem Rechenstift zum Opfer; einen Springbrunnen jedoch, dessen Wasser umständlich von der Glan hergeleitet werden mußte, konnte er nicht verhindern. Das Schlößchen besaß einen direkten Zugang zur Klosterkirche, die Gärten der beiden Grundstücke waren durch eine Pforte miteinander verbunden.

Marianna kam nie selbst nach Klagenfurt, um sich vom Fortschritt der Bauarbeiten zu überzeugen; sie führte darüber eine detailbesessene Korrespondenz mit dem Klagenfurter Industriellen Baron Franz de

Paula von Herbert, der die Ausführung von Pacassis Plänen überwachte. Mehr als einmal hat sie Entscheidungen widerrufen und dann den Widerruf noch einmal zurückgenommen – doch sie entschuldigte sich stets höflich: »... daß ich ihn zu sehr plage mit was Neuem.« 1771 war das neue Domizil fertig. Die Klagenfurter, die danach lechzten, wenigstens ein Mitglied des Herrscherhauses in ihrer Mitte zu haben, weil sie sich dadurch selbst aufgewertet fühlten, mußten jedoch noch volle zehn Jahre warten, ehe es Marianna möglich war, »... mit meinen lieben Karnthnern mein Leben zu enden«.

Es hieße der armen Marianna bitter unrecht tun, wollte man behaupten, sie hätte die Zeit bis zur Übersiedlung ausschließlich mit Weinen und Warten verbracht. Obwohl ihre Angehörigen sie einerseits als ständig krank, andererseits als versponnenes, nutzloses Wesen schilderten, arbeitete sie mit großer Energie und später auch mit wissenschaftlicher Akribie an der Erweiterung der väterlichen Sammlung – aus der später das Naturhistorische Museum hervorgehen sollte – und am Aufbau einer eigenen Mineralien- und Insektensammlung. Ihr Lehrer und geistiger Mentor wurde dabei der weltberühmte Geologe Ignaz von Born, ein glänzender Wissenschaftler und Erfinder auf montanistischem Gebiet, ein liebenswürdiger Mensch und glühender Verfechter aufklärerischer Ideen.

Leopold vermerkte in seinem geheimen Tagebuch: »Jetzt beschäftigt sie sich mit einem gewissen Hofrat Born..., eine Sammlung der Naturgeschichte aufzubauen..., und sie hat einen botanischen Garten in Schönbrunn, aber das kostet alles sehr viel Geld und gibt ihr Gelegenheit..., von sich reden zu machen, was ihr Freude macht, aber der Kaiserin nicht gefällt.«

Mit spitzer Feder hat Leopold auf mehrere heikle Punkte hingewiesen: Marianna gab zuviel Geld für ihre Arbeiten aus, investierte auch große Summen in Borns Erfindungen und hat zu diesem Zweck nachweislich Schulden gemacht, was die Kaiserin begreiflicherweise nicht billigen konnte. Aber: Marianna machte dadurch wieder einmal »von sich reden« – und wir haben ja schon mehrfach beobachtet, daß es ihr offenbar lieber war, negativ als gar nicht erwähnt zu werden.

Wir können sicher sein, daß nicht nur der Hof, sondern die gesamte »gute Gesellschaft« Wiens sich über den Blaustrumpf in der Hofburg das Maul zerrissen hat, weil Marianna mit ihren intellektuellen Ambi-

tionen drastisch vom Bild abwich, dem damals eine Frau zu entsprechen hatte. Der englische Diplomat Nathaniel Wraxell schrieb: »Den österreichischen Frauen fehlt es keineswegs an äußeren sowohl geistigen wie persönlichen Vorzügen..., aber selten besitzen sie einen gebildeten Geist... Dieser Mangel an Bildung ist eine Folge ihrer eigenartigen Erziehung... Von Geschichte, Poesie und schönen Wissenschaften werden ihnen auch nicht die ersten Anfangsgründe beigebracht... Eine wirklich gebildete Frau, deren es in England so viele gibt, ist in Wien eine gänzlich unbekannte Sache...«
Wie die hochgebildete Marianna zu diesem Thema stand, erfahren wir aus dem Brief an einen gelehrten Freund: »Vielleicht haben Sie Ursache, mit unserem Geschlecht nicht zufrieden zu sein, ich kenne aber unsere Schwachheiten nur gar zu viel und hatte mein Lebtag die Ambition, so wenig Weib zu sein wie möglich.« Da uns das Geheimnis ihrer verzehrenden Liebe bekannt ist, ist aber zu vermuten, daß sich ihre »Ambition, so wenig Weib zu sein wie möglich« ausschließlich auf den Intellekt und nicht auf das Gefühl bezog...
Marianna betreute und ergänzte auch die väterliche Münzsammlung. Sie verfaßte ein solides Fachbuch über die unter der Regentschaft Maria Theresias ausgegebenen Denkmünzen, das sie der Mutter widmete: »Glücklich würde ich mich schätzen, wenn Eure Majestät meinen Eifer als ein wahres Kennzeichen tiefster Verehrung und allerzärtlichster Liebe anzusehen allergnädigst geruhen wollten.« Höflichkeitsfloskeln, gewiß – doch man spürt, daß da jemand um ein bißchen Anerkennung bettelte.
Gerühmt wurde ihr Talent als Aquarellmalerin und Zeichnerin, und zwar einhellig, also auch von jenen, die Mariannas wissenschaftliche »Spielereien« mißbilligten: Mit Pinsel, Farbe und Bleistift umzugehen war auch für eine Frau akzeptabel. Es handelte sich, wie in der »Neuen Bibliothek der Neuen Wissenschaften« nachzulesen, »nicht um einen fürstlichen Dilettantismus, denn hier ist nichts Kopie, alles Original oder doch in eigene Ideen verwebte Nachahmung«. Die Erzherzogin, deren Bilder eine romantische, gefühlsbetonte Ausstrahlung haben, war das erste Ehrenmitglied der Akademie der bildenden Künste in Wien sowie erwähltes Mitglied der Akademie der Künste in Florenz.
Ab dem Sommer 1780 mußte Marianna wieder einmal mehr schluk-

ken, als ihrer labilen Konstitution zuträglich war. Schwester Mimi und Schwager Albert, die bis dahin ein gemächliches Leben in Preßburg geführt – Albert war Gubernator von Ungarn –, jedoch viel Zeit in Wien verbracht hatten, machten sich bereit, die Regentschaft der österreichischen Niederlande anzutreten. Maria Theresia war in hellster Aufregung und Begeisterung, sie hatte alle Hände voll zu tun, für ihren erklärten Liebling in Brüssel ein warmes Nest zu bereiten. Mimi war häufiger als sonst in Wien, und die Kaiserin beschwerte sich bei ihr in Gegenwart von Marianna und Liesl – daß diese beiden viel zu wenig für ihre alte Mutter täten.

Marianna schwieg wie meist, und dann passierte das, was Maria Theresia Anfang November in einem Brief an Marie Antoinette erwähnte: »Ich bin wegen der Marianna in Sorge, die von einem Druck im Magen gequält wird . . ., der sie zwingt, alles, was sie ißt, wieder herauszugeben; das geschieht zwar ohne Anstrengung, aber auf die Dauer könnte sie das nicht aushalten.«

Mariannas Beschwerden hörten plötzlich auf, doch der Anlaß war traurig genug. Maria Theresia, deren Gesundheit in den vorangegangenen Monaten ohnehin schon angeschlagen war, bestand darauf, an einer Fasanenjagd teilzunehmen, die sie zu Ehren von Mimi und Albert veranstaltet hatte. Das Wetter war miserabel, die Kaiserin holte sich erbärmlich kalte und nasse Füße, achtete aber nicht darauf, weil sie dem jungen Paar versprochen hatte, mit ihm noch einmal durch das geliebte Schloß Schönbrunn zu gehen. Es war November, das Schloß überhaupt nicht geheizt. Die Kaiserin zog sich eine schwere Erkältung zu, eine Bronchitis, aus der schließlich eine Lungenentzündung wurde. Schlagartig von ihrem Dauererbrechen genesen, brachte Marianna überraschenderweise die Kraft auf, stundenlang an der Seite der Kranken auszuharren.

Mariannas ausführliche und einfühlsame Schilderung vom Tode der Kaiserin geben beredtes Zeugnis dafür, wie sehr sie auf ihre Weise die Mutter geliebt und verehrt hat:

». . . Wir kamen alle und knieten mehr tot als lebendig um sie herum. Sie saß in ihrem Sessel, hatte eine geheftete Haube auf und einen braunen Männerschlafrock an [vermutlich Franz Stephans letzten Schlafrock], den sie allzeit trug und in dem sie auch starb, welchen ich nach ihrem Tode gekauft [sic!] habe und ihn jetzt wie eine Reliquie verehre und schon zum Kleid, das ich in meinem Sarg anlegen werde, habe herrichten lassen...

Fünf Minuten vor ihrem Tode stand sie mit Gewalt von ihrem Sessel auf und machte einige Schritte bis zu einer Chaiselongue, wo sie zusammensank. Man legte sie so gut als möglich hinauf, sie half sich noch selbst. Der Kaiser sagte: ›Ihre Majestät liegen sehr übel.‹ ›Ja‹, sagte sie, ›aber gut genug, um zu sterben.‹ Sie machte noch drei, vier Atemzüge und verschied...

Wir konnten nicht reden, umarmten uns, und so endigte die entsetzliche Tragödie. Sie starb als eine wahre christliche Heldin, sie wird glücklich sein, wir aber unglücklich, die beste aller Mütter verloren zu haben...

Ich kaufte das Kaffeegeschirr, wovon sie täglich trank, und nahm nach ihrem Tode ein gewisses Reliquienstück, so der selige Kaiser stets an seinem Scapulier [seitlich offener ärmelloser Schulterumhang] trug... Alles dies sind mir heilige und werte Reliquien...«

Maria Theresia starb am 29. November 1780. Bereits vier Wochen später fragte Joseph II. bei der Schwester an, ob sie die Absicht habe, in Wien oder in Klagenfurt zu leben. Der Brief von kühler Korrektheit enthielt kein ausdrückliches Angebot, weiterhin in der Haupt- und Residenzstadt zu verweilen.

Vielleicht hat Marianna eine solche Einladung insgeheim erwartet, denn sie scheint sich in einem inneren Konflikt befunden zu haben: »...da ich wider... mein eigenes Herz das Urteil gesprochen, habe ich alle verlassen und weiß, daß es viel vollkommener wäre, wenn ich ihn aus meinem Herzen auslöschen täte... ich getraue mich noch nicht ganz, alle Hoffnung abzuschneiden, uns wiederum zu sehen...«

Aus welchen Gründen immer, hat sie dann doch »alle Hoffnung abgeschnitten«, ihre Liebesgeschichte zu einem glücklichen Ende zu bringen, und begann mit den Vorbereitungen zur Übersiedlung.

Da das Klagenfurter Haus zu wenig Platz für ihre Sammlungen bot, suchte sie nach Käufern. Sie überließ die Mineraliensammlung der Universität von Buda; gutherzig wie sie war, ließ sie vom ursprünglich ausgehandelten Preis von 35 000 Gulden 10 000 nach, als sie erfuhr, daß die Hochschule in Geldnöten steckte. Überdies akzeptierte sie eine langfristige Ratenzahlung. Die umfangreiche Bibliothek verschenkte sie an die Wiener Universität und andere wissenschaftliche Institute.

Kaiser Joseph II. regelte die Vermögensverhältnisse seiner Schwester. Da sie nun doch nicht mehr als Äbtissin ins Adelige Damenstift von Prag gehen würde, strich der Bruder die diesbezüglichen Einkünfte. Statt dessen erhielt sie für die Klagenfurter Hofhaltung eine Jahresapanage von 40 000 Gulden, zusätzlich 10 000 Gulden aus des Kaisers Privatschatulle – die Mutter hatte ihn im Testament ausdrücklich darum gebeten, und die Juristen machten ihm klar, daß er diesen Passus nicht umgehen konnte.
Es muß den Sparmeister hart angekommen sein, und er feilschte noch um jede Kleinigkeit. Empört war er, daß Marianna für die neue Residenz auch neue Möbel forderte und sich nicht mit der überflüssig gewordenen, altersschwachen Meublage aus Schönbrunn und der Hofburg zufriedengab. Auf ihre Wäscheliste kritzelte er eigenhändig »zuwas 400 Leintücher?«. Sie wurden erst bewilligt, nachdem Marianna glaubhaft machen konnte, daß das Bettzeug für das Spital der Elisabethinerinnen bestimmt war.
Was die Alkoholika betraf, war und blieb der Kaiser jedoch knickrig. Von der Liste der für Klagenfurt angeforderten Weine strich er Champagner, Burgunder und alle Rheinweine.
Marianna und ihre Schwester Liesl verließen Wien im April 1781, die eine, um in Klagenfurt als Privatperson zu leben, die andere, um als Äbtissin des Innsbrucker Damenstiftes unablässig für die Seele des Vaters zu beten.
Beiden Schwestern war ein geheimes Handschreiben des kaiserlichen Bruders an den Kärntner beziehungsweise Tiroler Landeshauptmann vorausgeeilt: »Die zwei Erzherzoginnen haben sich jeder Einmischung zu enthalten, keine Anempfehlungen und Protektionen zu machen. Sollten sie es dennoch versuchen, ist sofort Anzeige zu erstatten.«
Marianna lag nichts ferner, als sich irgendwo einzumengen und »Protektionen zu machen«. Sie ging mit gemischten Gefühlen nach Klagenfurt, das ihr die wenigen Freunde warnend, ihre vielen Gegner schadenfroh als ödes Nest inmitten einer gottverlassenen Gegend in düsteren Farben gemalt hatten. Erst dreiundvierzig Jahre alt, beabsichtigte sie ihr Leben in stiller Zurückgezogenheit mit der Vollbringung guter Werke zu beschließen – und dennoch: ». . . es bedarf meiner ganzen Philosophie, um in einem Winkel der Welt leben zu können, den ich bewohne«, schrieb sie in den ersten Kärntner Tagen.

Im Morgengrauen des 22. April 1781 nahm die Erzherzogin Abschied von der Heimatstadt. Mit einem rund zwanzig Personen umfassenden Hofstaat verließ sie Wien und erreichte über Mürzzuschlag und Judenburg ihr Ziel am 25. April, kurz nach Tisch. Vorsorglich hatte sie dem Landeshauptmann Graf Vinzenz Orsini-Rosenberg geschrieben, sie wünsche »ganz schlicht und ohne jeden Prunk empfangen zu werden, um der Stadt und dem Land Kosten zu ersparen«. Es gab auch keine offiziellen Festlichkeiten – doch die Klagenfurter strömten, schlicht und ohne Kosten, in solch schreienden, drängenden, puffenden, stoßenden Massen herbei, daß die Gendarmen mehrmals handgreiflich werden mußten, um den Kutschen einen Weg zu bahnen.

Marianna ließ sich direkt zur Klosterkirche fahren. Als sie, klein, gebrechlich und bucklig, mühsam ausstieg, entstand für Sekunden betretene Stille. So rasch sie konnte, floh die Erzherzogin in die Kirche. Vom Adel und vom hohen Klerus erwartet, ließ sie die Begrüßung mit unbeweglicher Miene über sich ergehen. Während der anschließenden Messe jedoch tropften Tränen auf ihre gefalteten Hände.

Nach dem Gottesdienst nahmen die Nonnen des Elisabethinenklosters in einer Reihe Aufstellung; Marianna, nun schon gefaßt, ging zielstrebig auf die Konvikt-Vikarin Rosa Pließnig zu, in der Annahme, sie sei als Älteste des Klosters Nachfolgerin der kürzlich verstorbenen Äbtissin Gräfin Khüenberg geworden. Doch die neue Äbtissin war Xaveria Gasser, eine erst siebenunddreißigjährige Gastwirtstochter aus der Gegend von Maria Saal. Xaveria Gasser machte die Erzherzogin auf ihren Irrtum aufmerksam, und augenblicklich sank diese vor der jüngeren Frau in die Knie, empfahl sich ihrem Schutz, in dem sie zu leben und zu sterben gedenke. Die »Heftigkeit der Gefühle« ist wieder einmal mit unserer Heldin durchgegangen.

Klagenfurt entpuppte sich erfreulicherweise nicht als das fade Provinznest, wie man es der Erzherzogin geschildert hatte. Es war eine höchst regsame Stadt von mehr als siebentausend Einwohnern, zwar noch in den engen Gürtel der Mauern und Basteien gezwängt, aber voll von pulsierendem Leben, Geschäftigkeit und Heiterkeit. Die neue Paßstraße über den Loibl brachte dem Handel kräftige Impulse, verschiedene Industriezweige – vor allem Bleiweiß und Tuch – begannen gerade zu florieren. Eine »Gesellschaft für Landwirtschaft« war etabliert worden, deren auf wissenschaftlicher Grundlage entwickelte Ackerbaumethoden richtungweisend für die ganze Monarchie werden sollten. Das 1773 gegründete »Lyceum« war eine Art viersemestrige Kurz-Universität mit ausgezeichneten medizinischen, philosophischen und ökonomischen Lehrkanzeln.

Es gab 6 Bader, 72 (!) Gastwirte und Garküchler, 58 Händler und Kramer sowie 28 Schneider und 27 Schuster – dazu eine Menge Hetz und Gaudium für die kleinen Leute. Ein gehobenes Gesellschaftsleben gab es nicht. Die »besseren« Kreise trafen einander sporadisch in den umliegenden Schlössern auf dem Lande: hier eine Jagd, dort ein kleiner Tanz, ein Konzert, eine Dichterlesung, alles ein bißchen improvisiert und beiläufig.

Das sollte mit Mariannas Ankunft anders werden. Klagenfurt besaß, welcher Stolz, welche Freude, plötzlich einen gesellschaftlichen Mittelpunkt, einen Hofstaat. Die Erzherzogin versuchte auch redlich, den in sie gesetzten Erwartungen gerecht zu werden – wobei wohl nicht auszuschließen ist, daß sie es anfangs sehr wohl genossen hat, zum ersten Mal in ihrem Leben das Zentrum zu sein, um das sich alles drehte.

Welch unbeschreiblich süßer Triumph, als die Erzherzogin, von einer kleinen Reise zurückgekehrt, an ihrem 43. Geburtstag ihr Palais strahlend erleuchtet vorfand, eine Riesengirlande über dem Eingangstor und eine Sechzig-Mann-Kapelle, »in abwechselnden Tonarten und auf den verschiedensten Instrumenten« tutend, trommelnd und blasend; dazu ein hundertfaches »Marianna lebe hoch!« aus begeisterten Kehlen.

Die Erzherzogin kämpfte tapfer mit den Tränen der Rührung, als sie sich bedankte: »Ich bin so glücklich unter euch. So gute und erkenntliche Menschen habe ich noch an keinem Ort getroffen. Ich habe vierzig Jahre in Wien gelebt, aber man hat mir nie gezeigt, daß man mich liebt.«

Sie veranstaltete eine Reihe von Bällen und Empfängen, sowohl in ihrer Klagenfurter Residenz als auch auf dem Sommersitz Schloß Annabichl, sogar einmal eine große Schlittenfahrt in der Art, wie sie einst Maria Theresia gern inszeniert hatte. Es nahmen dreißig prächtig herausgeputzte Fahrzeuge daran teil, und den zahllosen Zuschauern blieb der Mund offen stehen angesichts dieser Parade der Prunksucht und der Eitelkeit.

Doch Marianna war der ganzen Sache bald überdrüssig. Es passierte in

Klagenfurt nämlich genau das, was ihr schon in Wien nicht behagt hatte: dieses ewige Intrigieren, Anschwärzen, Schmeicheln, das Auftrumpfen, das Tratschen und das Klatschen – all dies vermutlich zwangsläufig Begleiterscheinungen höfischen Lebens. Um das noch einmal mitzumachen, war sie ganz bestimmt nicht nach Klagenfurt gekommen.

Eine der Triebfedern des hektischen Unterhaltungskarussells waren Reichsgraf Franz Colloredo und seine ehrgeizige Frau; beide waren mit äußerstem Widerwillen nach Klagenfurt gekommen, und sie langweilten sich halb zu Tode trotz des von ihnen veranstalteten Tumults. Diesem Oberstenhofmeister der Erzherzogin gelang es nach einem Jahr endlich, seine Versetzung zu erreichen und Ajo des späteren Kaisers Franz I. zu werden. An seine Stelle trat Franz Joseph Graf Enzenberg, Patensohn Maria Theresias und von ihr zärtlich »le beau Franzl« genannt, begleitet von seiner vornehm-gelassenen Frau Walburga, einer ehemaligen Hofdame der Kaiserin.

»Le beau Franzl«, blond, groß und mit tiefblauen Augen seinem Spitznamen durchaus gerecht werdend, darüber hinaus aber auch gescheit, taktvoll und herzensgut – er stellte all den ermüdenden, eleganten Leerlauf ab und versandte ein unmißverständliches Rundschreiben an die Kärntner Salonlöwen: »Die durchlauchtigste Frau Erzherzogin Maria Anna, königliche Hoheit etc., werden alle erste Mittwoch jeden Monate von 3 bis 4 Uhr Nachmittag die Aufwartung der Verheyrateten und majorenen Ritter-Standes, dann deren Frauen und Wittwen allergnädigst aufnehmen, und erlauben damit den 6ten künftigen Monate Juny den Anfang zu machen.« Es wurde also anstelle aller anderen Veranstaltungen ein einziger Jour fixe pro Monat eingeführt, und die Erzherzogin hatte ihre heilige Ruhe. Ruhe – wofür?

Ruhe und Zeit, das zu finden, wonach sie dreiundvierzig Jahre lang vergeblich gesucht hatte: Freundschaft, Wärme, Loyalität. Marianna schrieb ergreifende Worte über die Freundschaft: »Man hat einen sehr werten Schatz gefunden, welcher soviel ist wie ein anderes Ich. ... Wenn [unsere Seelen] ihre unbedeutenden Gedanken mitteilen, so ist es genauer Umgang. Wenn sie ihre Geheimnisse mitteilen, so ist es Vertrauen. Wenn sie aber ihre innersten Empfindungen mitteilen, dann ist es Freundschaft.«

Xaveria Gasser, die Äbtissin des Klosters, war es, die als erste mit

ihrem sanften, mitfühlenden Wesen den Zugang zu der verbitterten alten Jungfer fand und mithalf, aus dem Schutt von Enttäuschungen und unerfüllter Liebe den wahren Kern dieses verkannten Charakters herauszuholen: Selbstlosigkeit, Hilfsbereitschaft und schließlich auch Lebensfreude.
Die beiden Frauen sahen einander täglich nach dem Mittagessen, entweder im Palais oder im Kloster. Während Marianna ihrer Lieblingsbeschäftigung, dem Knüpfen seidener Schnüre, nachging, legten sie ihre »innersten Empfindungen« bloß. Xaveria war die einzige, die um den Mann in Mariannas Leben wußte, aber auch sie hat seine Identität niemals preisgegeben.
Zum Dank dafür, daß sie ihr half, den inneren Frieden zu finden, bot Marianna der Äbtissin das Du-Wort an – eine für damalige Zeiten schier unvorstellbare Geste: die Erzherzogin von Österreich und die Wirtstochter aus Maria Saal, sie duzten sich!
Auf die Rückseite eines Porträts, das sie ihrer Freundin schenkte, schrieb Marianna: »Wenn auch hier meine Gesichtszüge nicht sehr gut getroffen sind, so schau, liebe Freundin, aufs Herz, dies ist allzeit das nämliche, voll Freundschaft und Liebe für Dich...« Und an anderer Stelle: »Ich wünsche, daß Du mich allzeit liebst, so wie ich stolz verbleiben werde Deine Freundin.«
Natürlich wurden in den stillen Stunden des frühen Nachmittags nicht nur Herzensangelegenheiten ausgetauscht, natürlich drehten sich endlose Gespräche um Xaverias Sorgenkind, das Kloster; es war arm, verschuldet und kaum mehr lebensfähig. Die Erzherzogin übernahm sofort sämtliche Verbindlichkeiten und gab von da an laufend größere Geldspenden, indem sie für Hunderte Gulden zu den geringsten Anlässen Messen lesen ließ. Sie gab nicht auf, bis es ihr gelungen war, die Klosterkirche zur Pfarrkirche erheben zu lassen, und dies bedeutete Unterstützung durch den staatlichen Religionsfonds. Die Renovierung und Umgestaltung des Gotteshauses bezahlte allerdings die Erzherzogin, und sie stiftete auch das Altarbild des heiligen Laurentius, nach dem die Kirche benannt war.
Die Erzherzogin nahm regelmäßig an den religiösen Übungen der Nonnen teil und ließ sich sogar einmal im Habit der Ordensfrauen malen. Dadurch besteht noch heute die Irrmeinung, sie sei selbst der religiösen Gemeinschaft beigetreten; tatsächlich hat sie aber soviel für

das Kloster getan, daß sie in dessen Annalen als zweite Gründerin gepriesen wird.
Ihr und Xaverias Hauptanliegen galt der Krankenanstalt; in elf Betten fanden bedürftige Frauen Pflege. Aus Xaveria Gassers Aufzeichnungen ist uns bekannt, daß Marianna täglich die Patientinnen besuchte – ohne sich das geringste Anzeichen von Irritation oder gar Abscheu beim Anblick selbst ekelerregender Symptome anmerken zu lassen. Die medizinische Betreuung des Spitals lag in den Händen des Dr. Lorenz von Vest, Leibarzt der Erzherzogin, und, wenn er nach Klagenfurt kam, beim kaiserlichen Hofchirurgen Baron Dr. Störck – um Gotteslohn, versteht sich.
Als 1782 Kaiser Joseph II. in Wien den Jahrhundertbau des Allgemeinen Krankenhauses in Angriff nahm, schien Marianna die Stunde günstig, den Bruder um Unterstützung beim Ausbau »ihres« Spitals zu bitten. Graf Enzenberg hatte bereits die Pläne dafür ausgearbeitet, und Marianna schrieb dem Kaiser in bewegten Worten von der Armut der Schwestern, über die Baufälligkeit des zum größten Teil aus Holzkonstruktionen bestehenden Gebäudes, das jederzeit ein Raub der Flammen werden könnte.
Die Antwort aus Wien war kurz, kalt und verletzend: Wenn das Kloster so arm sei, dann wäre es das beste, die Schwestern gingen woanders hin; was die Brandgefahr beträfe – falls die Frau Schwester befürchte, daß ihr Palais in Mitleidenschaft gezogen werden könnte, nun, dann möge sie eben umziehen.
Marianna war außer sich. Sie fühlte sich persönlich zutiefst beleidigt, und in einem Anfall von Zorn und Haß schrieb sie dem Bruder einen Brief, worin sie in bitterbösen Worten der Kränkung und Zurücksetzung von Jahrzehnten Luft machte. Zu ihrem Glück zeigte sie das Schreiben sowohl Xaveria Gasser als auch ihrem Obersthofmeister, dem Grafen Enzenberg. Gemeinsam gelang es den beiden, ihre Herrin zu trösten und zu beruhigen; gemeinsam verfaßten sie einen sachlichen, höflichen Brief, in welchem Marianna den Kaiser um die Gnade bat, »dieses Kloster bis zu meinem Tode stehen zu lassen«.
Auch Joseph mäßigte sich in seinem nächsten Schreiben: es sei alles nicht so gemeint gewesen, er denke nicht daran, das Kloster zu vernichten, nie würde er gegen den Willen der Schwester handeln. Das Thema einer finanziellen Unterstützung erwähnte er nicht mehr. Am

Wiener Hof erzählte man sich dazu ein Histörchen: Der Kaiser habe nach Erhalt des zweiten Briefes von Marianna zu einem Vertrauten verschmitzt gesagt: »Ich habe meine Schwester erwischt, sie macht das Gebäude.«

Wahr oder nicht – Joseph hatte seine Schwester richtig eingeschätzt. Ab Ostern 1783 wurde das Kloster auf Mariannas Kosten generalsaniert, Fenster, Türen, Öfen wurden erneuert, die Schornsteine ausgebessert, die Zellen frisch ausgemalt, der Hof gepflastert, das Dach neu gedeckt.

Bang blickte Marianna dem Besuch des Bruders entgegen, der am 8. Dezember desselben Jahres durch Klagenfurt reiste und dort kurz Station machte. Sie war über alle Maßen erstaunt und überrascht, als der Kaiser sich von seiner freundlichsten Seite zeigte, mehr als eine Stunde angeregt mit ihr plauderte und nichts dagegen hatte, mit ihr zusammen das Spital zu besuchen.

Er ging von Bett zu Bett, sprach mit jeder einzelnen Patientin und nickte zufrieden: Er habe noch nie ein so »niedliches Spital« gesehen. Und er führte ein langes Gespräch mit Xaveria Gasser. Sichtlich beeindruckt lobte er deren Tatkraft und meinte, daß es weit verdienstvoller sei, für die Kranken zu sorgen, als den ganzen Tag zu beten. Schließlich führten ihn Marianna und Xaveria durch die Zellen der Nonnen, die den Kaiser lachend und schnatternd umstanden, und er gab sich huldvoll: »Die Munterkeit der Nonnen gefällt mir. Dies ist eine ganz andere Gattung, als man sonst sieht.«

Gut Ding braucht Weile – das hatte schon Josephs Vater so banal wie bündig festgestellt: Fünf Jahre nach seiner Visite in Klagenfurt bewilligte der Kaiser die Mittel zur Erweiterung des Spitals auf zwanzig Betten.

»Liebe Gottes war ihr Gefühl und Liebe der Nächsten ihr Tun. Einzige deines Geschlechts, die du den Mut hattest, die Reize der Freigiebigkeit mit dem stillen Verdienst der Wohltätigkeit aufzuopfern«, hat Enzenberg nach dem Tod Mariannas gesagt. Er spielte damit auf eine Besonderheit der Erzherzogin an, der man früher immer vorgeworfen hatte, sich wichtig zu machen und in den Vordergrund zu drängen – ihre Sorge für die öffentliche Wohlfahrt vollzog sich in Klagenfurt unauffällig und anonym.

Die Renovierung von Kloster und Spital ließ sich nicht verheimlichen,

aber im übrigen setzte sie die Akte sozialer Fürsorge im strengsten Inkognito: »... ich bitte dabei um größtes Stillschweigen«, trug sie dem Landeshauptmann Orsini-Rosenberg auf, wenn sie namhafte Beträge für Arme und Kranke spendete.
Sie ging dabei wohlüberlegt vor. Zunächst wurde der Kreis der zu Beschenkenden genau definiert. Es mußten gebürtige Kärntner sein; weder Alter noch Stand noch Geschlecht spielten eine Rolle, ausschlaggebend war allein die Härte der Notlage. Fortlaufende Unterstützungen wurden eingestellt, sobald der Empfänger das Land verließ oder wieder imstande war, für sich selbst zu sorgen. Auch wurde nicht blindlings und nach dem Gießkannenprinzip an viele gespendet, so daß niemand etwas Rechtes davon hatte, sondern gezielt an einige, denen dadurch wirksam und nachhaltig geholfen werden konnte.
In manchen Fällen gab es Sach- statt Geldspenden, weil ein paar Gulden leichter unter den Fingern zerrannen als etwa landwirtschaftliche Geräte, Lebensmittel oder Kleider. Der Landeshauptmann war angewiesen, die Listen der Armen zu erstellen und die Verteilung der Gaben zu überwachen. Das System funktionierte im allgemeinen klaglos. So klag- und reibungslos, daß tatsächlich fast niemals durchsickerte, woher die milden Gaben kamen.
Einmal allerdings scheint die Kontrolle versagt zu haben, und da ging es um gewaltige Beträge. Anläßlich von Mißernten und Hungersnöten im Sommer 1789 organisierte Marianna – schon sehr krank und dem Tode nahe – Schiffsladungen voll Getreide von ihrer Schwester Marie Karoline, Königin von Neapel-Sizilien. Die Schwestern streckten die Kaufsumme vor, das Getreide wurde weit unter dem Einkaufspreis an die Hungernden verkauft, der Erlös zum Ankauf von weiterem Korn verwendet – und so fort, bis alle Mittel aufgebraucht waren. Marianna und Marie Karoline gaben ein Gutteil ihres Vermögens hin – aber gerissene Händler und Transportunternehmer stießen sich an diesem großen Werk der Wohltätigkeit gesund. Korruption ist keine Erfindung des 20. Jahrhunderts.
Wohltätigkeit war nicht der einzige Lebensinhalt Mariannas, und Xaveria Gasser blieb nicht die einzige enge Gefährtin. Um die Erzherzogin bildete sich allmählich eine Gruppe von Freunden und Freundinnen, deren innerster Kreis sich aus Persönlichkeiten zusammensetzte, die auf den ersten Blick scheinbar nicht zusammenpaßten. Eine Erz-

herzogin aus dem Hause Österreich, eine Äbtissin aus dem »gewöhnlichen« Volk, ein dichtender Abt und zwei weltläufige, musische Aristokraten – letztere noch dazu aufrechte Freimaurer. Um diesen Kern gruppiert: Nonnen, Künstler, Wissenschaftler, Adelige samt Ehefrauen – und die meisten Herren »Brüder« der weitverzweigten Freimaurerkette.

Diese einmalige und schier unglaubliche Symbiose zwischen der frommen, erzkatholischen Fürstin, der Äbtissin und den Männern aus einem von den Päpsten abgelehnten Bund erklärt sich aus der Aufbruchstimmung der Josephinischen Zeit, aus den Tendenzen der Aufklärung, da alte Mauern und Vorurteile fielen nach dem Motto: »Alle Menschen werden Brüder.« Hinzu kam natürlich, daß die meisten der humanen und ethischen Ziele Mariannas, Xaverias und der »Brüder« die gleichen waren.

Aus einem leider undatierten Handschreiben Mariannas in französischer Sprache an die »hochwürdigsten Herren Brüder« erfahren wir, woher sie Wissen und Wertschätzung für den Männerbund bezogen hat: »Ich übernahm von meinem unvergleichlichen Vater die hohe Meinung für die Freimaurer.« Im selben Brief bedankt sie sich in ihrer uns nun schon bekannten, überschwenglichen Art für die Aufmerksamkeit, welche die »hochwürdigste Loge dem unnützesten Wesen der Welt« zukommen läßt.

Die Freimaurer führen ihren Ursprung auf die Dombauhütten des Mittelalters zurück (englisch »Lodges«), Sammelpunkt einer über nationale Grenzen hinausgehenden, geistig aufgeschlossenen Künstlergilde. Die erste Loge im modernen Sinn wurde 1717 in England gegründet. Sie stand nicht nur Dombaukünstlern, sondern allen offen, die für die Gedanken der Menschlichkeit, der Brüderlichkeit, der Toleranz eintraten und gewillt waren, an sich selbst, dem »rauhen Stein«, zu arbeiten, um eine höhere Stufe der Humanität zu erreichen.

Der Funke sprang auf den Kontinent über und zog die hervorragendsten Geister Europas in seinen Bann. Logen entstanden rasch hintereinander in Frankreich, Holland, Deutschland und Schweden. Interessanterweise war es ein Kirchenfürst, nämlich der Bischof von Breslau, der 1742 die erste Wiener Loge initiierte.

Franz Stephan, Herzog von Lothringen, bewarb sich vor seiner Verheiratung mit Maria Theresia um die Aufnahme in eine holländische

Loge und wurde 1731 im Haag rezipiert (aufgenommen). Nachdem er Großherzog von Toskana und in Wien seßhaft geworden war, beteiligte er sich nicht mehr aktiv am Logenleben, blieb aber weiterhin Mitglied des Bundes, über den er seine schützende Hand hielt. Als 1738, im Geburtsjahr Mariannas, eine Bannbulle des Papstes gegen die Freimaurerei in Italien erlassen wurde, nahm der Großherzog diese zwar pro forma zur Kenntnis, ließ ihr aber in der Toskana nicht Folge leisten – die Brüder blieben ungeschoren. Allerdings konnte er, ein Jahr vor seinem Tod, nicht verhindern, daß die Freimaurerei in Österreich durch Maria Theresia verboten wurde; immerhin geschah den Freimaurern kein Leid, und sie konnten im Untergrund weiterarbeiten. Nach Franz Stephans Tod, als Joseph Mitregent seiner Mutter geworden war, genossen sie zwar noch keine offizielle Anerkennung, jedoch stillschweigende Duldung.

Ab 1780 war das Logenwesen in Österreich durch kaiserliches Dekret zugelassen und entwickelte sich explosionsartig. Nach unseren heutigen Begriffen gehörte es unter Aristokraten, Künstlern und Intellektuellen zum »Zeitgeist«, einer Loge beizutreten, deren Mitgliederlisten sich – wieder mit einem modernen Wort definiert – wie ein »Who is who« des späten 18. Jahrhunderts lesen.

Von den damaligen Leuchten der Wissenschaft und Kunst sind uns außer Mozart, Haydn, von Sonnenfels, van Swieten, Schikaneder, Pacassi nur noch wenige Namen geläufig. Leichter behalten wir die Söhne der großen Adelsgeschlechter im Gedächtnis, denn ihre Nachfahren leben noch heute unter uns: die Schwarzenberg, die Esterházy, die Khevenhüller, die Liechtenstein, die Kaunitz, die Apponnyi, die Ligny, die Salm, die Starhemberg, die Trautmannsdorf, die Wallenstein, die Seilern, die Gallas, die Windischgrätz – und wie sie alle heißen mögen. Auch Mariannas Schwager, Prinz Albert von Sachsen-Teschen, war ein eifriger Freimaurer.

Eine Zentralfigur war Ignaz von Born, »Stuhlmeister« (Vorsteher) der weltberühmten Loge »Zur wahren Eintracht«, der Haydn angehörte, Bruder Mozart war ihr häufiger und gerngesehener Gast. Die »Wahre Eintracht« war Wiens Eliteloge. Ihre Mitglieder bildeten eine einmalige Auslese der Denker und musischen Geister jener Zeit – wohl dank der anziehenden Persönlichkeit des Ignaz von Born, der ein Mann von großen Qualitäten und kleinen menschlichen Schwächen gewesen sein muß. Wir kennen ihn alle: Er diente Mozart und Schikaneder als Vorbild des Sarastro in der »Zauberflöte«.

Kein Wunder, daß auch Marianna von diesem Mann fasziniert war, der, wie wir gehört haben, ihr wissenschaftlicher Mentor und wohl auch menschliches Vorbild gewesen ist. Sie hat ihn, obwohl vier Jahre jünger, nach dem Tod Franz Stephans zweifelsohne als eine Art Vaterfigur angesehen. Wie eng die Beziehung zwischen den beiden war, geht aus einer Reihe von Dokumenten hervor; sie belegen auch, daß Marianna der Loge »Zur wahren Eintracht« namhafte Geschenke zukommen ließ – welcher Art diese waren, wissen wir allerdings nicht. »Beides [ein Geschenk und ein Brief] wird in unserer Loge bewahrt, um als immerwährendes Denkmal des hohen Schutzes und der besonderen Gunst zu dienen«, heißt es in einem Dankschreiben. In einem anderen Brief: »... schulden wir ihr Dank aus einem heiligen Grund, den nur wir wissen können.«

Die Loge zeigte sich auf einzigartige Weise erkenntlich: Alljährlich schickte Ignaz von Born der Erzherzogin eine Liste der Mitglieder, die üblicherweise der Geheimhaltung unterlag.

In dieser gesellschaftlichen Grundstimmung war die Errichtung einer Loge in Klagenfurt nur eine Frage der Zeit, nachdem schon einige aus Wien zugereiste Brüder regelmäßige Zusammenkünfte im Schloß Thalenstein des Grafen Max Egger abgehalten hatten.

1781 kam Marianna nach Klagenfurt, in ihrem Gefolge der Obersthofmeister Graf Enzenberg, der Oberstkämmerer Graf Johann Christallnigg samt Sekretär Michael Durdon (nach anderen Quellen Dordon): alle drei Freimaurer. Weiteren Zustrom von Brüdern nach Klagenfurt bewirkte die Schaffung eines Appellationsgerichtshofes (Enzenberg war dessen erster Vizepräsident, später Präsident), und zahlreiche aus Wien und Graz nach Kärnten versetzte Beamte gehörten ebenfalls dem Bund an. So wurde denn 1783 unter Patronanz des persönlich anwesenden Ignaz von Born eine neue Loge gegründet. Und sie erhielt den Namen der Frau, den ihre Mitglieder verehrten: »Zur wohltätigen Marianna«. Diese Loge gibt es übrigens noch heute. Das Logensiegel zeigt drei Füllhörner, darunter die Insignien der Freimaurer, Dreieck und Winkelmaß, darüber die Krone der Fürstin.

Die Mitgliedschaft von Enzenberg, Christallnigg, Durdon, dem Grafen Egger, dem Baron de Paula von Herbert, der Mariannas Schloßbau

*Links oben: Xaveria Gasser. Rechts oben: Ignaz von Born  
Links unten: Anselm von Edling  
Rechts unten: Franz Joseph Graf Enzenberg*

überwachte, und von ihrem Leibarzt Dr. von Vest ist mehrfach belegt. Für die Logenzugehörigkeit anderer Prominenter, wie etwas des Bischofs von Gurk und des Abtes von St. Paul, Anselm von Edling, von dem noch ausführlich die Rede sein wird, gibt es Indizien, aber keine eindeutigen Beweise. Es scheint ziemlich sicher, daß die Loge ihre Arbeiten im sogenannten Morlin'schen Haus, nahe von Mariannas Palais, abhielt.

Als bloßer Humbug kann mit gutem Grund das immer wieder auftauchende Gerücht abgetan werden, Marianna selbst sei Mitglied der Klagenfurter Loge gewesen. Mag sie auch jeden einzelnen Bruder gekannt und vielen freundschaftlich verbunden gewesen sein – die Freimaurer waren immer ein exklusiver Männerbund, und der blieb auch der allerhöchsten Schutzherrin verschlossen. Das Gerücht dürfte seinen Ursprung in der Tatsache haben, daß in Mariannas Schlößchen regelmäßig sogenannte Schwesternabende abgehalten wurden: Die Frauen der »Brüder« trafen einander zu rein gesellschaftlichem Beisammensein, und manchmal nahmen die Herren daran teil – ohne auch nur ein Quentchen ihrer maurerischen Geheimnisse und Rituale preiszugeben.

Ein solcher Schwesternabend anläßlich des Namenstags der Erzherzogin bot einem Bruder Schöttlersberg Gelegenheit, eine ellenlange gereimte Laudatio auf die Damen Schwestern zu halten – nicht ganz ohne ironische Seitenhiebe auf die Rolle der Frau bei der Vertreibung aus dem Garten Eden mit der daraus abgeleiteten Notwendigkeit, sich ein neues Paradies zu schaffen, nämlich die Freimaurerei...

Witzige Verse, Satiren, spaßige Nonsensgedichte, Kurz- und Kürzestdramen – das war die Mode der Zeit, die liebste Unterhaltung der Gesellschaft, und auch Mariannas Kreis machte da keine Ausnahme. Die Erzherzogin und ihre Freunde genossen und beklatschten dichterische Eskapaden und Tiraden, die gelegentlich recht holprig, immer aber kurzweilig waren.

Unter dem Pseudonym Grebennez (das Anagramm von Enzenberg) versuchte sich der Obersthofmeister als Librettist, Graf Christallnigg – er wurde übrigens Intendant des ersten fix in Klagenfurt installierten Theaters – schrieb die Musik zu kleinen Dramoletten, die im großen Saal des Palais aufgeführt wurden – von Laiendarstellern, unter die sich ungeniert die Nonnen des Klosters mischten.

Anselm von Edling, Abt von St. Paul im Lavanttal und ein wackerer Poet dazu, schrieb zum Namenstag Mariannas einmal eine zweiaktige Komödie – ausschließlich den frommen Schwestern auf den Leib. Der Text samt Regieanweisungen sind zum Glück noch erhalten:
Der erste Akt gibt ein realistisches Bild vom Leben der Klosterfrauen, die darüber diskutieren, wie sie ihre Wohltäterin gebührend feiern können. Die Frau Äbtissin – verkörpert durch Xaveria Gasser in eigener Person – liegt »in aller Früh' nach der Metten, ganz im Negligé, in welchem die Frauen so allerliebst sind, auf dem Canapé, vertieft sich in die Betrachtung ihrer Lage und wirft ihre großen, vielbedeutenden Augen auf das vis-à-vis hängende Portrait der Erzherzogin Marianna.« Anschließend singt sie eine Arie auf das »glänzende Original des Bildes«. Eine Nonne kommt hinzu, »küßt ihrer Frau Hochwürden die Patscherln [Hände]...«, weitere Schwestern eilen herbei, debattieren eifrig über das Stück, das sie aufzuführen gedenken. Die alte Rosa Pließnig schlägt eine Hanswurstkömodie vor, sie möchte gerne die Hauptrolle spielen und versäumt nicht, eine Probe ihres Talents abzulegen. Eine junge Nonne hat die Absicht, sich als Bettelstudent zu produzieren, eine andere möchte einen preußischen Husaren verkörpern und dabei »fluchen, daß den Zuschauern die Ohren gellen«.
Die Schwestern einigen sich zuletzt auf eine Huldigungsoper, die dann im zweiten Akt auch wirklich gegeben wird. Die Szene ist eine einsame kleine Insel, wo alle Not und Hunger leiden. Rettung naht von fernen Gestaden mit einem prächtigen Schiff, dessen Herrin – Xaveria Gasser spielt die Rolle der edelmütigen Dame, in der unschwer die Erzherzogin zu erkennen ist – Glück und Segen für das Eiland bringt. Dies alles war eine durchaus konventionelle Komödie im barocken Stil, das Außergewöhnliche daran allerdings, daß sie ausschließlich von Nonnen gespielt wurde, von denen zwei sogar – das muß man sich einmal vor Augen halten! – in Hosen auftraten. Eine Klosterfrau verkörperte einen Schäfer, eine andere – keck und ungeniert – den Grafen Enzenberg in vorzüglicher Maske und Mimik.
Marianna, ahnungslos, welchen Spaß man für sie vorbereitet hatte, klatschte entzückt; sie lachte Tränen und vergoß Tränen der Rührung – ihr lieber Freund, Anselm von Edling, hatte sich wieder einmal selbst übertroffen.
Xaveria Gasser, mit ihm seit Kindertagen befreundet, hatte den Abt

von St. Paul in den Kreis um Marianna eingeführt. Der gutaussehende, großgewachsene Mann mit den vollendeten Manieren eines höfischen Kavaliers wurde einer ihrer engsten Vertrauten, vielleicht weil er die rare Gottesgabe besaß, das Leben gelassen zu nehmen. Eine Aura von strahlendem Optimismus umgab ihn; er brachte die zu trüben Gedanken, bohrenden Grübeleien und Selbstmitleid neigende Erzherzogin immer wieder zum Lachen und auf heitere Gedanken.
Sie war geradezu süchtig nach seinem Rat und seinem Trost. Fast täglich eilten Kuriere zwischen Klagenfurt und St. Paul (später Wolfsberg) hin und her, mit Briefen, Grüßen, Bitten um Zuspruch auf der einen, aufmunternden Worten auf der anderen Seite. Oft waren es nur wenige, hastig hingeworfene Worte, ohne Datum, ohne Anrede, ohne Unterschrift – man verstand einander ohne viele Floskeln.
Im folgenden drei kurze Proben, die erste ausnahmsweise in Mariannas eigener, krauser Schreibweise, denn keine noch so sorgfältige Übertragung kann die »herbe Frische« des Originals wiedergeben: »... Sobald man hier vernohmen das sie mit der podagra behaftet seyn so war unser ganzer freundescreiß geteilt, das eine erfreite sich über ihr dadurch versichertes langes Leben, das andere bedauerte sie, das sie nicht mehr so fest gehen würden, das eine dachte es würde sie gut anstehen, das andere fürchtete es möge ihnen ein zu erwürdiges Ansehen geben jedes raisonirte keines dachte das sie sich so genau dem brauch von firmierten das jeder prelat Podagra haben muß ... meine weibliche obrigkeit last sich ihnen empfehlen ...«
Mit der »weiblichen Obrigkeit« war Xaveria Gasser gemeint. Anselm von Edlings Bruder Joseph – er war Mariannas ernsthafter und ein wenig melancholischer Beichtvater – wurde in ihren Briefchen als die »männliche Obrigkeit« bezeichnet, sich selbst nannte die Erzherzogin oft »ihre Pfarrersköchin.«
Für ihre liebste Freundin Xaveria Gasser bestellte Marianna einmal ein Namenstagslied, das sie selbst vorzutragen gedachte: »... die Musik muß auf einem Hackbrettl und bäurische Geigenart gesetzt sein. Ich täte es singen, also darf es boshaft und närrisch sein ... aber weil ich alter Strohkopf Zeit zum Lernen brauche, so wünschen wir, es wäre möglich durch diesen Boten zu bekommen.«
Ein anderes, berührendes Zitat aus einem Brief an Anselm von Edling: »Ich schreibe Ihnen grad, daß ich aus dem Bade bin und danke Ihnen,

daß Sie die Erzherzogin vergessen wollen. Ich liebe selbst die Marianna viel mehr. Diese ist eine redliche, wahre Freundin ihrer Freunde, die andere ist zu nichts gut, als das Geldsäckel zu füllen. Dennoch bitte ich, bei allen Gelegenheiten, die eine vollkommen zu vergessen und auf die andere fest zu zählen...«

Anselm von Edlings Verehrung für die Erzherzogin fand poetischen Ausdruck in einem Gedicht, das er für sie schrieb, nachdem Marie Antoinettes erster Sohn und somit Mariannas Neffe, der Dauphin von Frankreich, geboren worden war:

> »Wenn dieser Sproß die Lehr der Weisheit hört,
> Religion einst schätzt und große Männer ehrt,
> Die Laster straft, die Tugend lohnt,
> Als Menschenfreund mit seinen Völkern wohnt,
> Durch Eifer sich dem Glück des Staats zu weih'n,
> Den größten Königen von Frankreich ähnlich heißt,
> O – Marianna, dann gab Gott ihm Deinen Geist,
> Er wird der großen Tant' wohl würdig sein.«

1787 wurde im Zuge der josephinischen Reformen das Kloster von St. Paul aufgehoben. Marianna bat den Freund inständig, nach Klagenfurt zu übersiedeln und Prediger in St. Laurenzen zu werden. Doch der Ex-Abt zog es vor, als einfacher Dechant in Wolfsberg zu wirken. Die Freundschaft mit der Erzherzogin erlitt dadurch keine Einbußen. Nach wie vor besaß Edling ein ständiges Quartier in Mariannas Haus, nach wie vor nutzte er jede Gelegenheit, sie zu besuchen.

Auf ganz anderen Voraussetzungen beruhte die Freundschaft Mariannas mit dem »beau Franzl«, ihrem Obersthofmeister Franz Joseph Graf Enzenberg, der, weitgereist und an ausländischen Universitäten gebildet, ein Mann des Geistes und der Wissenschaft war. Ihm gelang es, Mariannas große intellektuelle Fähigkeiten erneut wachzurufen; durch ihn angeregt, beschäftigte sie sich mit physikalischen Versuchen, begann sie wieder, verschiedene naturwissenschaftliche Sammlungen anzulegen.

Sein größtes Verdienst lag darin, sie für die noch junge Wissenschaft der Archäologie zu entflammen. Nachdem Mariannas Schwester, Königin Marie Karoline von Neapel-Sizilien, mit Eifer und Erfolg nach Herculaneum, der vom großen Vesuv-Ausbruch von 79 n. Chr. verschütteten Stadt, hatte graben lassen, regte Enzenberg die Erzherzogin an, sich der langsam in Vergessenheit geratenden Schätze des Zollfeldes anzunehmen.

In dem Gebiet bei Maria Saal hatte um die Wende vom 17. zum 18. Jahrhundert der Sekretär der Kärntner Landstände, Johann Dominik Brunner, zum ersten Mal zielstrebig gegraben, auch einiges zutage gefördert und eine kleine Kapelle samt Gedenktafel errichten lassen: »Den Besuchern zum frommen Gebrauch und zur Erinnerung an die alte Stadt Sala, welche von Attila, dem ersten Hunnenkönig, durch einen Einfall im Jahre 451 n. Chr. plötzlich zerstört wurde, nachdem sie durch 823 Jahre geblüht hatte.« Verschiedene, vom Zollfeld stammende Tontafeln waren in die Wand eingelassen und sollten die Existenz der Stadt Sala belegen. Tatsächlich handelte es sich um Relikte aus dem römischen Virunum, nach dem nun, auf Mariannas Geheiß sowie unter ihrer und Enzenbergs Leitung, gesucht wurde.

Insgesamt spendete die Erzherzogin 30 000 Gulden für das Unternehmen, 1 500 Soldaten wurden als Hilfskräfte eingesetzt. Ein junger Bauer aus der Gegend, ein gewisser Wagritsch, diente als Spurensucher, nachdem er schon auf eigene Faust einige Scherben aus dem Boden geholt hatte.

Außer Enzenberg, der als junger Mann von dem berühmten Professor Johann Joachim Winckelmann in die Altertumsforschung eingeführt worden war, nahmen keine Experten an den Grabungen teil, und so ist zu befürchten, daß nicht mit der gebotenen Vorsicht zu Werk gegangen wurde. Marianna selbst soll einmal ein Kindergrab so ungeschickt geöffnet haben, daß es unter ihren Händen zu Staub zerfiel. Genaue Nachrichten sind nicht überliefert, da Enzenbergs Grabungsprotokolle verschollen sind.

Die Ausbeute an Münzen, Statuen, Gegenständen des täglichen Bedarfs und Handwerksgerät muß beachtlich gewesen sein, denn aus anderen Quellen ist bekannt, daß Marianna zahlreiche Funde in ihrer Wohnung aufgestellt und vieles an Freunde und Bekannte verschenkt hat. Der größte Teil wurde an Marie Karoline von Neapel verschickt, kam jedoch nie dort an. Das Schiff, das die kostbare Fracht transportierte, ist aus unbekannten Gründen im oberen Teil der Adria versunken.

Als die Grabungen 1783 begannen, hatte Marianna eben wieder eine lebensgefährliche Lungenentzündung überstanden; durch die neue Aufgabe wurde sie so motiviert, daß sich ihre Gesundheit wieder festigte. Die Geschwister Leopold, Amalia und Mimi, die sie in dieser Zeit besuchten, waren überrascht, sie nicht mehr so erschreckend mager vorzufinden; sie hatte, im Gegenteil, ziemlich stark zugenommen und strahlte Gleichmut und Gelassenheit aus. Es war ihr anzumerken, daß sie sich im Kreis ihrer Freunde wohl fühlte. Die jahrzehntelange Verhemmtheit und Verklemmtheit war von ihr gewichen und eine lange verborgene Facette ihres Charakters endlich zum Vorschein gekommen: Humor, gewürzt mit einem erfrischenden Schuß Selbstironie. Ihre Freunde waren ihr herzlich zugetan, die Kärntner hatten sie längst ins Herz geschlossen.

Zum siebenten Jahrestag von Mariannas Ankunft in Kärnten dichtete Anselm von Edling:

> »In sieben Jahren, sagen die Schriften,
> Verändert sich der Menschen Appetit.
> Was zuckern war, scheint sich zu vergiften,
> Was man gierig fraß, nimmt man kaum mehr mit.
> Das Sprichwort ist nicht echt gewesen,
> Der Kärntner möcht' nach siebenjähr'ger Zeit
> Die Fürstin, die er hat, vor Lieb' noch fressen,
> Und klebt an ihr mit aller Zärtlichkeit.«

Mariannas rosige (manchmal hochrote) Gesichtsfarbe, ihre scheinbar gesunde Körperfülle täuschten jedoch, und keine noch so zärtliche Freundesliebe vermochte den allmählichen Verfall des armen, gequälten Körpers aufzuhalten: das geschädigte Rückgrat war nicht mehr zu kurieren, die Wirbel sanken weiter in sich zusammen, der Brustkorb wurde ständig enger, der Husten schmerzhafter. Vom Beginn des Winters 1788 an wurde Dr. von Vest zum täglichen Besucher, und auch der Wiener Hofchirurg Dr. Störck, der die Patientin von klein auf kannte, wurde zu Rate gezogen. Weder die unvermeidlichen Mittel der Zeit, wie Aderlässe und Purgierungen, noch eine Kur in Bad Einöd brachten Erleichterung. Wegen der Schwere ihres Körpers und der Atemnot wurde der Erzherzogin das Gehen immer mühsamer, so daß sie meist im Rollstuhl gefahren werden mußte.

Im Frühjahr 1789 gesellten sich zum chronischen Leiden Schlafstörun-

*Maria Anna in ihrer Klagenfurter Zeit*

gen und schwere Migräneanfälle. Marianna verlor dramatisch an Gewicht und war so schwach, daß sie keine Stiegen mehr steigen konnte. Im ersten Stock des Treppenhauses wurde ein Teil des Geländers entfernt. Mittels eines Flaschenzuges konnte man die Patientin samt Rollstuhl in die Höhe hieven.

Todesgedanken, für einige Jahre in den Hintergrund gedrängt, verdunkelten nun wieder ihr Gemüt. Sie machte ihr Testament und begann Abschiedsbriefe zu schreiben. Mit schwarzem Siegellack verschlossen, stapelten sie sich auf dem Schreibtisch.

Das Grabmal war schon längst bereit. Marianna hatte es unmittelbar nach ihrer Ankunft, als sie glaubte, bald sterben zu müssen, hinter dem Altar der Klosterkirche errichten und mit einer einfachen Tafel versehen lassen: »Maria Anna – Sünderin – geboren am 6. Oktober 1738 – gestorben am [der Platz für das Todesdatum war freigelassen] – Ruhe in Frieden.«

Wie immer in der warmen Jahreszeit besserte sich ihr Befinden im Sommer 1789 ein wenig. Sie empfing und bewirtete, wie es seit Jahren der Brauch war, an jedem schönen Sonntagnachmittag die Nonnen in ihrem Garten; am Kegelspiel, das ihr früher so viel Vergnügen gemacht hatte, vermochte sie nicht mehr teilzunehmen. Aber sie ließ sich im Rollstuhl zur Kegelbahn fahren und beobachtete ihre Schützlinge.

Ein schwerer Schlag traf Marianna im August: Der Freund und Arzt Dr. von Vest starb überraschend. An seine Stelle trat Dr. Guggl, ein geradezu fanatischer Anhänger von Aderlässen, wodurch die Leidende noch mehr ausgezehrt wurde.

Zum letzten Mal verließ Marianna am 6. Oktober, ihrem 51. Geburtstag, das Bett und nahm am Hochamt teil. Die Nonnen brachten ihr am Nachmittag ein Ständchen, Anselm von Edling hat noch einmal ein Gedicht vorgetragen. Die Jubilarin wirkte müde und sterbensmatt.

Jeder wußte: Der Tod war nahe. Am 3. November erhielt die Erzherzogin die Sterbesakramente, während vor den Gittern des Hofes ungezählte Menschen trotz schneidender Kälte im Gebet verharrten.

Aber noch hatte Mariannas Stunde nicht geschlagen, noch einmal erholte sie sich ein wenig. Die Besserung war nur scheinbar und von kurzer Dauer.

Sie war überzeugt, daß sie am 18. sterben werde, wie ihr Vater an einem 18. dahingegangen war, und so überreichte sie Xaveria Gasser am 17. ihr Testament und kleine Geschenke für die Nonnen. Jede erhielt ein Bild mit Widmung. Sie verlangte, daß man ihr Anselm von Edling schickte, und sie verlangte, in den braunen Männerschlafrock gehüllt zu werden, in dem ihre Mutter gestorben war.

Der 18. November verstrich – aber Marianna hatte noch immer nicht ausgelitten. Nun hoffte sie auf den 19., Namensfest der heiligen Elisabeth und zugleich höchster Feiertag des Klosters. Endlos zogen sich die Stunden des 19. Traurig und hilflos standen die Getreuesten um das Bett der elend keuchenden Frau: Edling, Enzenberg, Xaveria Gasser, Christallnigg, Dr. Guggl und Störck, der in letzter Minute aus Wien herbeigeeilt war.

Zwischen zwei Erstickungsanfällen flackerte noch einmal ein Funke Humor auf: »Ich hoffe, die heilige Elisabeth wird so höflich sein, mich heute abzuholen. Ich verzeihe ihr, wenn sie auch spät am Abend kommt. Weil heut' ihr Namenstag im Himmel gefeiert wird, dürfte sie wohl nicht eher Zeit haben.«

Später kamen ihr die Kärntner in den Sinn: »Es ist wohl ein gutes Land, ich hab' es immer lieb gehabt. Es sind gute Menschen, mit denen ich vergnügt lebte und die ich hart verlasse.«

Um sieben Uhr abends fiel der Schatten: das Licht werde so schwach, flüsterte sie, man möge noch mehr Kerzen anzünden. Sie winkte die beiden Ärzte herbei, entzog ihnen aber, als diese den Puls fühlen wollten, die Hand: »Ich brauch' nichts mehr, ich hab' euch nur noch einmal sehen und euch danken wollen.«

Ein neuer Anfall: »Ich fürchte die letzten Züge, denn ich hab' eine starke Natur und es wird Gewalt brauchen.«

Gegen elf Uhr bat sie Xaveria Gasser um einen Schluck Wasser. Die Freundin legte den Arm um ihre Schulter, führte ihr das Glas zum Mund. Marianna tat drei tiefe Seufzer und ließ den Kopf an Xaverias Brust fallen. Sie war tot.

Bereits am nächsten Tag wurde sie begraben – ohne Pomp und Prunk, sondern einfach wie eine Nonne. Man legte sie in einem grauen Seidenkleid, das einst ihre Mutter getragen hatte, in den Sarg. Enzenberg und Christallnigg überschütteten, dem Letzten Willen der Erzherzogin folgend, den Leichnam mit ungelöschtem Kalk, der den Zerfall der sterblichen Überreste beschleunigte. Die grauenvollen Begleitschei-

nungen nach dem Tod ihres Vaters müssen ihr schwer zu schaffen gemacht und in ihr den Wunsch geweckt haben, rascher zu Staub zu werden als Franz Stephan.
Acht Nonnen trugen den Sarg, der in aller Stille beigesetzt wurde.
»Kein Monarch ist je von seinen Untertanen so aufrichtig beweint worden, wie diese Fürstin von ihren Kärntnern«, schrieb Xaveria Gasser. Graf Enzenberg meinte, in Anspielung auf Mariannas Grabtafel, auf der sie sich als Sünderin bezeichnet hatte: »Sie erklärte sich für eine Sünderin. Wir erklären sie für eine Heilige.«
Das Kloster der Elisabethinerinnen erbte 13 266 Gulden in bar und erhielt 134 369 Gulden, nachdem der Privatbesitz der Erzherzogin versteigert worden war. Der Verkauf des Sommerschlosses Annabichl samt Gärten und Jagdrevier erbrachte weitere 3 165 Gulden. Die Erbschaftssteuer in der Höhe von 25 Prozent wurde dem Kloster erlassen – aufgrund einer persönlichen Verfügung Kaiser Josephs II.

# Marie Antoinettes Kinder

## Louis 1785–1795 (?)
## Marie Thérèse 1778–1851

Das alltägliche, das verhaßte, das gefürchtete Geräusch: rasselnde Ketten, eiserne Sperlatten, krachend zurückgestoßen, mächtige Schlösser, mit riesigen Schlüsseln knirschend geöffnet, zuerst die dicke Eisenpforte, dann die wieder mehrfach gesicherte Holztür.
Die Sechzehnjährige kauerte auf dem Bett, versuchte krampfhaft, den Saum des längst zu kurz gewordenen grauen Seidenkleides über die Waden zu ziehen. Mit weit aufgerissenen Augen starrte sie in Panik auf die Tür. Doch statt der erwarteten wortlosen Wächter der letzten Wochen oder der trunken polternden Soldateska früherer Monate glitt eine elegante junge Dame in den Raum. Fassungsloses Staunen zeichnete sich auf den Zügen des Mädchens ab, als die feenhafte Erscheinung, in lila Seide und eine Wolke betörenden Parfums gehüllt, einen perfekten Hofknicks vollführte und sich als Madeleine de Chanterenne vorstellte.
Es war der 20. Juni 1795, und Marie Thérèse Charlotte, Tochter des französischen Bourbonen-Königs Ludwig XVI. und der Königin Marie Antoinette aus dem Hause Habsburg-Lothringen, einzige Überlebende des Massakers an ihrer Familie, befand sich seit drei Jahren und vier Monaten in Gefangenschaft, davon dreizehn Monate in Einzelhaft. Das unvermutete Auftauchen der Madame de Chanterenne war eines der wenigen, wenn nicht überhaupt das einzige *freudige* Schockerlebnis in ihrem von traumatischen Ereignissen gezeichneten Dasein.
Am 19. Dezember 1778 wurde Marie Thérèse als erstes Kind ihrer Eltern geboren. Ausnahmsweise nahm niemand daran Anstoß, daß es »nur« ein Mädchen war; daß der König sich überhaupt imstande gezeigt hatte, ein gesundes Kind zu zeugen, löste den gleichen enthusiastischen Jubel aus, den normalerweise die Geburt eines Stammhalters hervorgerufen hätte.

Die Vorgeschichte dieser glücklichen Niederkunft war ein vieldiskutiertes öffentliches Geheimnis, das die kleinen Leute ebenso faszinierte wie die Höfe und Staatskanzleien Europas.

Marie Antoinette, eine Tochter des deutschen Kaisers Franz I. Stephan und seiner Gemahlin, der österreichischen Herrscherin Maria Theresia, war im Alter von fünfzehn Jahren mit dem damals sechzehnjährigen französischen Dauphin verheiratet worden, der als Ludwig XVI. im Jahre 1774 seinem Großvater Ludwig XV. auf den Thron folgte.

1771, ein Jahr nach der Hochzeit, ließ sich die überaus blamable Tatsache nicht mehr verheimlichen, daß Marie Antoinette noch immer nicht vom ehernen Status der Jungfrau befreit worden war. Maria Theresia, die ihre Tochter mit besorgten Anweisungen aller Art überschüttete, riet dem Kind, ihre »Zärtlichkeiten zu verdoppeln«. Was sie sich dabei gedacht haben mag, weiß kein Mensch, denn sie selbst war es ja, die Marie Antoinette, wie alle anderen Mädchen ihrer Zeit, über die Einzelheiten des ehelichen Liebeslebens völlig im unklaren gelassen hatte. Ihrem Gesandten in Paris, Graf Florimund de Mercy, gegenüber klagte die Herrscherin, daß wohl alles nichts nütze, wenn es einem jungen Mädchen mit der Figur der Dauphine nicht gelinge, »den Dauphin in Glut zu versetzen«.

Die Glut allein war es nicht, wenn auch schwer vorstellbar schien, den phlegmatischen jungen Mann zu entflammen; er fand sein Vergnügen in der Jagd, in kräfteverschleißenden handwerklichen Tätigkeiten und vor allem in wahren Freßorgien: zum Frühstück allein vier Koteletts, sechs Eier und eine tüchtige Portion Schinken. Nach ausgiebigen Tafelfreuden zu Mittag und am Abend ließ er sich vor dem Schlafengehen häufig auch noch eine ganze Poularde, acht hartgekochte Eier und eine Flasche Bordeaux munden...

»Es liegt bestimmt nicht an mir, meine Lage ist entsetzlich...« beteuerte Marie Antoinette in einem Brief an die Mutter.

Es lag auch nicht an ihr. Es lag an einer winzigen anatomischen Fehlbildung an dem für die Erzeugung von Nachwuchs bestimmten Organ des jungen Mannes – und er wußte es auch. Zweimal ließ er sich fast zur Operation überreden, nicht mehr als ein minimaler Eingriff, wie er millionenfach an jüdischen und islamischen Knaben vorgenommen wurde. Zweimal schreckte er im letzten Augenblick davor zurück.

Es bedurfte des Erscheinens von Kaiser Joseph II., des Bruders von

Marie Antoinette, 1777 in Paris, und langen, gütlichen Zuredens auf den zagenden Schwager, bis er sich endlich ermannte, um mit chirurgischer Hilfe ein ganzer Mann zu werden.

»Ich bin glücklich wie nie in meinem Leben«, jubelte Marie Antoinette am 30. August 1777 in einem Brief an die Mutter. »Seit acht Tagen ist meine Ehe vollzogen.«

Es sollte allerdings noch bis zum 5. Mai 1778 dauern, ehe die langersehnte Schwangerschaft von zwei Ärzten eindeutig festgestellt und bestätigt wurde.

Knapp drei Monate später, am 31. Juli, ereignete sich die berühmte Episode, da die Königin dem König schmollend erklärte: »Sire, ich möchte mich beschweren, daß mich einer Ihrer Untertanen in den Bauch getreten hat.« Ludwig brauchte eine ziemlich lange Weile, bis er den tieferen Sinn des Scherzes erfaßte, dann aber brach er auf der Stelle in Tränen aus.

Anfang Dezember nahmen die beiden Ärzte, welche die Entbindung überwachen sollten, im Schloß Quartier. Vier Ammen hielten sich bereit, denn die meisten Bourbonenkinder pflegten mit Zähnen auf die Welt zu kommen, so daß die Nährmütter mit schweren Brustverletzungen reihenweise den Dienst quittieren mußten.

Versailles fieberte der großen Stunde entgegen. Die Entbindung sollte, wie üblich, öffentlich stattfinden. Im ganzen Ort war kein Zimmer mehr zu haben, denn selbst wer nicht unmittelbar Zeuge des Ereignisses werden konnte, wollte wenigstens in der Nähe sein.

Am 18. Dezember 1778 erwachte Marie Antoinette kurz vor Mitternacht. Sie fühlte die ersten Wehen. Sofort hasteten Lakaien, silberne Alarmglöckchen schwingend, durch die Hallen und Flure; schlaftrunken eilten die geladenen Gäste herbei und versammelten sich im Vorzimmer der Königin.

Um acht Uhr früh setzten die Preßwehen ein. Gravitätisch stolzierte einer der Ärzte ins Vestibül und verkündete feierlich: »Die Königin kommt nieder.«

Während sich Marie Antoinette auf ihrer schmalen, mit weißem Leinen bezogenen Chaiselongue in Qualen wand, strömte das Publikum herbei.

Die Damen saßen schließlich, Stuhl an Stuhl, eng beieinander, dahinter drängten sich die Herren mit langen Hälsen. Das Geschiebe war so bedrohlich, daß das Bett mit einer festen Kordelschnur abgeriegelt werden mußte.

Es wurden kühle Getränke gereicht, denn im Zimmer herrschten tropische Temperaturen. Der König warf, mangels einer anderen Beschäftigung, Scheit um Scheit ins lodernde Kaminfeuer. Im Freien war es beißend kalt, doch die Fenster waren so fest abgedichtet, daß nicht der geringste Luftzug in das überfüllte Gemach dringen konnte.

Als dreizehn Minuten nach elf Uhr die Kreißende endlich ihrer Last ledig war, entstand kopfloser Tumult: man hatte das Wichtigste vergessen, nämlich heißes Wasser. Alles schrie und lief durcheinander, niemand kümmerte sich um die junge Mutter, die mit dem matten Röcheln: »Luft... Luft...« in eine tiefe Ohnmacht sank. Der König stürzte zum Fenster, aber er mühte sich lange Zeit vergeblich, die Flügel zu öffnen, die mit großer handwerklicher Sorgfalt verklebt worden waren. Erst ein eilig herbeigerufener Fachmann schuf Abhilfe. Endlich strömte die kalte Dezemberluft herein, Marie Antoinette begann sich zu erholen.

Diese Schreckensszenen hatten sogar den sonst so gleichmütigen König alarmiert; das Protokoll wurde dahingehend geändert, daß ab sofort Entbindungen am französischen Hof, wie in anderen zivilisierten Ländern, nicht mehr vor überflüssigen Zuschauern stattfinden sollten.

Ganz Versailles war verliebt in das erste Kind des Königspaares, das nach seiner berühmten Großmutter Maria Theresia getauft wurde und den offiziellen Titel »Madame Royale« führte. Marie Thérèse war nicht nur besonders hübsch – mit ihren himmelblauen Habsburger-Augen und ihren hellblonden Habsburger-Kringellocken –, sie entwickelte sich auch rascher und kräftiger als andere Kinder. Zwar war sie zahnlos zur Welt gekommen, doch konnte sie schon mit acht Monaten laufen, und zur gleichen Zeit begann sie zu sprechen – ein Phänomen, das sicher eher auf den zärtlichen Einfluß der Mutter zurückzuführen war (»Man kann mit ihr über nichts mehr sprechen als über das Kind«, meldete Mercy nach Wien) als auf die Über-Betreuung durch den umfangreichen Hofstaat. Marie Thérèse verfügte im Alter von achtzehn Monaten über zwanzig Geistliche, neun Ärzte, einen Friseur, einen Pedikeur, je einen Lehrer für Zeichnen, Schreiben, Musik, Mathematik, Physik, einen Tanzlehrer und einen – Trapezmeister. Von der Masse der einfachen Domestiken einmal ganz zu schweigen.

*Marie Antoinette mit ihren Kindern. Links Marie Thérèse, rechts der frühverstorbene erste Dauphin, auf dem Schoß der Mutter Louis.*

Am 22. Oktober 1781 wurde endlich der inbrünstig herbeigebetete Dauphin geboren – er wurde auf den Namen Louis Joseph Xavier getauft –, am 25. März 1785 ein weiterer Knabe, Louis Charles, Herzog der Normandie. Ein Jahr später kam das vierte Kind, Madame Sophie, ein kaum lebensfähiges, verkrüppeltes Wesen, das nicht älter als elf Monate wurde – zu Lebzeiten kaum beachtet, im Tode von niemandem wirklich betrauert.

Nach der Geburt des Dauphin erklärte Marie Antoinette bestimmt: »Er gehört dem Staat. Aber meine Tochter gehört mir.« Tatsächlich war es der Königin kaum möglich, Einfluß auf die Erziehung ihres ältesten Sohnes zu nehmen, auf Marie Thérèse jedoch, und später auch auf Louis Charles, sollte sie von Anfang an ein ebenso liebevolles wie kritisches Auge haben.

Was immr man über Marie Antoinette, ihre Schwächen und Irrungen sagen, wie sehr man ihr vorwerfen mag, als Königin versagt zu haben – als Mutter war sie untadelig, und sie hat sich um ihre Kinder mehr bemüht als die vorbildliche Maria Theresia um die ihren.

Marie Antoinette setzte es durch, daß Marie Thérèse aus dem Südflügel des Schlosses, wo die Kinder logierten, in eine Suite unmittelbar neben ihrer eigenen übersiedelte. Sie hatte an ihrer äußerlich so anmutigen kleinen Tochter Charakterzüge entdeckt, die ihr gar nicht behagten: Schom im Alter von fünf Jahren war Marie Thérèse auffällig hochmütig und dünkelhaft.

Als eine Besucherin, die deutsche Baronin Oberkirch, dem kleinen Mädchen Komplimente über sein zauberhaftes Aussehen machte, erwiderte das Kind schnippisch: »Baronin, ich bin entzückt, daß Sie mich so finden, aber ich bin erstaunt, daß Sie es mir sagen.«

»[Marie Thérèse] fühlt das Blut Maria Theresias und Ludwigs XIV. in ihren Adern«, schrieb Marie Antoinette an ihre Schwester Marie Karoline, Königin von Neapel, mit der sie viele Erziehungsfragen erörterte, »sie muß sich daran erinnern, um ihres Ranges würdig zu sein, aber Freundlichkeit ist eine ebenso wichtige Eigenschaft wie Würde... Hochmut vertreibt die Zuneigung.«

Auf den Kinderbällen, die Marie Antoinette für Madame Royale und den Dauphin in Trianon veranstaltete, war »jedermann zugelassen, der anständig gekleidet« war – das heißt, auch Bürgerliche konnten (und sollten) daran teilnehmen –, sehr zum Mißfallen von Marie Thérèse.

Sie setzte ihr abweisendstes Gesicht auf, wenn ein nichtadeliger Junge es wagte, sie um einen Tanz zu bitten.

Als Ermahnungen offensichtlich nichts nützten, ergriff Marie Antoinette drastischere Maßnahmen. Zu den Mahlzeiten der Marie Thérèse wurde ein Bauernmädchen eingeladen und bekam zuerst serviert. Marie Thérèse war angehalten, mit der Tischgenossin Konversation zu machen – ein Versuch, der kläglich scheiterte. Dem kleinen Gast war der Mund vor Angst wie zugenagelt, und Madame Royale schwieg trotzig.

Ein wenig erfolgreicher verlief das Engagement von Philippine Lambriquet als Spielgefährtin für die Prinzessin. Die Tochter eines Hofbediensteten war ein Jahr jünger als Marie Thérèse. Die Mädchen verstanden sich einigermaßen, und wenn Madame Royale auch Abstand zu dem Domestikenkind hielt, war sie wenigstens nicht unhöflich.

Ihre durchaus modern anmutenden pädagogischen Richtlinien faßte Marie Antoinette in einem Bericht an die Schwester, Marie Karoline von Neapel, so zusammen: »Ich halte [die Kinder] dazu an, größtes Vertrauen zu mir zu haben... Sie haben gelernt, daß ja ja bedeutet und nein nein, aber ich gebe ihnen stets eine ihrem Alter entsprechende Erklärung für meine Handlungsweise.«

Marie Antoinette und der König überwachten häufig persönlich den Unterricht für Madame Royale und den Dauphin; die Königin verbrachte viele Stunden mit Marie Thérèse, um ihr die Kunst des Strikkens und Stickens beizubringen. Aus einem uns unbekannten Grund müssen es für Marie Thérèse prägende Erlebnisse gewesen sein, denn später entwickelte sie eine fast beängstigende Stick-Manie.

Einer der Hauptvorwürfe, den Zeitgenossen wie Historiker König Ludwig XVI., insbesondere aber Marie Antoinette gemacht haben, bezieht sich auf deren mangelndes soziales Verständnis; es sei, unter anderem, ein Faktor gewesen, der letztlich zum Ausbruch der Französischen Revolution geführt habe.

Aus der Art und Weise, wie Ludwig und Marie Antoinette ihre Kinder anleiteten, läßt sich indes herauslesen, daß soziales Verständnis sehr wohl vorhanden war, daß es ihnen aber an Realitätssinn mangelte: *theoretisch* wußten sie, was Not und Armut war, *praktisch* war den Bewohnern eines riesigen goldenen Käfigs der Wert des Geldes schlichtweg unbekannt.

Marie Thérèse und der Dauphin bezogen bereits als kleine Kinder eine jährliche Apanage von 8 000 beziehungsweise 10 000 Livres. Der Junge und das Mädchen waren verpflichtet, die Hälfte davon an arme Kinder weiterzugeben – und zwar persönlich.
Dem Bericht von Marie Antoinettes erster Kammerfrau, Madame de Campan, können wir entnehmen, daß die Königin im harten Winter 1788, der den Ärmsten der Armen besonders zusetzte, aus Paris eine Fülle kostbaren Spielzeugs herbeischaffen ließ. Die ganze Pracht wurde vor dem Dauphin und Madame Royale sorgfältig aufgebaut. Die Königin nahm die Kinder an der Hand und sagte, dies alles könnten sie haben, wenn nicht so schlechte Zeiten wären. Man müsse die Spielsachen leider, leider wieder zurückschicken und das Geld, das sie gekostet hätten, an Notleidende verteilen.
Soweit so gut. Aber: weder der König noch die Königin machten sich Gedanken darüber, daß die neunjährige Marie Thérèse acht Dutzend Handschuhe aus feinstem weißen Leder, zwölf Flaschen Lavendelwasser, zweiundzwanzig Tiegel Pomade, achtzehn Töpfe Puder verbrauchte – in einem einzigen Monat! Handschuhe wurden nur einmal getragen, angebrochene Tiegel und Flaschen sofort weggegeben.
Zu jener Zeit, da die Prinzessin sich noch über das vorenthaltene Spielzeug grämen mochte, wurden bereits Heiratspläne geschmiedet. Im Mittelpunkt des politischen Interesses standen mögliche Verbindungen mit dem schwedischen Kronprinzen oder dem neapolitanischen Thronerben Franz, dem ältesten Sohn von Marie Antoinettes Schwester Marie Karoline von Neapel. Marie Antoinette setzte sich energisch für einen anderen Kandidaten ein, für Louis Antoine, Herzog von Angoulême, vier Jahre älter als Marie Thérèse, einen schmalbrüstigen, linkischen Knaben, der dafür ein lupenreiner Franzose war. »Es ist besser für Marie Thérèse, in Frankreich als Tochter des Königs als im Ausland als Königin zu leben«, entschied Marie Antoinette. Auch Louis Antoine war ein Cousin ersten Grades von Marie Thérèse; er war der Sohn des Grafen von Artois, des jüngsten Bruders von Ludwig XVI. Ludwig besaß noch einen weiteren Bruder, Louis Stanislaus Xavier, der ebenso wie der Graf von Artois und der Herzog von Angoulême im späteren Leben der Madame Royale eine entscheidende Rolle spielen sollte.
Doch war es noch lange nicht soweit, noch lagen die (angeblichen)

Freuden der Ehe für Marie Thérèse im Nebel der Zukunft. Sie mußte zunächst mit dem ersten großen Schmerz ihres Lebens fertig werden. Am 14. Juni 1789 starb ihr Bruder, der Dauphin, nach einer kurzen heftigen Krankheit, vermutlich war es Lungenentzündung. Louis Joseph Xavier war seit je von zarter Konstitution gewesen, frühreif und dabei eher scheu – ein nur allzu williges Objekt für Marie Thérèses Herrschsucht. Aber sie wich kaum vom Krankenbett des Bruders und zeigte in diesen schweren Stunden überraschendes Mitgefühl und große Zärtlichkeit für den kleinen Patienten, der übrigens genau wußte, wie es um ihn stand, und mit rührender Unbeholfenheit versuchte, die Mutter und die Schwester zu trösten. Sie waren beide bei ihm, als er seinen letzten Atemzug tat.

Nach dem Tod des erstgeborenen männlichen Erben trat schlagartig der zweite Sohn in den Mittelpunkt des Interesses: Louis Charles, der bislang ein wenig beachtetes Dasein geführt hatte. Der Herzog von Normandie, zum Glück von allem Anfang an von robuster Gesundheit, avancierte zum Dauphin, somit zum Thronfolger, ein Ereignis, das nicht nur in der Verdopplung seines Hofstaates und seiner Einkünfte zum Ausdruck kam.

Er war ebenso hübsch, ebenso blond, ebenso blauäugig wie die um sieben Jahre ältere Marie Thérèse, der er mit geradezu hündischer Ergebenheit anhing. Sie war sein alles, sein Idol, und er wich beim Spielen nicht von ihrer Seite, was sie sich großmütig gefallen ließ. Jedes Geschenk wollte er augenblicklich an die Schwester weitergeben. Als ihm das verboten wurde, bestand er darauf – und er hatte, wie wir gleich sehen werden, äußerst eindrucksvolle Mittel, um seinen Willen durchzusetzen –, daß sie identische Gaben erhielt.

Marie Antoinettes Milchbruder, Joseph Weber aus Wien, notierte nach einem Besuch in Paris über den Prinzen: »Sein gutes Aussehen ist beeindruckend. Er hat die noblen, gütigen Züge seines Vaters und den wunderschönen Teint seiner Mutter.« Madame de Tourzel, welche die Oberaufsicht über die Erziehung der beiden Kinder führte, bemerkte: »Dieser junge Prinz drückte sich in allem, was er sagte, mit Charme und Grazie aus.«

Was diesen Punkt betrifft, war Louis' Mutter wesentlich objektiver: »Er war immer gesund, aber er ist sehr zartnervig, schon in der Wiege hat ihn der geringste Lärm irritiert ... Er neigt zu entsetzlichen Zor-

*König Ludwig XVI.*

nesausbrüchen, ist aber im Grunde ein gutes, anhängliches Kind ... Er hält, was er verspricht, aber er ist indiskret; er plappert alles aus, was er gehört hat, und seine Phantasie geht manchmal mit ihm durch, wobei ich nicht ausdrücklich sagen will, daß er lügt ... Er ist überhaupt nicht hochmütig, und ich hoffe, daß er diese Eigenschaft behält.«
»Seine Phantasie geht manchmal mit ihm durch ...« – Worte von grauenvoller Prophetie. Hat sich Marie Antoinette daran erinnert, als sie vor dem Revolutionstribunal stand und sich mit den Auswüchsen dieser kindlichen Lügenwelt konfrontiert sah?
Als Louis am 16. Juni 1789 Dauphin wurde, war die Welt, zumindest in der Isolation des Versailler Schlosses, noch heil, und selbst der berühmte Sturm auf die Bastille vom 14. Juli desselben Jahres brachte noch keine Irritation in den festgefügten Tagesablauf der Kinder.
Das Kartenhaus der Illusionen stürzte am 5. Oktober 1789 für immer in sich zusammen. Es begann der unaufhaltsame Siegeszug der Revolution und der beispiellose Leidensweg des Königs und seiner engsten Familie: Marie Antoinette, Marie Thérèse, Louis und Madame Elisabeth, die junge Schwester des Königs; seine Brüder und deren Angehörige hingegen setzten sich rechtzeitig ins Ausland ab.
An diesem 5. Oktober zogen Tausende Frauen aus Paris zum Schloß Versailles. Unter trostlos grauem Himmel und bei strömendem Regen, die Röcke schützend über die Köpfe geschlagen, versammelten sie sich vor dem Palast und forderten Brot – das viele von ihnen gar nicht brauchten, weil sie nicht zu den hungernden Schichten des Volkes, sondern zum kämpferischen Vortrupp des Aufruhrs gehörten. Es war eine geschickt geplante Inszenierung, denn ursprünglich hatten die führenden Köpfe der Erhebung einen Massenaufmarsch von Frauen *und* Männern geplant; doch der listenreiche Herzog Louis Philippe von Orléans, ein Bourbone aus der Nebenlinie, der sich rechtzeitig auf die richtige Seite geschlagen hatte, regte an, die Weiber vorzuschicken: Man würde nicht wagen, auf sie zu schießen.
Der Plan ging auf. Angesichts der Schloßbelagerung wollte Marie Antoinette ihrem ersten Impuls folgen und mit Mann und Kindern das Weite suchen. »Ein König flieht nicht«, erwiderte Ludwig. Marie Antoinette geriet in Panik: »Dann lassen Sie schießen!« Die Antwort: »Sie scherzen, Madame. Man schießt nicht auf Frauen.«
Es wurde also nicht geschossen. Der König empfing vielmehr eine Ab-

ordnung der Frauen, versprach Erfüllung all ihrer Forderungen und trug ihnen höflich Kutschen zur Rückfahrt nach Paris an. Das Angebot wurde abgelehnt, aber die Frauen zogen sich geordnet zurück. Fürs erste herrschte Ruhe; die Königin brachte ihre verstörten Kinder selbst zu Bett.

Um fünf Uhr früh des 6. Oktober erschien Marie Antoinette, barfuß, mit wirrem Haar und eine Kerze in der Hand, im Zimmer ihrer Tochter. Sie riß das Kind aus dem Schlaf: »Schnell, schnell, aufstehen.« Eine Kammerfrau nahm das Mädchen hoch, wickelte es in einen Schal und folgte der Königin in ein höher gelegenes Stockwerk, wo sich bereits der König befand, der seinen Sohn aus dem Bett geholt hatte. Bebend lauschte die Familie wüstem Lärm aus den unteren Geschossen, wo ein wütender Pöbel Wachen und Diener niederrannte oder zusammenschlug, durch die Räume tobte und in sinnloser Raserei das noch warme Bett Marie Antoinettes mit Bajonetten durchstach.

Die schleunigst herbeigeholte Nationalgarde konnte die Eindringlinge aus dem Schloß vertreiben, nicht aber vom Hof des Palastes. Von dort erscholl alsbald in hart skandierenden Sprechchören ein tausendfaches »Tötet sie, tötet sie, tötet sie alle.« Und: »Wir wollen das Herz der Königin.«

Ratlos zusammengedrängt saß die Familie im ehemaligen Prunksalon Ludwigs XIV., und der kleine Dauphin wimmerte leise: »Mama, ich habe Hunger. Mama, ich habe Durst.« Niemand nahm von ihm Notiz. Neues Gebrüll aus dem Hof: »Her mit dem König.« »Nach Paris, nach Paris!«

Langsam stand Ludwig auf, ging auf den Balkon, von Pfiffen und Geschrei empfangen. Er hob die Hände, verschaffte sich Gehör. Mit einer Festigkeit, die man dem trägen Dickwanst nicht zugetraut hätte, erklärte er sich bereit, dem Ruf seines guten Volkes zu folgen und nach Paris zu gehen. Mit der Familie.

Jubel. Pfiffe. Geschrei. »Die Königin! Die Königin auf den Balkon!« Der König ging ins Gemach zurück, in der Tür erschien Marie Antoinette, noch immer im Morgenrock, beide Kinder an der Hand.

»Weg mit den Kindern!« heulte die Menge. Plötzlich richteten sich Gewehre auf die kleine Gruppe. Hastig führte Marie Antoinette die bitterlich weinenden Kinder in den Salon zurück. Sie stellte sich allein dem vieltausendköpfigen Ungeheuer zu ihren Füßen, ruhig, aufrecht,

ohne ein Wort zu sagen. Das Toben verebbte allmählich, und dann in die Stille ein schriller Schrei: »Es lebe die Königin«, von der Menge hysterisch aufgegriffen. »Es lebe die Königin. Nach Paris, nach Paris.« Weiß wie die Wand kehrte Marie Antoinette zu den Ihren zurück. Sie drückte die Kinder an sich und murmelte: »Wir sind verloren.«
Kurz vor zwei Uhr nachmittag – die Kinder hatten noch immer keinen Bissen gegessen, keinen Tropfen getrunken – bestieg die Familie eine Kutsche, um, von der Nationalgarde geleitet, den Weg nach Paris anzutreten.
Die Höllenfahrt durch ein dichtes Menschenspalier dauerte sieben Stunden. Sprechchöre: »An die Laternen mit ihnen«, und Gegenchöre: »Es lebe der König, es lebe die Königin.« Der vierjährige Dauphin saß auf dem Schoß seiner Mutter. Er weinte vor Hunger und vor Erschöpfung, bis er endlich einschlief. Die elfjährige Marie Thérèse saß, starr vor Angst, kerzengerade neben der Mutter.
Das Dunkel der Nacht hatte sich längst über die Stadt gesenkt, als der traurige Zug die Tuilerien, das alte Stadtschloß der Könige, erreichte. Das Hauptgebäude war seit 1665 praktisch nicht mehr bewohnt, die Seitenflügel waren vermietet worden. Der alte Palast war in desolatem Zustand, es gab so gut wie keine Möbel. »Hier ist es scheußlich, hier gefällt es mir nicht«, maulte der Dauphin. Seine Mutter wies ihn zurecht: »Wenn es für den König gut genug ist, wird es auch für dich gut genug sein.«
Überraschenderweise begann sich das Leben bereits nach wenigen Wochen einigermaßen zu normalisieren, in neu geregelten Bahnen zu verlaufen. Man brachte Möbel, Teppiche, Bilder aus Versailles. Das alte Gemäuer wurde wohnlich, mit einem Hauch vom einstigen Komfort. Es gab weniger Dienstboten, weniger Etikette, dafür ein fast bürgerliches Familienleben in vorher nie gekannter Intimität. Marie Thérèse wurde wie eine Erwachsene behandelt, sie durfte mit Papa, Mama und Tante Elisabeth an allen Mahlzeiten teilnehmen, wurde in Gespräche, Überlegungen und Sorgen der Großen mit einbezogen. Die Kinder erhielten Schulunterricht, beide Eltern überwachten abwechselnd die Hausaufgaben.
Schließlich wagte man wieder Ausfahrten. Der König fuhr zu seinen Besitzungen im Umkreis der Stadt, aber auf die Jagd ging er nicht mehr. Marie Antoinette und Marie Thérèse besuchten Theater, gingen

in Manufakturen und Krankenhäuser, unterhielten sich mit den Leuten, wurden freundlich aufgenommen. »Die Menschen sind eigentlich sehr nett, man muß nur zu ihnen kommen«, stellte Marie Antoinette erleichtert fest.

Trügerische Ruhe! Nachdem der König 1790 den Eid auf die neue Verfassung verweigert hatte, vor allem weil sie vorsah, die Kirche der Staatsgewalt zu unterwerfen; nachdem die Radikalen unter den Revolutionären immer mehr an Einfluß gewannen; nachdem der überwiegende Teil des Adels und der königlichen Gefolgschaft das Land verlassen hatte, gerieten Ludwig und die Seinen in immer größere Isolation, eskalierten die Feindseligkeiten gegen die Herrscherfamilie.

Im April 1791 – der gemäßigte Revolutionsführer Honoré Mirabeau war Anfang des Monats aus dem Leben geschieden – erhielt die Familie plötzlich den Befehl, sich in ihr übliches Sommerquartier nach Saint-Cloud zu begeben. Gehorsam bestiegen die fünf Menschen die bereitgestellten Kutschen – sie wurden augenblicklich von einer aufgebrachten Menschenmenge umstellt. »Sie dürfen nicht fliehen! Halt! Sie müssen hierbleiben!«

Marie Antoinette und ihr kleiner Junge weinten. Der König saß eine Weile stumm und ratlos, letztlich entschloß er sich auszusteigen. Marie Thérèse folgte ihm, starr geradeaus blickend, auf dem Fuß, dann Marie Antoinette, das noch immer plärrende Kind an der Hand, und die Schwester des Königs, Madame Elisabeth. Sie gingen alle ins Schloß zurück, und sie wußten, daß sie nun endgültig in der Falle saßen.

Am 20. Juni 1791 begann das gleichermaßen tollkühne wie dilettantische Unternehmen, das unter der Bezeichnung »Flucht nach Varennes« in die Geschichte eingegangen ist. Der schwedische Diplomat, Baron Axel Fersen, ein Freund der Familie, ein glühender Verehrer der Königin, hatte es vorbereitet, und in der ersten Phase verlief alles planmäßig.

Marie Antoinette sollte, mit falschen Pässen und Reisepapieren versehen, als russische Baronin von Korff in Begleitung ihrer beiden Töchter, ihres Dieners (das war der verkleidete König) und ihrer Kammerfrauen (Madame Elisabeth und Madame de Tourzel, die Erzieherin) in die Heimat reisen.

Den Dauphin hatte man als Mädchen kostümiert und ihm eingeredet, es ginge zu einem lustigen Maskenball. Der Junge war begeistert. Ma-

dame de Tourzel und die Kinder schlichen nach 10 Uhr abends durch eine Seitenpforte der Tuilerien auf die Straße, wo eine Kutsche bereitstand. Zwei lange, bange Stunden mußte sie warten, ehe um Mitternacht Madame Elisabeth, dreißig Minuten später der König und endlich, endlich Marie Antoinette zu ihnen stießen. Die Königin trug ein elegantes graues Reisekleid, ein schwarzes Hütchen mit Schleier und einen koketten Spazierstock.
Am Stadtrand erwartete die Familie eine große Reisekutsche, eine sogenannte Berline, törichterweise vollgeladen mit schwerem und umfangreichem Gepäck, wodurch die Fahrtgeschwindigkeit erheblich vermindert wurde.
Die Reise ging ungehindert über menschenleere Straßen, und am Morgen gab es am Wegesrand ein ausgiebiges Picknick, Brot, Fleisch und Wein; man aß mit den Händen, ohne Messer und Gabel – welch ein Spaß! Gemütliche Unterhaltungen beim Pferdewechsel – das einzig wirkliche Auffällige an den Reisenden war eigentlich nur, daß Monsieur Durand, der Kammerdiener (Seine Majestät höchstpersönlich), enorme Trinkgelder gab. Zweimal mußte für Reparaturen angehalten werden – und so läpperte sich eine Verspätung von mehr als vier Stunden zusammen: Die Truppe, welche die königliche Gesellschaft in der Nähe von Châlons erwartete, um deren militärische Bedeckung zu übernehmen, glaubte die Flucht gescheitert und zog sich zurück.
Nichtsahnend fuhr »Baronin Korff« samt Kindern und Personal am Abend des 21. Juni um acht Uhr in das Dörfchen Sainte-Ménehould, der junge Postmeister Jean Baptiste Drouet wechselte bereitwillig die Pferde. Die Pässe der Kutscheninsassen ließ er sich – vorschriftswidrig – nicht zeigen.
Kaum war die Gesellschaft in Richtung Varennes abgefahren, trafen Eilboten aus Paris ein und berichteten atemlos, der König sei samt Familie geflohen. Ob in letzter Zeit Fremde durch den Ort gekommen wären?
Drouet – der sich später, und zwar lebenslang, als Retter des Vaterlandes feiern ließ – begriff sofort, daß er einen kapitalen Fehler gemacht hatte. Er nahm ein frisches Pferd, überholte die Kutsche und traf noch vor ihr in Varennes ein, wo er Alarm schlug.
Die Sturmglocken läuteten bereits, als die Flüchtlinge eintrafen. Die Berline wurde angehalten, ein Mann trat ans Fenster und leuchtete der

Königin mit einer Lampe direkt ins Gesicht. »Wohin geht die Reise?« fragte der Mann. »Nach Frankfurt, machen Sie schnell, wir sind in Eile«, sagte Marie Antoinette nervös.
Die Gendarmen von Varennes waren sich noch keineswegs vollkommen sicher über die Identität der Passagiere. Die Männer baten um Entschuldigung, man müsse die Pässe genau überprüfen, die Herrschaften mögen es sich, bitteschön, in einem nahegelegenen Krämerladen inzwischen bequem machen.
Man führte die Familie in den ersten Stock, ein Imbiß wurde serviert. Die Frau des Krämers stellte für die Kinder ein Bett bereit. Sie wurden niedergelegt und schliefen augenblicklich ein.
Und nun der Auftritt des Dorfrichters Destez, der als erster den König einwandfrei erkannte. Er vollführte einen linkischen Kratzfuß und sagte laut und deutlich: »Guten Abend, Sire.«
Gelassen antwortete Ludwig: »Also gut, ich bin euer König.«
Die Nacht über Gebrüll vor den Fenstern: »Nach Paris, nach Paris!« Die Kinder schliefen, die Erwachsenen saßen schweigend auf ihren Stühlen.
Um sieben Uhr früh kamen Abgesandte aus Paris auf schweißnassen Pferden angehetzt und überreichten Ludwig den Verhaftungsbefehl. Nachdem er das Schreiben sorgfältig durchgelesen hatte, sagte er: »Es gibt keinen König mehr«, und legte es auf das Bett der Kinder.
Marie Antoinette riß das Papier an sich, schleuderte es auf den Boden: »Ich will nicht, daß meine Kinder besudelt werden«, schrie sie wild.
Der Lärm weckte die Kinder nicht aus ihrem tiefen Schlaf. Sie erwachten auch nicht, als die greise Großmutter des Krämers niederkniete und ihnen inbrünstig die Hände küßte. Man mußte sie mehrmals kräftig rütteln, ehe sie emportaumelten und sich zur wartenden Berline geleiten ließen. Nichts zu essen, nichts zu trinken.
Die Rückfahrt: ein nicht endenwollender Spießrutenlauf, ein nicht endenwollender Alptraum.
In sengender Hitze, auf staubigen Straßen durch dichte Reihen von Gaffern und Gegnern, grobe Flüche, drohend erhobene Fäuste. Die Fenster der Berline durften »aus Sicherheitsgründen« nicht geschlossen werden. Die Gefangenen schwitzten und schluchzten, Schweiß und Tränen gruben tiefe Furchen in die bestäubten Gesichter.
Gegen Abend trugen betrunkene Männer die Leiche eines soeben er-

mordeten Aristokraten im Triumph vorbei und rissen zotige Witze. Die Frauen und die Kinder waren dem Zusammenbrechen nahe, aber man gestattete ihnen nicht, auszusteigen und auszuruhen.
Erst um Mitternacht wurde in Châlons haltgemacht. Vorbei am Triumphbogen, der – es war Ewigkeiten her! – beim Einzug Marie Antoinettes als junge Braut aufgerichtet worden war. Die Inschrift »Möge unsere Liebe ewig währen« war noch gut lesbar.
Um zwei Uhr nachts die erste karge Mahlzeit seit fast dreißig Stunden. Bereits um neun Uhr morgens wurde wieder geweckt. Der König bestand darauf, mit seiner Familie die Messe zu besuchen. Steine flogen durch die Fenster, krachten auf den Kirchenboden.
Der Passionsweg ging weiter. Trotz starker Eskorte gelang es rasenden Männern und kreischenden Frauen immer wieder, bis zur Berline vorzudringen. Ein Mann sprang aufs Trittbrett, ohrfeigte den König, riß der Königin das Kleid in Fetzen.
Die meisten Attacken richteten sich gegen Marie Antoinette, »die Hure«, »die Verräterin«, »das Ausländerschwein«. Die Königin nahm den Dauphin auf den Arm, zeigte ihn der Menge, wohl in der Hoffnung, deren Wut zu dämmen. Hohngelächter: »Pfui – jeder weiß, daß der Bastard nicht von deinem Alten ist.«
Das Los der Gefangenen wurde ein wenig leichter, als zwei Abgesandte der Nationalversammlung zu ihnen stießen. Einer quetschte sich zwischen den König und die Königin, die den Dauphin auf dem Schoß hielt, der andere zwischen Madame Elisabeth und Madame de Tourzel, die Marie Thérèse auf die Knie nahm.
Der Sechsjährige, gelabt und ausgeschlafen und voll kindlichem Tatendrang, rutschte auf den Kutschenboden, krabbelte unter die Beine der Sitzenden, klemmte sich zwischen die Knie eines der Bewacher, und der strich ihm instinktiv über den blonden Kopf. »Geh da weg«, pfauchte seine Mutter, aber Louis lachte nur, kletterte dem Mann auf den Schoß und bewunderte die blanken Kupferknöpfe an dessen Gehrock. Er nahm einen davon zwischen die Finger. Da stand etwas darauf geschrieben. Stolz zeigte der Junge seine Lesekünste: »In ... Frei-heit ... le-ben ... o-der ... ster-ben.« Totenstille. Niemand lobte ihn.
Hatten sie einander vorerst nur feindselig angestarrt, die »Bourbonenschweine« und die »Revolutionsmonster«, begann sich die Stimmung allmählich zu entkrampfen, nachdem der König einen silbernen Pokal

aus einem Futteral geholt und der kleine Junge sein »Pipi« darin placiert hatte – natürlich auch ein bißchen daneben. Menschen wie du und ich? Menschen wie du und ich! Einer der Bewacher lächelte die vierundzwanzigjährige Madame Elisabeth verstohlen an – und sie lächelte verstohlen zurück.

Einzug in Paris durch schweigende Massen, die gerade soviel Platz ließen, daß sich die Berline ihren Weg zu den Tuilerien bahnen konnte. Grauen Gespenstern gleich taumelten die Gefangenen aus dem Wagen. Zuerst der König, dann die Königin – in zwei Tagen merkbar gealtert – und schließlich die Kinder und Madame Elisabeth. Als der Dauphin ausstieg, erhob sich eine einzelne dünne Stimme: »Da kommt die Hoffnung Frankreichs. Hoch der Dauphin.«

Man legte die Kinder sofort schlafen. Doch mitten in der Nacht kam Louis schreiend zu seiner Mutter gerannt: »Da waren lauter Tiger und Wölfe und wilde Tiere. Die wollten mich zerreißen...«

Sie waren Gefangene, und sie blieben es – keine Minute ohne Bewachung. Beim Essen, beim Schlafen, beim Spaziergang im Garten und sogar auf jenem Weg, den sprichwörtlich ein König allein und zu Fuß geht – immer war ein mißtrauisch äugender Nationalgardist zur Stelle. Konnte man sich an derartige Beschränkungen und Belästigungen gewöhnen? Man konnte es offenbar. Die Kindern lernten und spielten, der König saß in seinem Arbeitszimmer und studierte Akten, am Abend versammelten sich die Erwachsenen manchmal um den Billardtisch.

Überaus intensiv beschäftigte sich der König mit seinem Sohn und versuchte ihn – den Kopf offenbar noch immer voller Hirngespinste – über seine Rechte, vor allem aber seine Pflichten als zukünftiger Herrscher aufzuklären.

Die Vorträge über Staats- und Königsrecht mögen den Knaben eher gelangweilt haben, aber er beschäftigte sich freudig und mit großem Eifer mit den Kaninchen im Garten, für die der Vater einen Stall gebastelt hatte. Eines Tages drückte der Kleine eines der Tiere mit solcher Heftigkeit an sich, daß es ihn, zu Tode erschrocken, in die linke Wange biß. Zurück blieb eine kleine, scharf umrissene Narbe. Diese Narbe wird im späteren Verlauf der Ereignisse noch eine bedeutende Rolle spielen.

Louis war, wir wissen es, seiner Schwester von Herzen zugetan, aber ebenso dem Vater und vor allem der Mutter. Die klagte einmal darüber, daß der Junge noch immer nur stockend lesen konnte; worauf er freiwillig sein tägliches Lesepensum verdoppelte und binnen sechs Wochen der erstaunten und beglückten Mama fehlerfrei die schwierigsten Texte vorlas.

»Wenn ich traurig bin, nehme ich meinen kleinen Sohn in die Arme, herze und küsse ihn, und ich bin für den Augenblick erleichtert«, schrieb Marie Antoinette ihrem alten Freund Axel Fersen.

Kleine Lichtblicke im trüben Alltag, der den Eingeschlossenen in zunehmendem Maße zu schaffen machte. Gab es gar keinen Ausweg? Plötzlich ein leiser Hoffnungsschimmer: Dem König und seiner Familie wurde die unumschränkte Freiheit versprochen, falls Ludwig sich bereit erklärte, den Eid auf die neue Verfassung abzulegen.

Nach langen Debatten mit seinen Angehörigen und schweren inneren Kämpfen stimmte Ludwig zu. Und so mußten Marie Antoinette und die beiden Kinder am 14. Dezember 1791 der demütigenden Szene beiwohnen, wie ihr Gatte und Vater barhäuptig vor der Nationalversammlung niederkniete und den Eid leistete. Alle übrigen Anwesenden behielten – was noch zwei Jahre zuvor eine Majestätsbeleidigung ersten Ranges gewesen wäre – die Köpfe bedeckt.

Das Opfer war vergeblich. Keine Spur von Erleichterung. Im Gegenteil: Das von Hungersnöten, einer schweren Wirtschaftskrise und ständigen Fraktionskämpfen zwischen den einzelnen Gruppen der Revolutionäre an den Rand des Abgrunds gedrängte Frankreich suchte sein Heil und Ablenkung der unzufriedenen Massen in einem Krieg gegen Österreich. Die Volkswut fand endlich wieder ein Ventil: Schuld an allem war natürlich der König, Hauptverbrecherin aber zweifellos die Königin, die Österreicherin, die ganz bestimmt mit dem Feind im Bunde und gewiß nur allzu bereit wäre, ihm in die Hände zu spielen. Neue Haßorgien machten sich in wüsten Pamphleten Luft, und am 20. Juni 1792 stürmte der Pöbel die Tuilerien. Die Wachen wichen widerstandslos, der Königin gelang es, ihrer beiden Kinder habhaft zu werden und sich mit ihnen hinter einer getarnten Tür in einem Seitenflur zu verstecken, während es von draußen drohend tönte: »Holt sie, holt sie tot oder lebendig.«

Ehe es zum Letzten kam, war der Pariser Bürgermeister mit Nationalgardisten zur Stelle. Der physischen Bedrohung wurde Einhalt geboten,

der psychische Terror fortgesetzt. Man trieb die Familie im großen Sitzungssaal zusammen, setzte sie auf Stühle, und die Meute zog, wüste Beschimpfungen ausstoßend, an ihnen vorbei.
Eine Frau kreischte die Königin an: »Luder, dreckiges Luder.« – »Was habe ich Ihnen getan?« fragte die Königin. Als Antwort spie ihr das Weib ins Gesicht.
Höhepunkt und Schluß des absurden Theaters: »Krönung« des Königs, der Königin und des Dauphins mit roten Jakobinermützen.
Am Abend war der Spuk vorbei. Marie Antoinette, die den ganzen Tag über Haltung bewahrt hatte, begann haltlos zu schluchzen: »Nächstes Mal bringen sie mich um. Was wird aus meinen armen Kindern?«
Das nächste Mal kam am 9. August. Als sich neuerlich wilde Haufen, anscheinend zum Äußersten entschlossen, vor den Tuilerien zusammenrotteten, entschied der König, sich und seine Familie direkt unter den Schutz der Nationalversammlung zu stellen und die Tuilerien zu räumen. Von Nationalgardisten eskortiert, verließ die Familie das Schloß. Zuerst der König, dann die Königin, den Dauphin an der Hand, zum Schluß Madame Elisabeth, den Arm fürsorglich um die Schulter von Marie Thérèse gelegt. Auf dem kurzen Weg durch den Garten riß sich Louis von seiner Mutter los und rannte jauchzend durch die Haufen welker Blätter, die Gärtner zusammengekehrt hatten.
Nach Abzug der Bourbonen ließ man dem Pöbel freien Lauf. Das Gebäude wurde gestürmt, geplündert und jeder Mann, jede Frau, jedes Kind lustvoll niedergemetzelt: Köche und Stallburschen, Zimmermädchen und Putzfrauen, Läufer und minderjährige Küchenhelfer – lauter kleine Leute, für die und in deren Namen die Revolution ausgerufen worden war ...
Nach einer Zwischenstation in einem Hinterzimmer der Nationalversammlung wurde die Familie in den »Temple« überstellt. Dies war ein vom streitbaren Templerorden im 12. Jahrhundert erbautes, längst anachronistisch gewordenes Bollwerk im Herzen der Stadt, mit einem Hauptturm, vier Seitentürmen und bis zu drei Meter dicken Mauern. Ludwigs Bruder, der Graf von Artois, war der letzte Besitzer gewesen, ehe er vor der Revolution nach England floh. Marie Antoinette hatte sich immer schon – vorahnend? – vor der bedrohlichen Festung gefürchtet und ihren Schwager wiederholt vergeblich gebeten, diese

schleifen zu lassen und durch ein moderneres, freundlicheres Gebäude zu ersetzen.
Man brachte die Familie zunächst in der hastig freigemachten Wohnung des Archivars Barthélémy unter, um in der Zwischenzeit den Hauptturm des Temple in das zu verwandeln, was man heute als Hochsicherheitsgefängnis bezeichnen würde.
Die Arbeiten wurden von einem besonders zuverlässigen Revolutionär geleitet und beaufsichtigt, einem ehemaligen Schuster. Sein Name war Antoine Simon.
Die Bäume rund um den Temple wurden gefällt, das an die Festung angrenzende Wirrwarr alter, verwinkelter Gebäude abgerissen, Gräben gezogen, Eisengitter aufgerichtet. Paradoxie am Rande: Die Gemächer für die Familie hat man fürstlich ausgestattet, mit Seidentapeten und Samtvorhängen, mit Damastfauteuils, Teppichen, intarsierten Kommoden und zierlichen Uhren. Auch das Essen war – zumindest am Anfang – noch durchaus standesgemäß, zum Beispiel mit frischem Lachs aus der Seine (!).
Den Kindern zuliebe hielten die Erwachsenen die Fiktion eines geregelten Alltags aufrecht. Sie gaben ihnen sogar weiterhin Unterricht – ohne Lehrbehelfe. Der König zeichnete aus dem Gedächtnis Landkarten, und manchmal las er den Kindern vor. Zum Beispiel aus dem Herzstück der Revolution, der »Deklaration der Menschenrechte«. Und er seufzte: »Wie schön, wenn es Wirklichkeit würde.«
Die Wirklichkeit sah noch viel schlimmer aus, als er ahnen konnte. Ab Mitte August 1792 hatte das sogenannte »Terrorregime« begonnen, die gnadenlose Jagd auf Aristokraten – und bereits auch auf die maßvollen unter den Revolutionären. Köpfe fielen wie das reife Korn unter der Hand des Schnitters, 2 000 innerhalb von vier Wochen – und das allein nur in Paris.
Eines Tages schleppten besoffene Jakobiner den Rumpf und den auf ein Bajonett gespießten Kopf einer jungen Frau unter den Fenstern des Temple vorbei; der König wurde gezwungen, hinunterzusehen. Es war der geschundene Leib der Prinzessin von Lamballe, einer Freundin der Königin. Sie war zu Beginn der Revolution im sicheren Ausland gewesen, aber schleunig heimgekehrt, um ihrer Herrin in der Not beizustehen. Man hatte sie auf offener Straße überfallen, den Schädel mit einer Axt gespalten, den Körper bis zum Brustbein aufgeschnitten, die

Schamhaare samt der Haut abgefetzt, und ein Jakobiner hatte sich einen Schnurrbart daraus gefertigt.
Am 25. Oktober war der König an der Reihe. Er wurde – zu einem Verhör, wie es hieß – abgeholt, aber er kehrte nie mehr zu den Seinen zurück. Während die Frauen und die Kinder im dritten Stockwerk verblieben, wurde der Mann in der darunterliegenden Etage in Gewahrsam gehalten, rund um die Uhr von sechs der zuverlässigsten Jakobiner bewacht. Einer von ihnen war Antoine Simon.
Die Farce eines sogenannten Hochverratsprozesses begann am 11. Dezember. Es war dem Angeklagten von Anfang an klar, daß seine Lage hoffnungslos war, obwohl, was er natürlich niemals erfahren hat, die meisten der Bürger ihm nicht den Tod an den Hals wünschten. Unter den Tausenden Briefen, die während des Prozesses im Nationalkonvent – so die neue Bezeichnung der Nationalversammlung – eintrafen, plädierten nur ein paar Dutzend für die Todesstrafe. Das Urteil fiel dementsprechend knapp aus: 361 gegen 360 Stimmen für die Hinrichtung. Man kann sich ausmalen, wie das Verdikt gelautet hätte, wären die Delegierten nicht gezwungen gewesen, ihr Votum öffentlich und namentlich abzugeben.
Am Abend des 20. Januar 1793, einem Sonntag, schrien die Pariser Zeitungsjungen die Schlagzeilen hinaus: »Nationalkonvent beschließt Todesstrafe für Louis Capet [so wurden die Bourbonen nach ihrem ursprünglichen Familiennamen in der Revolutionszeit genannt]. Hinrichtung innerhalb der nächsten 24 Stunden.«
Ein Junge brüllte besonders laut – und zwar so nahe wie nur irgend möglich an Marie Antoinettes Fenster. Heute wissen wir, daß ein Mitglied des Nationalkonvents, ein gewisser Toulan, die von jeder Information abgeschnittene Königin solcherart mit den letzten Neuigkeiten versorgte.
Noch am selben Abend, ab halb neun Uhr, durfte Ludwig von seiner Familie Abschied nehmen. Als erste erschien Marie Antoinette, den Dauphin an der Hand, dahinter Madame Royale und Madame Elisabeth. Eine nach der anderen warf sich stumm in die Arme des Königs. Zeuge dieser Szene war Abbé Edgeworth de Firmont, der Beichtvater des Monarchen, der ihn auch am nächsten Tag auf seinem letzten Gang begleiten sollte. Er hielt fest: »Keine Feder kann diese herzzerreißende Szene schildern. Während der ersten halben Stunde wurde

kein Wort gesprochen. Es gab keine Tränen, keine Seufzer, nur so entsetzliche Schreie, daß man sie außerhalb des Turmes hören mußte. Der König, die Königin, Madame Elisabeth, der Dauphin und Madame Royale klagten alle zugleich, so daß sich ihre Stimmen vermischten. Dann flossen die Tränen, weil man sie nicht mehr zurückhalten konnte; man sprach mit leiser Stimme und einigermaßen ruhig...«
Gegen Ende des auf zweieinhalb Stunden begrenzten letzten Beisammenseins zog Ludwig seinen Sohn an sich und sagte ernst: »Versprechen Sie mir, daß Sie nie versuchen werden, meinen Tod zu rächen.« Als das Kind stumm blieb, nahm er den Knaben fest in die Arme und fuhr eindringlich fort: »Sie haben verstanden, was ich Ihnen gesagt habe? Heben Sie die Hand und schwören Sie, daß Sie den Letzten Willen Ihres Vaters erfüllen werden.« Das Kind gehorchte unter Tränen. Von seiner Tochter verlangte der König keine derartige Eidesformel...
Gegen Mitternacht wurden die Frauen und die Kinder zurück in ihre Gemächer gebracht. Im Treppenhaus warf sich Louis vor einem der Wachsoldaten auf die Knie und flehte ihn an: »Bitte, helfen Sie mir, Monsieur, daß mein Vater nicht getötet wird.« Der Soldat reagierte nicht, Marie Antoinette zog das Kind hastig weiter.
Während der König in dieser Nach fest und ruhig schlief, saßen seine Angehörigen frierend und betend wach.
Am 21. Januar 1793 um halb elf Uhr erschütterten Kanonenschüsse, Gewehrsalven, Trommelwirbel und Freudenschreie Abertausender Menschen die Stadt: »Es lebe die Nation. Es lebe die Republik!«
Marie Antoinette rührte sich nicht, Louis begann zu weinen und Marie Thérèse zu schreien, und sie konnte nicht damit aufhören. Bis sich ihre Mutter jäh erhob, zu ihrem Sohn ging, vor ihm niederkniete und die uralte mystische Formel sprach: »Der König ist tot, es lebe der König.«

## Die Leiden des jungen Königs

Was eine gestürzte Königin tut, die nach dem gewaltsamen Tod ihres Mannes noch unter Schock steht – das ist eine Sache. Auf einem anderen Blatt steht die Reaktion der Weltöffentlichkeit und der großen Politik, und die fiel eindeutig aus. Unmittelbar nach der Hinrichtung Ludwigs XVI. anerkannten die meisten europäischen Staaten und, selbstverständlich, sämtliche emigrierten Royalisten Marie Antoinettes Sohn als König Ludwig XVII. Auch die Vereinigten Staaten von Nordamerika, die von Ludwig XVI. tatkräftig im Unabhängigkeitskrieg gegen England unterstützt worden waren, zögerten keinen Augenblick, die Rechte des neuen Souveräns durch diplomatische Noten zu bestätigen.

Der Nationalkonvent befand sich nun in einem schweren Zwiespalt: Einerseits war die Angst berechtigt, daß der achtjährige König für die ohnehin heillos zersplitterte Revolution gefährlich werden könnte, andererseits stellte dieser Knabe eine wertvolle Geisel dar, womöglich eine Trumpfkarte im wechselnden Kriegsglück gegen Österreich, gegen das bourbonische Spanien und gegen England, das sich der antifranzösischen Allianz angeschlossen hatte.

Die Angst vor der konterrevolutionären Symbolfigur überwog allerdings deutlich, wie in einem mit »Réal« gezeichneten Artikel im »Journal de Perlet« vom 28. Januar 1793 nachzulesen ist: »Ein verbrecherischer König kann nicht auf den Thron zurückkehren. Aber sein Sohn, dieses bemerkenswerte Kind, unterschätzen Sie ihn nicht. Glaubt mir, das ist ein Faustpfand, das sorgfältig gehütet werden muß. Halten Sie ihn fest, denn wenn er entkommt, werden sich die Massen um ihn scharen. Ich sage nur ein Wort: Karl I. [König von England] starb auf dem Schafott – aber sein Sohn bestieg den Thron!«

Heftigste Diskussionen auch im Konvent und in den einzelnen Klubs. Die einen sagten, man solle den »kleinen Affen« auf eine einsame Insel verbannen, andere argumentierten, man müsse »die ganze Brut mit Stumpf und Stiel ausrotten«. Auch die Idee, Louis eine »Erziehung [zu] geben, daß er seine Familie vergißt«, wurde zur Sprache gebracht.

Wörtlich überliefert ist die Debatte in einem Ausschuß des Konvents, bei der Antoine Simon den Vorsitz führte. Simon: »Was soll also jetzt mit dem jungen Wolf geschehen? Soll er deportiert werden?« Einstimmiges Nein. Simon: »Soll man ihn vergiften?« Wieder allgemeine Ablehnung. Simon: »Was also dann?« Langes Schweigen. Dann meinte einer: »Man muß ihn sich vom Halse schaffen.« Worauf niemand mehr etwas sagte.

Am Abend des 3. Juli 1793, Marie Antoinette hatte eben die Kinder zu Bett gebracht, stürmten fünf Männer ins Zimmer und überreichten

*Der Dauphin Louis*

kommentarlos ein Dekret des Konvents, wonach ihr Sohn von ihr getrennt werden müßte.
Die Königin verlegte sich zunächst aufs Verhandeln. Das Kind sei seit Anfang Mai schwer krank. Es hätte einen Oberschenkelabszeß, fieberte wochenlang, würde zweimal täglich von Dr. Thierry, dem Gefängnisarzt, besucht. Die Behandlung mit verschiedenen Kräutern und eine Molke-Trinkkur hätten nicht recht angeschlagen; das Kind sei noch immer marod, seine bislang so robuste Gesundheit ernstlich gefährdet. Der König bedürfte weiterhin sorgsamster Pflege.
Sie redete gegen eine Mauer des Schweigens, und das versetzte sie in Rage. Sie begann zu schreien: nie im Leben werde sie ihr Kind hergeben, lieber wolle sie sterben. Der Junge kletterte aus dem Bett, klammerte sich an seine Mutter und hob lauthals zu jammern an. Die Abgesandten des Konvents äußerten sich noch immer nicht, doch kamen noch etliche Wachsoldaten hinzu, so daß das Zimmer schließlich ganz voll und die Übermacht eindeutig war. Wenn sie das Kind nicht freiwillig herausgebe, dann werde man es sich eben mit Gewalt holen, wurde Marie Antoinette bedeutet. Sie resignierte. Schweigend zog sie Louis an, der nur noch leise wimmerte. Der Knabe ging zu seiner Mutter, zu seiner Tante, seiner Schwester; er gab jeder die Hand und einen Kuß. Dann ließ er sich abführen.
Man brachte den König, den sie von da an Charles – nach seinem zweiten Vornamen – nannten, ins zweite Stockwerk, wo sein Vater gewohnt hatte, direkt unter dem Gefängnis seiner Mutter.
Dort erwarteten ihn bereits Antoine Simon und dessen Frau Marie Jeanne, eine ehemalige Kellnerin. Simon war siebenundfünfzig, seine Frau vierundvierzig Jahre alt. In seinem ursprünglichen Beruf scheint er erfolglos gewesen zu sein; das Einkommen erreichte nicht einmal die Steuergrenze. Als »Erzieher des Charles Capet« verdiente er 6 000 Livres jährlich, nebst freier Kost und Station. Er kam aus einem elenden Vorstadtviertel und lebte jetzt in den prächtig ausgestatteten Gemächern eines Königs, ließ aber noch zusätzliche Möbel nach seinem und Marie Jeannes Geschmack aufstellen. Die Rechnung, die der Konvent bezahlte, betrug 1 600 Livres.
Antoine Simon war ein schmallippiger, spitznasiger Mann mit kleinen, harten Augen. Zu Beginn der Revolution wurde er als Abgeordneter seines Bezirkes in den Generalrat delegiert und nahm dann die Posi-

tion eines hohen Gemeindebeamten ein. Er war ein untadeliger, zuverlässiger und fanatischer Revolutionär; darum wurde Louis seiner Obhut anvertraut.
Als der Junge mit dem Paar allein war, hob er wieder gottsjämmerlich zu schreien an, und das fast pausenlos durch zwei volle Tage – so ohrenbetäubend, daß es selbst durch die dicken Mauern des Temple bis in die Wohnung seiner Mutter drang. Weder Marie Thérèse noch Madame Elisabeth vermochten Marie Antoinette zu beruhigen, auch dann nicht, als es im unteren Stockwerk endlich still wurde.
Es war das Verdienst der Marie Jeanne Simon, der es mit der Zeit gelang, den kleinen Gefangenen zu besänftigen. Sie gab dem Jungen den Kosenamen »Charlot«, sie befolgte peinlichst die Anweisungen des Gefängnisarztes, der noch immer täglich kam, um seinen langsam genesenden Patienten zu betreuen.
Ihre Idee war es, einen Käfig mit Tauben und anderen Vögeln aufstellen zu lassen. Gemeinsam mit »Charlot« pflegte sie die Tiere. Auch Topfpflanzen wurden herbeigeschafft, aber die gingen mangels Licht und Luft bald ein.
Vier Mitglieder des Magistrats führten wenige Tage später eine Kontrolle durch. Sie fanden die Bürgerin Simon und »Charlot« friedlich beim Damespiel. Um so größer die Überraschung, als der Knabe unvermittelt aufsprang und mit lauter heller Stimme fragte, nach welchem Gesetz er von seiner Mutter getrennt worden sei. Der kleine König hatte die Deklaration der Menschenrechte wohl noch gut im Kopf. Die Besucher waren anderer Meinung. Sie fanden Charles Capet einfach aufsässig.
Nun nahm Simon die Sache persönlich und nachdrücklich in die Hand. Zunächst wurde der Knabe wie ein ordentlicher Sansculotte eingekleidet, mit der obligaten blutroten Jakobinermütze, versteht sich. Man lehrte ihn die Grundbegriffe der Revolution, man belehrte ihn über die Verbrechen seines Vaters, man lehrte ihn, die Revolutionslieder zu singen, und man lehrte ihn die Sprache der Revolution. Nicht zu vergessen die eindrucksvollen Flüche der Kutscher, die Zoten der Zuhälter und der Huren – das ganze Vokabular der Gosse.
An der Kriegsfront wurde die Lage der Franzosen inzwischen immer prekärer. Engländer und Österreicher standen kurz vor der Vereinigung, Spanier drangen tief ins Landesinnere ein. Druck von außen ließ

die Kräfte des Terrors im Inneren eskalieren. Der berüchtigte Maximilien Robespierre, Chef der Revolutionsregierung, mußte ein neues, ein wirklich prominentes Opfer finden, an dem sich die Aggressionen des Mobs austoben konnten.
Das öffentliche Opfer hieß Marie Antoinette, das heimliche Opfer wurde König Ludwig XVII. Was an seiner kindlichen Seele bislang unbeschädigt geblieben sein mochte, wurde nun durch ein satanisch-sadistisches Intrigenspiel für immer zerstört.
Es begann mit einer harmlosen Unart: der Junge war zweimal beim Onanieren erwischt worden. Er wurde gerügt. Und von da an erschien täglich ein Abgesandter des Konvents und klärte ihn darüber auf, was ihm passieren werde, wenn er nicht brav und folgsam sei. In allen Einzelheiten wurde ihm geschildert, wie es bei einer Guillotinierung zuginge – das Schicksal, das allen schlimmen Buben unweigerlich drohte. Als einmal im Vorraum Möbel gerückt wurden, stürzte Louis angstvoll in Madame Simons Arme und fragte, ob es nun soweit sei, ob die Guillotine bereits aufgerichtet würde.
Und dann kam der Pariser Bürgermeister in Begleitung einiger Schwerbewaffneter. Die großen Männer stellten sich im Kreis um den kleinen Jungen, der Bürgermeister und Simon nahmen ihn ins Kreuzverhör, und das entsetzte Kind sagte auf ihre rasch hintereinander und mit vielen Fußangeln gespickten Fragen alles, was sie hören wollten. Ja, er wäre von seiner Mutter und Tante Elisabeth zu perversen Sexpraktiken angehalten worden. Ja, er hätte immer zwischen den beiden Frauen geschlafen und nach ihren Anweisungen mit ihnen »gespielt«. Ja, dieses und jenes Mitglied der Wachmannschaft sei besonders zuvorkommend zu seiner Mutter gewesen. Ja, die namentlich genannten dreizehn Personen hätten die Flucht nach Varennes vorbereiten geholfen. (Louis war, wie bereits erwähnt, damals sechs Jahre alt und glaubte, er führe zu einem Maskenball.)
Man ersparte dem Kind auch nicht die Gegenüberstellung mit Schwester und Tante. Marie Thérèse begriff überhaupt nicht, worum es ging, und gab konfuse Antworten – sie erfaßte nur, daß ihr nicht einmal erlaubt wurde, den kleinen Bruder zu umarmen.
Madame Elisabeth konnte, mit den Aussagen des Kindes konfrontiert, immer wieder nur fassungslos stammeln: »Er lügt, er lügt entsetzlich, er ist ein kleines Monster.«

Louis Charles wiederholte seine Anschuldigungen wortwörtlich wie ein Sprechautomat. Nur einmal geriet er in Verwirrung. Auf die Frage, wer ihn in den gewissen Praktiken unterwiesen hätte, antwortete er prompt wie immer: »Alle beide.« Die nächste Frage aber kam anscheinend überraschend: »Wann ist es geschehen? Bei Tag oder bei Nacht?« Louis blickte irritiert von einem zum anderen, dann sagte er zögernd: »Ich weiß es nicht. Vielleicht am Morgen?«
Louis mußte die Protokolle mit »Charles Capet« unterzeichnen. Die Dokumente sind noch vorhanden. Man braucht kein Graphologe zu sein, um festzustellen, daß diese zittrigen, kaum lesbaren Krakel in äußerster Panik geschrieben sind.
Der seinerzeitige Protokollführer gab viele Jahre nach der Revolution an: »Ich habe es gehört, ich habe es geschrieben, aber ich habe es nicht geglaubt. Das Kind war offensichtlich fachmännisch präpariert worden.«
Präpariert, wir wissen es heute aus mittlerweile zugänglichen Geheimberichten, durch Psychoterror – und durch Unmengen von Wein und Schnaps!
Die Aussagen ihres eigenen Kindes bildeten wesentliche Teile der Anklageschrift im Hochverratsprozeß gegen Marie Antoinette. Sie wurde am 16. Oktober 1793 hingerichtet.
Nach dem Tod der Mutter werden die Zeugnisse über Louis' Existenz spärlicher. Aus den Gefängnisunterlagen geht lediglich hervor, daß Dr. Thierry ab 4. Dezember den kleinen König fast täglich besuchte. Ein weiteres Indiz dafür, daß Louis ab diesem Zeitpunkt bettlägerig war, liefern die Rechnungen der Wäscherin Clouet: Sie bekam zwar Hemden, Nachthauben, Servietten und anderes zur Reinigung – aber keine Strümpfe mehr. Die Art der Krankheit ist nicht bekannt; auch fehlen Apothekerrechnungen, wie sie bei früheren Anlässen sorgfältig ausgestellt wurden. In einem englischen Geheimdienstbericht vom 28. Dezember heißt es: »Der König ist schwer krank und fast am Auslöschen.«
Der Mundschenk Gagne, der im Januar 1794 aus den Diensten des Temple entlassen wurde, berichtete Jahre danach, der König sei Anfang 1794 zusammengekrümmt im Bett gelegen, unfähig, sich auch nur aufzusetzen, und er habe jede Nahrungsaufnahme verweigert. Auf die Frage, warum er nicht esse, habe er geantwortet: »Was willst du von

mir, ich möchte sterben.« Gagne sah Geschwüre an einem Knie, an einem Arm und Anzeichen von Krätze.
Im Konvent meldete sich während einer Debatte der Abgeordnete Sevestre zu Wort und erklärte: »Die Royalisten hoffen vergeblich, daß der Sohn dem Vater auf dem Thron folgen wird. Seinem Alter nach wäre das möglich..., aber wir haben Mittel und Wege, zu verhindern, daß er uns je gefährlich wird. Ich erkläre nachdrücklich: Er wird niemals erwachsen.«
In den ersten Tagen des Januar 1794 besuchte Dr. Thierry seinen Patienten zum letzten Mal. Er sah ihn dann nicht mehr, obwohl er weiterhin, bis zu seinem Tode im Jahre 1797, offizieller Gefängnisarzt blieb.
Völlig überraschend wurden Antoine und Marie Jeanne Simon am 5. Januar 1794 von ihren Posten als »Erzieher des Charles Capet« abgezogen, mit ihnen sämtliche Bedienstete und Bewacher – unter ihnen der Mundschenk Gagne.
Am 7. Januar begannen vielgestaltige Umbauarbeiten im Gefängnistrakt des kleinen Königs. Sein Zimmer wurde in eine Isolierzelle verwandelt, das einzige Fensterchen doppelt vergittert und mit Milchglas versehen, vom Vorraum eine Öffnung in die Mauer gebrochen, durch die man das Essen reichen konnte, so daß das Zimmer nicht mehr betreten werden mußte, um den Gefangenen mit Lebensmitteln zu versorgen. Über dieser Durchreiche hing eine winzige Öllampe – die Zelle selbst blieb unbeleuchtet, das Gesicht des Gefangenen war nicht mehr zu identifizieren.
Am 13. Januar wurde bekanntgegeben, daß der Gemeindebeamte Legrand die Aufsicht über Charles Capet übernommen habe. Am 19. Januar kehrten Antoine und Marie Jeanne Simon für ein paar Stunden in den Temple zurück, um persönliche Habseligkeiten abzuholen, und tags darauf meldete das Regierungsblatt »Moniteur«, daß Simon und seine Frau den Charles Capet »bei guter Gesundheit« übergeben hätten.
Wo sich der Gefangene während der Umbauarbeiten aufgehalten, wer ihn zwischen dem 5. und dem 13. Januar beaufsichtigt haben könnte, ist nirgendwo festgehalten.
Es fehlt in den folgenden Monaten an weiteren Informationen über den kleinen König. Die innenpolitischen Ereignisse überstürzten sich,

die Schreckensherrschaft fand am 4. Juli mit der Hinrichtung Robespierres ihr Ende: Er und zahlreiche seiner Anhänger – unter ihnen auch Antoine Simon – bestiegen am selben Tag die Guillotine.
Nach dem Sturz Robespierres kam zum erstenmal eine hochgestellte Persönlichkeit in den Temple. General Paul Barras, maßgeblich an der Vernichtung Robespierres beteiligt, ließ sich die Tür zu Louis' Gefängnis aufschließen. Er fand das Bett unbenützt. Der Junge lag, krumm wie ein Wurm, auf einer viel zu kleinen, wiegenähnlichen Liegestatt, in der sich nur eine nackte Matratze befand. Barras fragte den Knaben, ob er sich krank fühle, doch der reagierte nur mit einem stummen Hinneigen des Kopfes gegen das Knie. Nun veranlaßte der General seine Begleiter, den Gefangenen hochzuheben und auf die Beine zu stellen – er war nicht imstande zu gehen und knickte sofort zusammen.
Barras beteuert in seinen Memoiren, er habe den Wohlfahrtsausschuß gebeten, sofort einen Arzt zu dem Kind zu schicken, es sei aber nichts geschehen.
Erst gegen Jahresende, am 17. Dezember, beauftragte das Komitee für öffentliche Sicherheit vier seiner Mitglieder, den Gefangenen zu besuchen. Harmand de la Meuse verfaßte einen langen, detaillierten Bericht über den schlechten Gesundheitszustand des Knaben und dessen merkwürdige Reaktionen. Der Junge wurde aufgefordert, Harmand die Hand zu geben – und er tat es. Auf Fragen indes reagierte er nicht, und sein Blick ging starr ins Leere. Harmand wörtlich: »Seine Züge veränderten sich nicht einen einzigen Augenblick, nicht die kleinste Emotion war festzustellen, nicht das leiseste Erstaunen in den Augen, so, als wären wir gar nicht da, so, als hätte ich überhaupt nicht gesprochen.«
Trotz dieser alarmierenden Aussagen – weitere sollten in den nächsten Monaten folgen – wurde erst am 6. Mai 1795 ein Arzt ins Gefängnis gerufen. Es war Dr. Pierre Joseph Desault, Chefarzt des »Hospice de l'Humanité«, der zwar gewisse Schwierigkeiten mit dem neuen politischen System hatte, aber so hoch qualifiziert war, daß er ungeschoren davonkam.
Die Gräfin d'Amilié, ein Vertraute des Arztes, hat Jahre später zu Protokoll gegeben, daß er nach dem Besuch des Kindes aufgewühlt und entsetzt gewesen sei; er fand den Knaben »blöde, sterbend, unglücklich

und verlassen, Opfer grausamster Behandlungen, [es sei] unmöglich, [ihm] zu helfen.«

Dr. Desault verfaßte auch ein ausführliches Memorandum an seine Auftraggeber – doch dieses ist unauffindbar. Es wurde gemunkelt, Desault hätte in dem Papier ausdrücklich darauf hingewiesen, daß er in dem Kranken den Sohn des verstorbenen Königs Ludwig XVI. nicht wiedererkennen konnte.

Wenige Tage nach seinem Besuch im Temple nahm Dr. Desault an einem Regierungsbankett teil. Nach dem Essen wurde ihm übel, er starb binnen weniger Stunden.

Der erst sechsundzwanzigjährige Dr. Pelletan, ein Schüler Desaults, übernahm nun die Betreuung des Patienten. Der Knabe befand sich nach Aussagen des Arztes in einem Zustand vollständiger Auflösung; sein Bauch war grotesk aufgebläht, er litt an schweren Durchfällen. Jetzt erst wurde der Schwerkranke aus der Isolierzelle befreit, in ein luftiges Zimmer mit hellen Fenstern gebettet, und die Behörden bewilligten sogar eine Krankenschwester. Sie brauchte ihren Dienst nicht mehr anzutreten. Charles Capet, alias König Ludwig XVII. von Frankreich, starb am 8. Juni 1795, zehn Jahre und zweieinhalb Monate alt. Wenn es überhaupt Louis Charles war und nicht ein ganz anderes Kind...

Der »Moniteur« meldete lakonisch: »Das Komitee für öffentliche Sicherheit gibt bekannt, daß der Sohn von Capet gestern infolge eines Tumors am linken Knie und am rechten Handgelenk gestorben ist.«

Ausführlicher war die Todesursache im Obduktionsbefund beschrieben. Danach haben sich neben den beiden erwähnen Tumoren verschieden große, harte Geschwülste an den Därmen, am Bauchfell, an Speise- und Luftröhre befunden, Eiterspuren in der Lymphe. Alles deutete darauf hin, so Dr. Pelletan, daß der Tod des Kindes durch eine seit langem bestehende »Drüsenstörung« verursacht worden sei.

Nachdem die Leiche wieder zugenäht war, fehlte ein wichtiger Bestandteil: Der Arzt schmuggelte das Herz aus dem Temple, legte es in ein Glas mit Weingeist und versteckte es hinter einer Bücherreihe im obersten Regal seiner Bibliothek. Wir werden später von der makabren Beute noch hören...

Eine Reihe von Zeugen bestätigte die Identität des Toten, der in einen weißen Sarg von 1,62 Meter Länge gebettet und noch in derselben

Nacht unter starker Militärbedeckung auf dem Friedhof Sainte-Marguerite bestattet wurde.

Die Länge des Sarges war es, die – unter anderem – den französischen Historiker Edmond Dupland stutzig machte, denn Louis war ein für sein Alter besonders kleiner Junge gewesen – wozu also der große Sarg? In achtjähriger Recherchenarbeit trug Dupland weitere Indizien zusammen, mit deren Hilfe er zu belegen versucht, daß Ludwig XVII. nicht erst am 8. Juni 1795, sondern bereits am 4. Januar 1794 gestorben und durch ein fremdes, geistig zurückgebliebenes Kind ersetzt worden sei – elternlos herumstreunende Jugendliche gab es in jenen bewegten Zeiten zuhauf.

Duplands 1987 erschienene 380-Seiten-Dokumentation »Vie et mort de Louis XVII.« (Leben und Tod Ludwigs XVII.) weist der bisherigen Geschichtsforschung eine Fülle von Ungereimtheiten nach. Die von ihm entdeckten Unterlagen und seine daraus gezogenen Schlüsse haben bei Wissenschaftlern, jedoch auch bei interessierten Laien heftige Diskussionen ausgelöst.

Dem unvoreingenommenen Leser scheinen die von Dupland aufgeworfenen Fragen einleuchtend: Warum wurden die Simons am 5. Januar 1794 plötzlich aus dem Temple entfernt, warum das übrige Personal ebenfalls abgezogen? Warum wurde die Gefängniszelle so hergerichtet, daß man den Gefangenen nicht aus der Nähe sehen konnte? Wo hielt sich Louis während der Umbauarbeiten auf? Warum hat keiner der Zeugen, die ihn nach dem 20. Januar sahen, jemals die markante Narbe an seiner linken Wange erwähnt? Wieso wurde der als äußerst zuverlässig geschätzte Dr. Thierry, der den Patienten und seine Krankengeschichte genau kannte, nie mehr zu diesem gerufen? Wieso war der Gefangene plötzlich so gut wie stumm? Was hat es mit dem überraschenden Tod des Dr. Desault auf sich? Wo ist sein Untersuchungsbericht geblieben? Wieso wurden zur Identifizierung der Leiche nur Personen zugelassen, die den Verstorbenen erst nach dem 20. Januar kennengelernt hatten? Wäre es nicht naheliegender gewesen, seine Schwester Marie Thérèse, die nur ein Stockwerk über ihm lebte, und/oder den ebenfalls im Temple wohnenden Dr. Thierry herbeizuholen? Warum wurde für ein so kleines Kind ein so großer Sarg eigens angefertigt?

Fragen über Fragen, die Edmond Dupland bündig beantwortet: König

Ludwig XVII., dessen Tod eine faktisch beschlossene Sache war, starb zu einem Zeitpunkt, da die innen- und außenpolitische Lage so angespannt war, daß die Todesnachricht unabsehbare Folgen gehabt hätte. Die Leiche wurde an einer Mauer des Temple verscharrt und ein Stellvertreter – nicht einmal ein Doppelgänger – in das Gefängnis gebracht. Tatsächlich fanden sich 1820 bei Umbauarbeiten des Temple, unmittelbar beim großen Turm, in nur fünf Fuß Tiefe die Überreste eines etwa acht- bis zehnjährigen Kindes, deren Herkunft sich damals niemand erklären konnte.

Der Streit um das Sterbedatum des kindlichen Königs tobt ungebrochen weiter; unwiderlegbar und eindeutig sind die wissenschaftlichen Beweise, daß Ludwig XVII. tatsächlich gestorben ist. Schier unzählbar sind die Männer, die später behauptet haben, der echte, aus dem Temple geflohene Ludwig XVII. zu sein; der bekannteste und hartnäckigste von ihnen war der brandenburgische Uhrmacher Karl Wilhelm Naundorf, dessen Sohn bis in die siebziger Jahre des vorigen Jahrhunderts um sein angebliches Recht prozessierte. Noch in unserem Jahrhundert tauchten immer wieder Männer und Frauen auf, die darauf pochten, Nachfahren des unglücklichen Königs zu sein. Am kuriosesten ist der Fall einer Frau, die erst kürzlich behauptete, ihre Narbe an der *Oberlippe* – von Ludwig XVII. »geerbt« zu haben.

Jeder und jede wurden früher oder später als Schwindler enttarnt, so einleuchtend ihre Geschichten auch klingen mochten. Das überzeugendste Argument gegen all diese Phantastereien ist die Tatsache, daß es dem Kind allein absolut unmöglich war, aus der hundertfach gesicherten Festung zu entkommen. Seine Entführung hingegen hätte größter logistischer und materieller Mittel bedurft – und die besaßen ausschließlich die ausländischen Staaten, die gegen Frankreich Krieg führten, und allenfalls die große Gruppe meist schwerreicher Royalisten. Wäre es ihnen gelungen, des kostbaren Gefangenen habhaft zu werden, sie hätten es zweifelsohne zu Propagandazwecken lauthals in alle Welt posaunt und sich der kühnen Tat gerühmt. Ihr beharrliches Schweigen zu den falschen Ludwigs war beredt genug...

## Königin und Racheengel

Soweit die lange Passionsgeschichte des kindlichen Königs und der kurze Abstecher in die Gegenwart. Zurück zu Madame Royale, Marie Thérèse, die wir, zusammen mit ihrer Mutter, Königin Marie Antoinette, und ihrer Tante, Madame Elisabeth, am 3. Juli 1793 als Gefangene im Zentralturm des Temple verlassen haben. Marie Thérèse war damals vierzehneinhalb Jahre alt und eben dabei, eine Schönheit mit dem Flair zu werden, der dem schwer übersetzbaren französischen Wort »ravissant« innewohnt.

Am 2. August 1793, fast auf den Tag genau einen Monat nachdem der kleine Louis fortgebracht worden war, wurde Marie Antoinette um zwei Uhr früh aus dem Bett geholt. In Gegenwart von sechs Männern mußte sie sich ankleiden, und sie durfte nichts außer einem Taschentuch mit sich nehmen. Nachdem sie ruhig und gefaßt von Tochter und Schwägerin Abschied genommen hatte, ließ sie sich abführen. Ihrer Tochter trug sie auf, für den Bruder zu sorgen und ihn zu einem anständigen Menschen zu erziehen. Am 9. Mai 1794 wurde Madame Elisabeth, ebenfalls mitten in der Nacht, abgeführt und kam nie mehr zurück.

Das junge Mädchen war nun vollkommen allein, im unklaren über das Los ihrer Angehörigen, auch ansonsten unwissend, als lebte sie auf einer Insel. Sie besaß drei »Zerstreuungen«: ein Gebetbuch, eine belanglose Reisebeschreibung – beide konnte sie auswendig – und einen Knäuel Garn. Daraus strickte sie rechteckige Flecken, bis zum letzten Faden. Dann trennte sie ihr Werk wieder auf, wickelte das Garn und begann von neuem.

Sie hielt ihr Zimmer in peinlichster Ordnung, schrubbte sogar den Boden – ihre rissigen Hände legten Zeugnis dafür ab –, und wenn sie nicht strickte, ging sie ruhelos im Zimmer auf und ab. Eine Stunde täglich marschierte sie jedoch im höchstmöglichen Tempo hin und her; das hatte ihr Madame Elisabeth aufgetragen, um sich in körperlicher Form zu halten.

Seit dem Verschwinden der Tante war die Bewachung noch schärfer, die Behandlung noch schlechter geworden. Fast täglich gab es »Leibesvisitationen« durch meist betrunkene Nationalgardisten, die dabei mit unflätigen Anzüglichkeiten und wüsten Beschimpfungen nicht sparten. *Wie* weit die Belästigungen gingen, wissen wir nicht. Madame Royale hat in ihren Lebenserinnerungen keine Einzelheiten preisgegeben.

Nach dem Sturz Robespierres, von dem es hieß, er habe sich zeitweise mit dem Gedanken getragen, Marie Thérèse zu heiraten, wurde ihr Gefängnisdasein fühlbar leichter. Statt einer Unzahl von ständig wechselnden Nationalgardisten gab es nun drei ständige Bewacher; sie behandelten Madame Royale mit wortkarger Höflichkeit. Auf der Plattform des Turmes durfte sie täglich ein wenig Luft schöpfen. Auskunft über das Schicksal von Mutter, Bruder und Tante erhielt sie jedoch nicht.

Ein weiteres Jahr verging. Das mittlerweile sechzehnjährige Mädchen, das wie durch ein Wunder als einzige ihrer Familie die Schreckensjahre überlebt hatte, stellte mit der Zeit eine peinliche Belastung für das nunmehr moderate Regime dar. Welchen Status sollte man Madame Royale geben, wohin die Unmündige entlassen?

Ehe eine Entscheidung getroffen wurde, sollte Marie Thérèse in kleinen Dosen Kontakt mit der Außenwelt erhalten. So wurde Madeleine de Chanterenne, eine warmherzige, gebildete Frau von dreißig Jahren, Gattin eines hohen Polizeioffiziers, ausgewählt, ihr als Ehrendame, Erzieherin und Betreuerin zur Seite zu stehen. Keine ganz leichte Aufgabe – doch ein Nichts gegen den Auftrag, dem armen Kind schonungsvoll die brutale Wahrheit über das Schicksal ihrer Familie beizubringen.

Als sich Marie Thérèse an jenem 20. Juni 1795, da Madeleine de Chanterenne zum ersten Mal ihr Zimmer betrat, von ihrer Verblüffung erholt hatte, fragte sie als erstes: »Wo ist meine Mutter? Mein Bruder? Was ist aus meiner Tante geworden?« Madeleine de Chanterenne zuckte zurück vor dieser heiseren, brüchigen Stimme, die seit Monaten des Sprechens entwöhnt war.

Es blieb der Chanterenne nichts anderes übrig, als dem Mädchen nach und nach beizubringen, daß alle drei tot seien. Marie Thérèses Reaktion war merkwürdig. Sie schien vorerst nichts zu begreifen und schwieg eine lange Weile. Dann murmelte sie: »Also auch meine Tante?« – sprach's, legte sich auf das Bett, drehte sich zur Wand und verharrte zwei Tage lang in dieser Stellung. Madeleine de Chanterenne tat das Klügste, was in diesem Fall zu tun war: Sie ließ das Mädchen in Ruhe, blieb jedoch ständig in seiner Nähe.

Schier Unfaßbares geschah dann: Marie Thérèse erhielt eine elegante, reichhaltige Garderobe nach neuester Mode. Schuhe, einen Morgenrock und sogar einen Mantel zum Ausgehen. Zuletzt noch einen kleinen Hund, der auf den Namen Coco hörte.
Die beiden Frauen und Coco gingen im Temple-Garten spazieren – ein Vergnügen, dem Marie Thérèse nach wenigen Tagen freiwillig entsagte. Es hatte sich nämlich in Windeseile herumgesprochen, daß die »Waise vom Temple«, die »Tochter des Märtyrerkönigs«, diese lebende Erinnerung an die »guten alten Zeiten des guten Königs und der guten Königin« sozusagen zur Besichtigung freigegeben war.
Die Besitzer von Häusern und Wohnungen, von denen aus man einen Blick in den Garten des Temple werfen konnte, verlangten und bekamen horrende Beträge für die Vermietung von Fensterplätzen. »Tout Paris« gab sich dort ein Stelldichein, um, die Augen mit Lorgnons und Ferngläsern bewaffnet, das sagenhafte Wesen zu bestaunen. Ein Maler fertigte mit Hilfe eines Teleskops sogar ein Porträt der fernen Schönen. Dichter warfen ihr ihre Elaborate zu, Sänger jubelten ihr Lob und Preis; die ganze Meute brach in Beifall und Hochrufe aus, wenn sie der Madame Royale ansichtig wurde. Die Männer lüfteten die Hüte, die Frauen versuchten sich in tiefen Reverenzen – so gut das eben hinter den Fensterbänken ging, wenn man dabei nicht einen Augenblick des außerordentlichen Spektakels verpassen wollte.
Nein – Marie Thérèse zog es bald vor, im Inneren des Temple zu verbleiben, in dessen Räumen sie sich nun frei bewegen konnte. Mit wahrem Heißhunger verschlang sie Berge von Büchern, und sie schloß enge Freundschaft mit Madame de Chanterenne, die ihr Mutter, Freundin, Schwester zugleich wurde. War die Chanterenne auch nur einige Stunden außer Hause, dann schrieb Marie Thérèse ihrer »lieben Renette« seitenlange zärtliche Briefe. Verschwunden die Hochnäsigkeit, die Marie Antoinette an ihrer Tochter so oft gerügt hatte. Zum Vorschein kam ein anschmiegsames Wesen, das nach Liebe und Zuneigung dürstete.
»Sie besitzt Herzenstakt und Seelenstärke, sie ist höflich und offen, und zuweilen zeigt sich schon ein Anflug von Heiterkeit bei ihr«, vermerkte Madame de Chanterenne.
Das Pflänzchen, das so vielversprechend zu sprießen begann, sollte bald im Dunstkreis der hohen Politik, durch Hartherzigkeit, Unver-

ständnis und rücksichtslosen Eigennutz ihrer nächsten Verwandten – der Habsburger wie der Bourbonen – verkümmern.
Nobel verhielt sich allein Marie Karoline, Königin von Neapel, Schwester Marie Antoinettes. Sie erklärte sich spontan bereit, Marie Thérèse aufzunehmen und ihr »eine gute Mutter« zu sein – vorausgesetzt, daß sie »keinen französischen Faden am Leibe trägt«.
Die starke mütterliche Ausstrahlung der prächtigen Marie Karoline wäre ohne Zweifel die beste Therapie für die verstörte Seele des jungen Mädchens gewesen, das immer wieder klagte: »Ich wäre lieber mit meinen Eltern gestorben, als verurteilt zu sein, um sie zu trauern.«
Verstörte Seelen junger Mädchen waren zu keiner Zeit eine politische Kategorie. So wurden denn auf neutralem Schweizer Boden zwischen den Kriegsgegnern Österreich und Frankreich diskrete Kontakte zur Durchführung eines richtigen Menschenhandels aufgenommen. Frankreich begehrte die Heimkehr einiger seiner prominenten Staatsbürger, die in österreichische Kriegsgefangenschaft geraten waren, und war dafür bereit, Marie Thérèse nach Wien ziehen zu lassen. Unter den französischen Kriegsgefangenen befand sich – Ironie des Schicksals – ausgerechnet jener Postmeister Jean Baptiste Drouet, der sich fälschlicherweise rühmte, die Königsfamilie erkannt und ausgeliefert zu haben, als sie ins Ausland zu entkommen versuchte.
Österreichs Interesse an Marie Thérèse hatte weniger familiär-sentimentale als politisch-materielle Gründe. Sie war, sollte das Experiment der Republik scheitern, eine Anwärterin auf den französischen Thron, wenn auch auf indirektem Wege, da Frankreich die weibliche Erbfolge nicht kannte. Weil aber, so tüftelten die Hofkanzlisten, das zweihundert Jahre zuvor von Frankreich annektierte Königreich Navarra die weibliche Erbfolge eingeführt und man diese nicht ausdrücklich abgeschafft hatte, könnte, im Fall der Fälle, Marie Thérèse durch die »Hintertür« auf den französischen Thron gelangen.
Mehr Erfolg als diese Hirngespinste versprach die Überlegung, die sich mit dem künftigen Vermögen von Marie Thérèse befaßte: Es war bekannt, daß König Ludwig XVI. unmittelbar vor Ausbruch der Revolution große Vermögenswerte nach London und nach Brüssel transferiert hatte, und Marie Thérèse war die einzige Erbin. Da, wie jedermann wußte, eine Frau, und schon gar eine, die jahrelang von der Außenwelt abgeschnitten war, nicht imstande sein würde, Millionen vernünftig zu

verwalten, mußte ein tüchtiger Ehemann her. Diese Rolle war dem Bruder des Kaisers zugedacht, dem Erzherzog Karl, der schon 1775 in vorderster Linie im Kampf gegen Frankreich gestanden hatte. Er sollte später als »Held von Aspern« Weltruhm erlangen.

Die Heimlichtuereien über die französisch-österreichischen Verhandlungen hörten bald auf, nachdem genug durchgesickert war, um der Presse und den Klatschmäulern in Paris Stoff für stundenlange Gespräche und Mutmaßungen zu liefern. Marie Thérèse durfte den Temple noch immer nicht verlassen, empfing aber bereits regelmäßig Besuche, unter anderem von ihrer ehemaligen Erzieherin, Madame de Tourzel, und sie war folglich über den tatsächlichen oder vermeintlichen Stand der Dinge umfassend unterrichtet. Sie wußte auch, daß man sie in Kreisen, die dem alten Regime nahestanden – und diese wurden immer größer – bereits als zukünftige Königin von Frankreich betrachtete.

Kurzer Einschub für alle jene, die mit der verworrenen französischen Geschichte nicht besonders vertraut sind: Ludwig XVI. besaß, wie berichtet, zwei Brüder. Der ältere hieß Louis Stanislaus Xavier und führte den Titel eines Grafen der Provence. Er lebte nach Ausbruch der Revolution im Ausland. Als sein Neffe, der kleine Ludwig XVII., gestorben war, nahm er den Titel eines französischen Königs an und nannte sich Ludwig XVIII. Er hoffte, nach dem Zusammenbruch der Republik auf den Thron seiner Väter zurückzukehren.

Ludwig XVIII. – wir wollen ihn in Zukunft so nennen – blieb kinderlos, und so war der jüngste Bruder, Charles, Graf von Artois, der nächste in dieser noch äußerst fiktiven Thronfolge. Die Reihe der Prätendenten wurde fortgesetzt durch die beiden Söhne des letzteren, Louis Antoine, Herzog von Angoulême, und Charles Ferdinand, Herzog von Berry. So weit, so kompliziert.

Von unmittelbarem Interesse ist in diesem Stadium der Geschichte der Herzog von Angoulême, den schon Marie Antoinette ihrer Tochter als Ehemann zugedacht hatte. Wenn also Angoulême Marie Thérèse heiratete, wenn er dermaleinst König von Frankreich würde, dann wäre, logischerweise, Marie Thérèse Königin von Frankreich – und darum wurde sie im Herbst 1795 in den einschlägigen Pariser Zirkeln als solche gefeiert.

Auch die Hoffnungen und Überlegungen der Madame Royale müssen eher in diese Richtung gegangen sein, denn als man ihr zutrug, daß sie ihren Vetter, den Erzherzog Karl, heiraten sollte, fuhr sie zornig auf: »Ich denke nicht daran. Wir führen gegen Österreich Krieg. Ich werde niemals einen Feind Frankreichs heiraten. Ich möchte aus diesem Gefängnis heraus, aber ich möchte lieber in einer französischen Hütte als im Ausland als Erzherzogin leben.«

Es mutet seltsam an: Marie Thérèse hing mit jeder Faser ihres Herzens an dem Vaterland, das ihr soviel angetan hatte, aber sie unterschied genau zwischen den »Monstern« der Revolution und ihrem »bon peuple«, ihrem guten Volk, das, wie sie meinte, nur durch falsche Propheten irregeleitet worden war. Überdies hegte sie tiefen Groll gegen die österreichische Verwandtschaft, der sie vorwarf, zu wenig für die Rettung ihrer Eltern und ihres Bruders getan zu haben.

Zwei Tage vor ihrem 17. Geburtstag packte Marie Thérèse. Um fünf Uhr früh des 18. Dezember 1795 verließ sie den Temple am Arm des Innenministers.

Als ihr Zimmer neu ausgemalt wurde, fanden sich an der Wand über dem Bett hingekritzelte Sätze: »Marie Thérèse ist das unglücklichste Wesen der Welt.« In der nächsten Zeile: »Mein Gott, vergib denen, die meine Eltern sterben ließen.«

Marie Thérèse reiste in einer Berline inkognito in Richtung Schweizer Grenze. Sie wurde von einem Offizier, einer Ehrendame und dem alten Hue, dem Kammerdiener ihres Vaters, begleitet. Der Hund Coco war auch dabei. Ihre ausdrückliche Bitte, Madeleine de Chanterenne oder Madame de Tourzel mitnehmen zu dürfen, wurde von österreichischer Seite abgelehnt. Die Fäden nach Frankreich sollten radikal durchschnitten und Marie Thérèse eine ebensogute Österreicherin werden wie ihre Großmutter und Namenspatronin Maria Theresia.

Wie diese erste Fahrt in die Freiheit und in eine ungewisse Zukunft verlief, schilderte Marie Thérèse in einem Brief an die Chanterenne, den sie am 24. Dezember im Hotel Corbeau in Hunningue, unmittelbar vor der Einreise in die Schweiz, schrieb:

»Meine liebe kleine Renette, ich liebe Sie ... und ich muß Ihnen vieles erzählen.

Vom ersten Tag der Reise an wurde ich überall erkannt. Ach, meine liebe Renette, wie hat mir das wohlgetan, und wie hat mich das geschmerzt. Sie können sich nicht vorstellen, wie die Leute gerannt sind,

um mich zu sehen... Sie weinten vor Freude, und mir kamen auch die Tränen...
Méchain [der Begleitoffizier] ist ein guter Mann, aber überängstlich... Er fürchtet, man könnte mich aus Liebe entführen oder aus Haß töten... Er nennt mich in den Herbergen manchmal Sophie, manchmal seine gute Tochter. Er könnte sich die Mühe sparen, denn überall nennt man mich ›Madame‹ oder Prinzessin...
Man sagt mir, der Kaiser hat verlangt, daß niemand mich begleiten darf, der mit mir im Temple war... Das macht mich sehr traurig, denn ich brauche einen einzigen Menschen, dem ich vertrauen, dem ich mein Herz ausschütten kann, jemanden, den ich liebe. Beten Sie für mich, denn ich bin in einer unglücklichen und verzweifelten Lage. Es heißt, daß ich innerhalb von acht Tagen verheiratet werden soll... Adieu, meine geliebte Renette...«
Bei strömendem Regen fuhr die Berline über die Grenze. Am späten Weihnachtsabend wurde Marie Thérèse in der Villa eines Basler Bürgers von ihrem zukünftigen Hofmarschall, dem Prinzen von Grave, empfangen: »Madame, ich bin beauftragt, Ihre königliche Hoheit zu begrüßen und Sie zu seiner kaiserlichen Hoheit zu bringen, der sich freut, Sie zu sehen, Sie zu umarmen, Ihnen seine Zuneigung und sein Wohlwollen zu zeigen.«
Marie Thérèse zögerte kurz, dann sagte sie fest: »Monsieur, ich werde nie vergessen, daß ich Französin bin.«
Die sechsspännige Staatskarosse, die Kaiser Franz seiner Cousine nach Basel entgegengeschickt hatte, erreichte am 10. Januar 1796 die Wiener Hofburg. Madame Royale wurde im modernsten und schönsten Teil des verwinkelten Baukomplexes untergebracht, im sogenannten Leopoldinischen Trakt, heute Amtssitz des österreichischen Bundespräsidenten. Die Wohnung war exquisit – der Empfang durch den Kaiser und seine Gemahlin, Maria Teresa, eine Tochter der Marie Karoline von Neapel und daher auch sie eine Cousine der Madame Royale, dieser Empfang war niederschmetternd eisig. Eine leidenschaftliche französische Patriotin und ein leidenschaftlicher österreichischer Patriot, der noch dazu deutscher Kaiser war, standen einander mißtrauisch gegenüber.
Die nur wenige Minuten dauernde Begegnung wurde mit mühsamen Höflichkeitsfloskeln ausgefüllt. Kein Funke sprang über, kein Wort

der Wärme und des Trostes kam über die Lippen des Kaiserpaares. Maria Teresa, die Kaiserin, machte später nicht den geringsten Hehl daraus, daß ihr die Cousine von Herzen unsympathisch war, und sie nannte sie nur abfällig »Die kleine Französin«.

Der unfaßbare Mangel an Herzenstakt und Einfühlungsvermögen offenbarte sich drastisch in weiteren Maßnahmen: Marie Thérèse, dieses siebzehnjährige Kind, eben dem schwärzesten Inferno entkommen, wurde gezwungen, schwarze Kleidung zu tragen, da die Zeit der offiziellen Hoftrauer um ihre Angehörigen noch nicht verstrichen war. Ihre französischen Begleiter mußten sie sofort verlassen und wurden durch österreichisches Personal ersetzt. Den französischen Emigranten, die zur Burg strömten, um die Tochter ihres ermordeten Königs zu begrüßen oder wenigstens aus der Ferne zu sehen, schlug man das Hoftor vor der Nase zu. Das einzig vertraute Lebewesen, das bei Marie Thérèse bleiben durfte, war der kleine Hund Coco.

Der Hund verhalf ihr unverhofft zu heimlichen Kontakten, die sich im Stil einer Commedia dell'arte abspielten. Kammerdiener Hue nämlich war nicht, wie die übrigen Begleiter der Madame Royale, nach Paris zurückgekehrt, sondern in Wien untergetaucht, um seiner Herrin hilfreich nahe zu sein. Wenn Marie Thérèse ohne Begleitung auf den Basteien vor der Hofburg ihren Hund spazierenführte, war Hue immer, wie zufällig, zur Stelle, und die beiden verständigten sich durch Blicke und Gesten über Post aus Verona: Kratzte sich Hue am linken Ohr, dann bedeutete dies, daß keine Nachricht gekommen war, kratzte er sich hingegen am rechten, dann war ein Brief eingetroffen und wechselte unauffällig von Hand zu Hand.

Post aus Verona: das bedeutete ein Lebenszeichen von Marie Thérèses Onkel König Ludwig XVIII., der in der italienischen Stadt inmitten eines kleinen Hofstaates residierte. Selbstverständlich korrespondierten Onkel und Nichte auch offiziell miteinander, doch Marie Thérèse wurde den Verdacht nicht los, daß die Briefe von Unbefugten geöffnet und gelesen wurden; sie sah keine Veranlassung, ihre geheimsten Wünsche und Gefühle mit Wildfremden zu teilen.

Vor allem ging es darum, den Onkel so bald wie möglich zu treffen, mit ihm ihr weiteres Schicksal zu gestalten und der noch immer drohenden Heirat mit Erzherzog Karl zu entkommen. »Ich möchte so gerne meinen Cousin, den Herzog von Angoulême heiraten ... Ich hoffe sehr, daß diese Ehe bald zustande kommt«, schrieb sie dem Onkel. Und: »Ich wäre lieber mit meinen Eltern ins Unglück gegangen, als am Hofe eines Fürsten zu leben, der der Feind meiner Familie und meines Vaterlandes ist.«

Inwieweit diese »Feindschaft« nur subjektiv empfunden wurde, läßt sich heute kaum mehr feststellen. Offensichtlich ist, daß Marie Thérèse, zumindest während der ersten Zeit ihres Wiener Aufenthaltes, aus welchen Gründen immer, geflissentlich von der Umwelt abgeschirmt wurde. Dies findet sich in den Tagebüchern des Barons Axel Fersen bestätigt, der Anfang 1796 in Wien weilte, vergeblich bemüht, zur Tochter der von ihm angebeteten Marie Antoinette vorgelassen zu werden. Am 19. Februar war es ihm zum ersten Mal vergönnt, einen Blick von ihr zu erhaschen, als sie aus der Hofburgkapelle kam. Ihre Haushofmeisterin und eine Hofdame hatten sie fest in die Mitte genommen. Sie errötete heftig, als sie Fersen sah, wagte aber nicht stehenzubleiben. Als sie an ihm vorbeigegangen war, wandte sie den Kopf und warf ihm »einen langen, traurigen Blick zu. Mir kamen die Tränen, und die Knie zitterten mir«, schrieb Fersen.

Am 6. März sah er Marie Thérèse wieder, und zwar auf einem Empfang, der ihr zu Ehren gegeben wurde. Sie begrüßte ihn kurz und sagte: »Ich bin froh, daß Sie in Sicherheit sind.« (Wie erinnerlich, war es Fersen, der seinerzeit die Flucht der Königsfamilie organisiert hatte.) »Jedermann ist von ihr hingerissen«, schwärmte Fersen nach dieser kurzen Begegnung. »Welch ein Unterschied zur anderen Familie. Sie stellt alle durch ihr Aussehen und ihr vollendetes Auftreten in den Schatten.«

Am 27. März erhielt Fersen endlich die Erlaubnis zu einer Privataudienz. Welch eine Enttäuschung, als er feststellen mußte, daß die sogenannte Privataudienz für mindestens ein Dutzend Damen und Herren arrangiert worden war. Fersen konnte kein einziges Wort mit Marie Thérèse wechseln, die Haushofmeisterin verstand es, ihre Schutzbefohlene unauffällig von ihm fernzuhalten. »Sie sah mich ununterbrochen unverwandt an«, notierte Fersen. »Ich glaube, sie ist sehr unglücklich. Es heißt, daß sie sich oft einschließt und weint.«

Im folgenden Sommer schien sich ihr Gemütszustand zu bessern. Sie übersiedelte mit der Familie nach Schloß Schönbrunn, das ihre Mutter so geliebt und wo ihre legendäre Großmutter Maria Theresia gelebt

und geherrscht hatte. Dort nahm Marie Thérèse mit Vorliebe an den Spielen der zahlreichen kleinen Erzherzöge und Erzherzoginnen teil, als wollte sie ein Stück ihrer geraubten Jugend zurückgewinnen. Besonders mochte sie die kleine Marie Louise, in der zu diesem Zeitpunkt niemand die zukünftige Herrscherin Frankreichs vermuten konnte.
Die düsteren Stimmungen kehrten zurück, als Anfang 1797 Napoleon zum ersten Mal gegen die österreichische Hauptstadt stürmte und die kaiserliche Familie Hals über Kopf in alle Windrichtungen zerstob. Marie Thérèse wurde nach Prag geschickt, wo eine ihrer Cousinen, Erzherzogin Maria Anna, Tochter Kaiser Leopolds II., als Äbtissin eines (weltlichen) Damenstifts für mittellose adelige Fräulein residierte. Sie war siebenundzwanzig Jahre alt, schwer krank und spuckte häufig Blut – bei Gott nicht die geeignete Gesellschaft für ein ohnehin melancholisches junges Mädchen. »Ich möchte nichts als zurück nach Wien und niemanden mehr sehen«, schrieb Marie Thérèse dem Onkel.
Wieder in Wien, aus der Hofburg ausquartiert und mit neuem Wohnsitz im Schloß Belvedere, verschlimmerte sich ihre Depression. Sie mied die Menschen, und wenn sie mit ihnen zusammentraf, dann wirkte sie verschlossen, hochfahrend, mürrisch. Auch ihr Äußeres hatte sich merklich verändert: Sie ließ Schultern und Mundwinkel hängen, ihr Blick war unstet.
Eines Tages versammelte sich eine Gruppe emigrierter Franzosen vor dem Schloß Belvedere. Sie brachen in Heil- und Segensrufe aus, als Madame Royale vorfuhr. Marie Thérèse wich zurück und hetzte mit wehenden Röcken in den Schloßpark, ohne sich umzusehen. Immer mehr verdichtete sich das Gerücht, diese befremdliche Person sei gar nicht die Tochter König Ludwigs XVI., die echte Marie Thérèse sei längst gestorben, entführt oder werde in dunklen Verliesen gefangengehalten.
Das war natürlich blanker Unsinn, denn nach wie vor war Marie Thérèse ein kostbarer Gast und wurde gehütet wie ein Schatz. Immerhin würde sie nach Erreichen der Großjährigkeit über ein Vermögen von fast 1,5 Millionen Livres verfügen – ein bemerkenswerter Umstand, ob sie nun den Erzherzog Karl heiratete oder nicht.
Sie heiratete ihn nicht, sie bekam schließlich doch ihren Cousin, den Herzog von Angoulême, König Ludwig XVIII. sorgte dafür. Denn: »Das tragische Schicksal meiner Nichte, ihr Mut, ihre Tugenden si-

chern ihr die Aufmerksamkeit aller Franzosen; es ist wichtig für mich, daraus Nutzen zu ziehen und sie mit meinem Erben zu verheiraten«, hatte er einmal in zynischer Offenheit einem Diplomaten eingestanden.

Der Zukünftige von Marie Thérèse saß nach der Flucht aus Frankreich mit seinem Vater, dem Grafen von Artois, auf Schloß Holyrood in Edinburgh, genoß das schottische Landleben und dachte nicht daran, von sich aus mit Marie Thérèse in Verbindung zu treten, was diese sehnlichst erhoffte. »Er benimmt sich wie ein verflixter englischer Jokkey«, murrte Ludwig XVIII. über seinen Neffen und brachte ihn mit Mühe dazu, einen Brief an Marie Thérèse zu schreiben – den er, der Onkel, selbst aufgesetzt hatte.

Nach Napoleons Blitzfeldzug in Italien mußte Ludwig XVIII. aus Verona fliehen. Der russische Zar Paul I. stellte ihm sein prachtvolles Jagdschloß Mitau in Kurland als standesgemäße Unterkunft zur Verfügung. Der Zar bezahlte auch den immer aufwendiger werdenden Hofstaat des Königs ohne Land, und er tat ein übriges, indem er Kaiser Franz bewog, seine Cousine Marie Thérèse endlich ziehen zu lassen.

Marie Thérèse fühlte sich am Ziel aller Wünsche und schöpfte wieder einmal Mut. Sie verließ Wien am 4. Mai 1799. Nach einer beschwerlichen und gefahrvollen Reise traf sie, über Brünn und Krakau kommend, in Mitau ein.

Es muß ein atemberaubender Anblick gewesen sein, dieses imposante Schloß inmitten sternförmig angelegter Pappelalleen und eines großzügig gestalteten Parks. Im Inneren war für Madame Royale ein Stück Heimat vorbereitet worden. Ludwig XVIII. hatte mit dem Geld des Zaren nicht gespart und für seine Nichte eine Suite mit erlesenen französischen Möbeln und Tapisserien einrichten lassen. Sie fand, so wie einst in Versailles, ein chinesisches Zimmer und – überflüssigerweise – ein eigens aus London bestelltes Cembalo. Marie Thérèse war gänzlich unmusikalisch.

Das erste Zusammentreffen zwischen Onkel und Nichte fand auf der Landstraße statt. Der König fuhr mit dem eilig aus Schottland herbeizitierten Herzog von Angoulême seiner Nichte ein kleines Stück des Weges entgegen. Als ihre Kutsche herannahte, ließ Ludwig anhalten, stieg aus und erwartete sie. Kaum wurde sie seiner ansichtig, stürzte Marie Thérèse aus ihrem Wagen, vergaß alles, was man sie in langen Anstandsstunden über Protokoll und Etikette gelehrt hatte, warf sich dem König, der ihrem Vater so täuschend ähnlich sah, in die Arme, sank dann in den Straßenstaub zu seinen Füßen und stammelte: »Mein Vater, mein Vater ... Sire ... mein Onkel – oh, entschuldigen Sie, ich bin ganz durcheinander ... ich bin so glücklich, so glücklich.« Ludwig hob sie auf. Auch er weinte heftig und küßte die Zwanzigjährige, die er zuletzt vor neun Jahren gesehen hatte.

Wir wissen nicht, was in Marie Thérèse vorging, als sie ihren Bräutigam bemerkte, der bescheiden hinter dem Onkel stand. Vermutlich verschleierten ihr die Tränen der Freude die Sicht auf die jämmerliche Figur eines mageren Jünglings mit überlangen Armen, spindeldürren Beinen und einem nervösen Augentic. Er küßte ihr wortlos die Hand und gab nur ein seltsames Meckern von sich. Vor Angst? Vor Rührung? Vor Verlegenheit?

Die Hochstimmung der Madame Royale verwandelte sich bald in Verzweiflung und Trauer, als sie im Schloß von der Gattin König Ludwigs XVIII., Luise, und den führenden Persönlichkeiten des Hofes begrüßt wurde: Alle fühlten sich bemüßigt, sie mit Leichenbittermienen zu empfangen und ihr mit schwülstigen Worten zum Verlust ihrer Angehörigen zu kondolieren – so, als wären die teuren Toten erst gestern und nicht schon vor Jahren ins Grab gesunken. Abbé Edgeworth, der Beichtvater Ludwigs XVI., nahm sie in Beschlag, schloß sich mit ihr stundenlang in sein Zimmer ein und berichtete von den letzten Stunden ihres Vaters, keine noch so schreckliche Einzelheit auslassend. In Tränen aufgelöst, stürmte Marie Thérèse aus dem Gemach.

Bereits am 10. Juni, Marie Thérèse hatte sich noch kaum von den Anstrengungen der Reise erholt und die abermals beschworenen Gespenster der Vergangenheit verscheucht, stand sie im Prunksaal des Schlosses vor einem provisorisch errichteten Altar und wurde dem Herzog von Angoulême angetraut. Sie trug ein silbernes, über und über mit Perlen besticktes Kleid, um den Hals ein Brillantkollier, das ihr Zar Paul I. als Hochzeitsgeschenk verehrt hatte.

Beim anschließenden Empfang machte sie dennoch einen gelösten Eindruck und unterhielt sich herzlich und lebhaft mit den Gästen. Der junge Ehemann tat den Mund kein einziges Mal auf und wirkte verstört. Alle wußten, warum, nur Marie Thérèse wußte es nicht. Sie sah hinreißend aus – wahrscheinlich war es das letzte Mal in ihrem Leben, daß sie einhellig als »claire beauté« (strahlende Schönheit) bewundert wurde. Erst in der darauffolgenden Hochzeitsnacht erfuhr Marie Thérèse das düstere Geheimnis ihres Mannes: Louis Antoine, Herzog von Angoulême, war hoffnungslos impotent und sollte es zeit seines Lebens bleiben.

Drei Tage nach der Hochzeit verschwand Angoulême aus Mitau, solcherart seiner Frau wenigstens die Qual seiner leiblichen Gegenwart ersparend. Auch die Frau des Königs reiste ab. Sie lebte in Kiel und wurde nur zu besonderen Ereignissen aus der Versenkung hervorgeholt.

Während in Frankreich Napoleons Stern unaufhaltsam stieg, gab man sich in Mitau müßigen Phantastereien über eine baldige Heimkehr hin. Man vertrieb sich die Zeit mit Kutschenfahrten, Kartenspiel und kleinlichen Querelen um belanglose Fragen der Etikette. Marie Thérèse ging meist allein mit Coco spazieren, begann mit ihrer lebenslänglichen Stickerei und schrieb endlose Briefe an Madame de Tourzel und Madeleine de Chanterenne. Zu berichten gab es nichts, zu träumen um so mehr.

Ein Blitz aus heiterem Winterhimmel zerstörte am 20. Februar 1801 die träge Idylle: König Ludwig XVIII., sein Hofstaat und sämtliche französische Emigranten müßten binnen achtundvierzig Stunden Rußland verlassen, hieß es in einem unmißverständlichen Ukas des Zaren.

Zu diesem grausamen Befehl, der eine neuerliche Emigrationstragödie auslöste, gab es eine burleske Vorgeschichte. Ein Kammerherr Ludwigs hatte sich einem Freund gegenüber auf rüde Weise über den Zaren lustig gemacht. Er war dumm genug, dies nicht mündlich, sondern schriftlich zu tun, und noch dümmer, das Elaborat seiner russischen Mätresse vorzulesen. Die junge Dame bog sich vor Lachen – dann brachte sie den Brief an sich, um ihn postwendend nach St. Petersburg zu schicken. Was der Tölpel von einem Kammerherrn nicht wußte: seine Geliebte war eine Geheimagentin des Herrschers aller Reußen. Der Zar war großzügig und gewährte Ludwig eine Jahresapanage von 600 000 Livres, er war aber auch ebenso jähzornig wie nachtragend und setzte »das ganze Franzosenpack« mit einem Federstrich auf die Straße. Mitten im Winter, bei mehr als dreißig Minusgraden!

Gespenstische Szenen am 21. Februar 1801 im Hof des Schlosses Mi-

tau: Bei Sturm und heftigem Schneetreiben schleppten Diener das gesamte bewegliche Inventar herbei, und es wurde in einer hastig angesetzten Auktion versteigert. Jeder wußte, unter welchen Druck die Franzosen standen, der ganze kostbare Besitz ging um den berühmten »Pappenstiel« weg. Gierig, als gäbe es etwas zu plündern, rissen die Leute die Sachen an sich – auch die Nachttöpfe. Ungereinigt!
Der Schneesturm hielt in unverminderter Heftigkeit an, als ein trister Zug das Schloß verließ – in Kutschen, da keine Schlitten zur Verfügung standen.
In überfüllten Bauerngasthäusern wurde gerastet. Einmal schlief Marie Thérèse auf einem Schemel sitzend in einer eisigen Kammer, einmal teilte sie mit drei Hofdamen zwei verwanzte Betten vor einem glühenden Kachelofen. In einer anderen Herberge war das einzige Fremdenzimmer von einem russischen Offizier belegt. Er weigerte sich, es zu räumen. Die Gesellschaft fand erst lang nach Mitternacht ein schützendes Dach.
Schließlich kam, was kommen mußte. Die Kutschen blieben in einer Schneewächte stecken, konnten weder vor noch zurück. Der König, dick und gichtig, auf den Abbé Edgeworth gestützt, und Marie Thérèse, Coco auf dem Arm, zogen es vor, ihr Heil in der Flucht zu suchen, statt hilflos in der Kutsche zu erfrieren. Sie wateten stundenlang durch knietiefen Schnee und erreichten gegen Abend, mehr tot als lebendig, ein Dorf. Dort warteten bereits die Kutschen und ihre Reisegefährten, denen es überraschenderweise doch gelungen war, der Schneehölle zu entkommen.
Bei Polangen überschritten die Flüchtlinge, an der Spitze der »Graf von Lille« und die »Marquise von Leilleraye« – so die Alias-Namen von Onkel und Nichte – die preußische Grenze. Am 27. Februar trafen sie in Memel ein. Zu ihnen stießen Scharen weiterer Franzosen, die ebenfalls aus Rußland vertrieben worden waren und die nun von ihrem König Rat, Hilfe und vor allem materielle Unterstützung erhofften. Der König war rat-, hilf- und mittellos. Um so energischer ergriff Marie Thérèse die Initiative. Sie verkaufte ihren gesamten Schmuck, das einzige, was sie gerettet hatte, und bekam, wie zu erwarten, nur einen Bruchteil seines Wertes in Bargeld. Doch fürs erste reichte es.
Überdies sandte Madame Royale einen Hilferuf an ihre »liebe Schwester und Cousine«, Königin Luise von Preußen. Doch die Antwort ließ

auf sich warten. So entschied Marie Thérèse, nach Königsberg weiterzureisen, in der Hoffnung, dort mehr Unterstützung zu erhalten.
Am 9. Februar hatten alle bereits die Kutschen bestiegen, doch die Abfahrt verzögerte sich: Marie Thérèses Beichtvater fehlte. Endlich hielt man in seiner Unterkunft Nachschau – und fand den armen Mann tot an einem Strick hängend. Aufregung, Skandal, hochnotpeinliche Untersuchungen durch die preußischen Behörden. Heraus kam nichts. Es sollte bis zum 24. Februar dauern, ehe das elende Häuflein in Königsberg eintraf. Dort erwartete sie allerdings die Frohbotschaft, daß König Friedrich Wilhelm III. bereit sei, ihnen Asyl zu gewähren – allerdings nicht in Preußen selbst, sondern in Warschau, das damals von Preußen besetzt war – in sicherem Abstand zum großen Weltgeschehen.
Das Schloß Lazienski wurde ihnen als Wohnsitz zugewiesen, eine jährliche Apanage von 200 000 Livres in Aussicht gestellt; das war nur ein Drittel dessen, was der Zar zu spendieren bereit gewesen war.
Der Hofstaat, zu dem nun auch wieder der Herzog von Angoulême gestoßen war, umfaßte vierzig Personen. Marie Thérèse hatte die Leitung des Haushalts übernommen, und sie mußte verzweifelt sparen. Der alte Palast wurde kaum geheizt, das Essen war spartanisch, jeder einzelne, der König und Angoulême eingeschlossen, erhielt nur ein bescheidenes Taschengeld.
»Unsere Situation ist verzweifelt«, schrieb Ludwig seinem Bruder, dem Grafen von Artois, Vater des Herzogs von Angoulême. Umgehend lud der Graf Sohn und Schwiegertochter nach London ein, wo er jetzt mit seinem zweiten Sohn, dem Herzog von Berry, in angenehmen finanziellen Verhältnissen lebte. Ludwig lehnte entsetzt ab. Erstens lag ihm nichts ferner, als sich von Marie Thérèse, diesem wertvollen politischen Kapital, zu trennen, und zweitens schien die Londoner Menage seines Bruders und dessen Sohn eine höchst unpassende Umgebung für das ehrbare Herzogspaar von Angoulême. Der Graf von Artois lebte nämlich in ungenierter Offenheit mit einer Mätresse zusammen, der junge Herzog von Berry hatte gar eine bürgerliche Miß Brown geehelicht und war glücklicher Vater zweier Töchter. Nein, nein, lieber sollten die Angoulême in Warschau mit Anstand hungern und frieren, als im Londoner Sündenpfuhl moralisch verkommen!
Bewegung in die Warschauer Langeweile brachte am 26. Februar 1803 ein Emissär des mittlerweile zum Ersten Konsul gewählten Napoleon.

Ludwig und Marie Thérèse empfingen den Abgesandten, der ein phantastisches Angebot unterbreitete: Sollte Ludwig XVIII. offiziell auf seine Thronansprüche verzichten, würde der Staat ihm und seiner Familie eine fürstliche Rente aussetzen und ihm die Rückkehr nach Frankreich gestatten.
Marie Thérèse und der König mußten sich nicht lange bedenken, ehe Ludwig dem Gesandten die schriftliche Antwort an »Monsieur Buonaparte« überreichte, in der es unter anderem hieß: »Ich weiß nicht, welches Schicksal der Herr mir und meiner Familie beschieden hat, aber ich weiß, welche Verpflichtungen er mir auferlegte, als es ihm gefallen hat, mich zum König zu machen. Als Christ werde ich meine Pflicht bis zum letzten Atemzug erfüllen ... Wir haben alles verloren, aber nicht unsere Ehre.«
Napoleon ließ lange nichts von sich hören, gab dann aber eine Antwort wie ein Paukenschlag: Er krönte sich am 2. Dezember 1804 zum Kaiser.
Erst zehn Monate später traf sich Ludwig mit seinem Bruder, dem Grafen von Artois, im schwedischen Kalmar, von wo aus sie Protest gegen Napoleons provokanten Schritt erhoben. Napoleon reagierte, wie zu erwarten, überhaupt nicht. Sehr wohl aber reagierte der König von Preußen, demgegenüber sich Ludwig verpflichtet hatte, jegliche politische Betätigung zu unterlassen. Der »Graf von Lille« wurde gebeten, Warschau samt Anhang baldmöglichst zu verlassen.
Was nun? Was tun? Rettung kam neuerlich vom Zaren, diesmal von Alexander I., der seinem Vater Paul I. auf den Thron gefolgt war. Ludwig und die Seinen könnten, wenn sie wollten, nach Mitau zurückkehren.
Zar Alexander I. war nicht so cholerisch und nicht so rachsüchtig wie sein Vater – zu Ludwigs Leidwesen aber auch nicht so freigebig wie Paul I. Er stellte ein Schloß zur Verfügung, sonst nichts.
Schloß Mitau war leergeräumt. Die Familie vegetierte in den paar beschädigten, schäbigen Möbelstücken, die bei der Auktion vom Februar 1801 keinen Käufer gefunden hatten. Sie froren, sie hungerten, der ganze Hofstaat war auf ein knappes Dutzend unentwegt Getreuer zusammengeschmolzen.
»Mitau, das war einst wie St.-Germain. Mitau heute ist nicht mehr als ein Obdachenlosenasyl«, klagte Ludwig in einem Brief an den Bruder.

*König Ludwig XVIII.*

Und dann brannte am 7. April 1806 auch noch das Schloß zur Hälfte ab: Brandstiftung! An drei Stellen war Feuer gelegt worden. Ludwig war fest davon überzeugt, daß dies ein weiteres Attentat auf seine Person war. Schon einmal, ein paar Monate zuvor, hatte es in Warschau einen merkwürdigen Zwischenfall gegeben. In der Küche wurde ein Mann ertappt, als er Arsen in die für die königliche Tafel bestimmte Suppe schütten wollte. Weder die Auftraggeber des Warschauer Anschlags noch die von Mitau konnten je ausgeforscht werden. Für Ludwig allerdings stand fest, daß Napoleon der Drahtzieher war. Eine reichlich abwegige Idee: denn der Kaiser fegte wie ein Sturmwind über Europa und machte es sich untertan – was interessierte ihn ein abgewirtschafteter Bettelkönig im Exil?
Österreich war geschlagen, Preußen niedergezwungen, Napoleon dabei, sich – zumindest für den Augenblick – mit dem Zaren zu arrangieren. Der Boden in Mitau wurde langsam heiß!
Ludwig XVIII. bekam es mit der Angst zu tun, er beschloß, in England um politisches Asyl zu bitten. Der König und der Herzog von Angoulême machten sich im November 1807 auf die Reise. Zurück blieben Marie Thérèse und Luise. Letztere hatte in Kiel in solch erbarmungswürdigem Elend gelebt, daß Ludwig sie nach Mitau holte. Dort waren die Verhältnisse auch karg genug – doch man war wenigstens beisammen.
Ludwig und sein Neffe fanden in England freundliche Aufnahme. Sie durften bleiben. Der Herzog von Buckingham lud sie auf sein Sommerschloß nach Essex ein. Die Gastfreundschaft des Herzogs war überwältigend – an Bargeld allerdings war der König nach wie vor knapp. Es sollte bis zum Sommer 1808 dauern, ehe er die Reisekosten für seine Frau und seine Nichte aufbringen konnte.
Marie Thérèse verbrachte in Mitau mit ihrer Tante einen langen, kalten, einsamen Winter. Sie las, sie schrieb viele Briefe, und sie stickte mit klammen Fingern an ihren ewigen Deckchen. Manchmal lud sie die Damen der Honoratioren von Mitau zum Tee; es war eine undefinierbare laue Brühe, aus einer verbeulten Zinnkanne serviert, und dazu gab es staubtrockene Kekse, als deren einzige Ingredienzien beim besten Willen nicht viel mehr als Mehl und Wasser zu schmecken waren.
Endlich durften die beiden Frauen und ihre wenigen Begleiter nach

England fahren. Ludwig hatte in der Nähe von London ein bescheidenes Landhaus gefunden, in dem die Bourbonen einigermaßen unabhängig leben konnten, nachdem der englische Hof und eine Reihe reicher Aristokraten unauffällig dafür sorgten, daß das Bankkonto des Königs regelmäßig aufgefüllt wurde.

Sie lebten sehr ruhig und sehr bürgerlich, und sie flüchteten sich, wenn sie am Abend vor dem Kaminfeuer saßen, in phantastische Träumereien: Was wäre, wenn – Napoleon geschlagen würde? Was wäre, wenn – das Volk von Frankreich den König auf seinen Thron zurückriefe? Was wäre, wenn – Napoleon eine Erzherzogin aus dem Hause Habsburg heiratete, ja – was wäre denn dann? Daran hatten die armen Menschen in ihren schlimmsten Alpträumen nicht gedacht. Die Nachricht von der Hochzeit des Kaisers mit Marie Louise traf sie darum mit unerwarteter Wucht. Der König weigerte sich, mit irgend jemandem über das Thema zu reden, Marie Thérèse zog sich in ihr Zimmer zurück und war tagelang unansprechbar. Man mußte sich das einmal vorstellen: Das »Monster«, der »Usurpator«, der Erzfeind, der Emporkömmling besaß mit einemmal das verbriefte Recht, Marie Thérèse »meine liebe Cousine« zu nennen. Und als zehn Monate später dem französischen Kaiserpaar auch noch ein Sohn geboren wurde, da war dieser »Bastard« in der Tat ein echter Blutsverwandter, ein Urenkel von Marie Thérèses eigener Großmutter, der Kaiserin Maria Theresia! Die Wut wich einer Art Betäubung und ging schließlich in Resignation über. Es wollte sich auch keine Erleichterung einstellen, als Ludwig eines Tages, Ende 1812, beim Frühstück lakonisch erklärte: »Napoleon ist am Ende.« Das war nach dem russischen Feldzug.

Bis Napoleon in der Völkerschlacht bei Leipzig (Oktober 1813) geschlagen wurde, bis die Sieger am 30. März 1815 in Paris einmarschierten, der Senat Napoleon absetzte und auf die Insel Elba verbannte, erfolgte endlich der langersehnte Ruf an Ludwig XVIII., auf den verwaisten Thron zurückzukehren. Aber er kam nicht vom »bon peuple«, dem guten Volk Frankreichs, sondern auf Druck der Alliierten.

Nachdem der Herzog von Angoulême bereits einige Zeit früher nach Frankreich aufgebrochen war, um im Süden nach dem Rechten zu sehen, konnte sich Ludwig an die beschwerliche Heimkehr machen. Beschwerlich darum, weil der Neunundfünfzigjährige, von einer enormen Leibesfülle geplagt, überdies an einem heftigen Gichtanfall litt

und kaum gehen konnte. Man mußte ihn auf einem eigens konstruierten Sessel die meiste Zeit tragen. An seiner Seite die nun fünfunddreißigjährige Marie Thérèse, auch sie längst ihrer »claire beauté« verlustig, aus dem Leim gegangen und in für sie unvorteilhaftes Weiß, die Farbe der Bourbonen, gekleidet. Königin Luise sah die Heimat nicht wieder, sie war in England gestorben.
Am 24. April landete das seltsame Paar in Calais, freundlich, aber nicht enthusiastisch empfangen von einer großen Menschenmenge. Die meisten trugen tellergroße weiße Bourbonen-Kokarden, welche die rot-weiß-blauen der Revolutionszeit vergessen machen sollten. Im übrigen ging Ludwigs Kalkül auf: Das Interesse richtete sich in erster Linie auf Madame Royale, eine Welle des Mitgefühls und der Sympathie schlug der armen Haut entgegen, letztes überlebendes Opfer des Massakers an ihrer Familie. »Sie ersetzt [dem König] eine Armee von 100 000 Mann«, stellte ein zeitgenössischer Historiograph fest.
Am 3. Mai 1814 dann in einer sechsspännigen Kutsche der feierliche Einzug in Paris. Der König trug Uniform. Marie Thérèse hatten die Hofdamen, entsetzt über ihre hausbackene englische Garderobe, dazu überredet, sich durch die erste Schneiderin von Paris, Madame Minette, eiligst ein passendes Staatsgewand anfertigen zu lassen. Weich fließendes Silberlamé überspielte geschickt die üppigen Formen der Madame Royale. Auf dem Kopf trug sie ein flottes Käppchen mit weißen Straußenfedern. Dennoch wirkte sie nicht glücklich. Sie wirkte ausgesprochen unglücklich bei der Fahrt durch Paris.
Ihre Augen waren rot verschwollen, so als hätte sie eben geweint oder würde jeden Augenblick in Tränen ausbrechen. Sie war sichtlich irritiert durch die vielen Leute, die sie unverhohlen anglotzten und aus deren Reihen nur hin und wieder ein mattes »Vive le roi, vive Madame Royale« ertönte. Sie war irritiert durch das Dröhnen der Kirchenglocken, das Ballern der Kanonen, das Knattern der Salutschüsse – lautstarke Erinnerungen an den Tag, da ihr Vater hingerichtet worden war. Nach einem Dankgottesdienst in Notre Dame endlich Ankunft in den Tuilerien, die Marie Thérèse zweiundzwanzig Jahre zuvor verlassen hatte. In der Halle standen weißgekleidete Mädchen und überreichten ihr einen Strauß weißer Lilien. Geistesabwesend nahm sie die Blumen, drückte sie einer Hofdame in die Hand, wandte sich ohne ein Dankeswort ab und ging in das Zimmer ihrer Mutter. Eine Weile stand sie am

*Marie Thérèse*

Fenster und starrte in den Garten. Dann brach sie lautlos, wie vom Blitz gefällt, zusammen.
Schon zwei Tage später ließ sie sich zum Grab ihrer Eltern fahren. Sie kniete nieder und betete lange; auf einmal warf sie sich mit ausgebreiteten Armen über den Hügel, krallte die Hände in die Erde, und ihr ganzer Körper wurde von krampfartigem Schluchzen geschüttelt...
Die alten Wunden, die nie verheilt waren und auch nie mehr verheilen konnten, brachen mit aller Macht wieder auf. Sechzehn Jahre lang war Marie Thérèse – mit einer kurzen Unterbrechung, von der später die Rede sein wird – die Erste Dame ihres Landes, sechzehn Jahre lang wurde sie durch die Gespenster der Vergangenheit wie von Furien gehetzt. Es war in Wien, als man ihr befahl, sich sofort nach der Ankunft in Trauerkleidung zu hüllen, es war in Mitau, wo sie durch den Abbé Edgeworth mit den Schauergeschichten über den Tod ihres Vaters gemartert wurde.
Wo sie jetzt auch hinkam, sie wurde immer wieder, immer wieder daran erinnert, wer sie war und was sie durchgemacht hatte: die Tochter des Märtyrerkönigs, die Waise vom Temple, das Opferlamm. Bekannte und Freunde kondolierten ihr pausenlos – nach zwei Jahrzehnten! – zum Tod der Eltern und bedauerten ihr schreckliches Geschick. Keine Delegation, die zu ihr kam oder die sie, bei ihren Rundreisen durch die Provinzen, begrüßte, versäumte es, in langen, geschraubten Reden das Thema stets von neuem aufzurollen. Über den Straßen fanden sich Spruchbänder wie: »Ludwig und Marie Antoinette, sie leben in Ihnen. Wir sinken vor Ihnen auf die Knie.« Oder: »Vergessen Sie die schrecklichen Zeiten, ein Engel wird Ihre Tränen trocknen.« In Toulon lautete die Botschaft von einem vierzehn Meter hohen Triumphbogen: »Preist die große Seele, bewundert ihr Unglück und ihre Standhaftigkeit.«
Ganz zu schweigen von den Gedichten, die man ihr überreichte, von den Chören, die man ihr sang, von den lebenden Bildern, die man ihr vorführte, die alle unter diesem Motto standen: Blut, Mord, Elend, Trauer, Verlassenheit.
In Nantes hatte man sich eine besonders makabre Überraschung ausgedacht. Marie Thérèse kam spätabends an, man führte sie mit allen Anzeichen spannungsvoller Erwartung in ein stockdunkles Zimmer, hob abrupt die Vorhänge – und der Blick war frei auf den Hauptplatz, vollgefüllt mit Tausenden Menschen, um das überlebensgroße, hell an-

geleuchtete Denkmal ihres Vaters geschart. Weinend wandte sie sich vom Fenster ab und verlor wenig später das Bewußtsein.
Eines Abends fuhr sie durch ein Dorf, und der Kutscher mußte anhalten, um die Pferde zu wechseln. Auf die Frage, wo man denn sei, lautete die Antwort: »In Varennes.« Marie Thérèse erlitt einen hysterischen Anfall und kreischte: »Fahren Sie, fahren Sie sofort. Hier kann ich keinen Augenblick länger bleiben.«
Und dann kam der unglückselige Dr. Pelletan eines Tages zur Audienz, der die Leiche ihres Bruders obduziert und das Herz an sich genommen hatte. Er bildete sich ein, Madame Royale eine besondere Freude zu machen, wenn er ihr das kostbarste Überbleibsel des teuren Toten überreichte. Madame Royale ließ ihn hinauswerfen...
Am 19. März 1815 befand sich das Ehepaar Angoulême in Bordeaux, die Stadt gab zu Ehren der hohen Gäste einen Ball. Mitten im Festestrubel näherte sich ein Adjutant Marie Thérèse – nicht dem Herzog! – und flüsterte ihr etwas ins Ohr: Napoleon war aus Elba geflohen und hatte bereits das Festland betreten.
Der Herzog war ratlos, aber seine Frau wußte, was zu tun. Sie befahl ihrem Mann, in die Provence zu eilen und sich Napoleon entgegenzustellen. »Um Bordeaux kümmere ich mich«, erklärte sie. Marie Thérèse organisierte Freiwillige, schickte sie dem Herzog nach, inspizierte Truppen, machte die Festung abwehrbereit.
Doch Napoleon war unaufhaltsam auf dem Weg nach Paris. Soldaten und Offiziere – unter ihnen der berühmte Marschall Ney – liefen in Scharen zu ihm über. Auf den Mauern der Tuilerien fanden sich Schmierinschriften: »Der Kaiser bittet den König, ihm keine weiteren Truppen zu senden, er hat bereits genug.« Die Pariser Zeitungen, die vorgestern noch gezetert hatten: »Das Monster ist gelandet«, jubelten heute: »Vive l'Empereur, willkommen daheim.«
Angoulême raste Hals über Kopf nach Paris; zurück blieb eine führerlose Armee – sie hatte keinen einzigen Schuß abgegeben.
»Ich flehe Sie in Gottes Namen an, verlassen Sie Paris«, schrieb ihm Marie Thérèse. »Der König braucht Sie nicht, Ihr Platz ist bei Ihren Truppen und nicht beim Kronrat, der ohnehin nur Unsinn von sich gibt.«
Angoulême ignorierte die flehenden Worte seiner Frau und setzte sich mit der übrigen Königsfamilie nach Gent ab.

Marie Thérèse harrte in Bordeaux aus. Sie ritt von Kaserne zu Kaserne, um Offiziere und Soldaten an ihren Treueid auf den König zu erinnern. In der St-Raffael-Kaserne schritt sie langsam die Front der angetretenen Soldaten ab und appellierte an die Offiziere: »Meine Herren, Bordeaux ist bedroht ... Stehen Sie zu Ihrem Eid auf den König?«
Der Oberst antwortete: »Madame, Sie können auf uns zählen, wenn es um Ihre Sicherheit geht ... Aber wir wollen keinen Bürgerkrieg, wir wollen kein Bruderblut vergießen.«
»Ihre Brüder? Das sind Aufständische!« Plötzlich wurde sie laut: »Gibt es hier keinen einzigen Mann, der seinen Eid hält?«
Zögernd erhoben sich drei oder vier Säbel.
»Zu wenig«, sagte sie, drehte sich um und verließ den Hof.
In der nächsten Kaserne wurde sie mit einem vielstimmigen »Vive l'Empereur« empfangen. Sie machte auf der Stelle kehrt.
Schließlich Château Trompette, wo das Hausregiment ihres Mannes in Garnison lag. Der Kommandant erklärte: »Ich darf nur Befehle vom König entgegennehmen.«
»Dann folgen Sie dem König, ich bin seine Stellvertreterin.«
»Nein, Madame, meine Soldaten kämpfen nicht gegen Franzosen.«
Sie war den Tränen nahe: »Mein Gott, es ist schrecklich, nach all dem Unglück und zwanzig Jahren Exil wieder ins Exil gehen zu müssen. Ich werde niemals aufhören, für Frankreich zu kämpfen, denn ich bin Französin. Aber ihr seid keine Franzosen mehr.«
Ein junger Leutnant trat vor: »Madame, ich bin kein Verräter.« In Begleitung dieses einzigen Mannes verließ Marie Thérèse Château Trompette.
Auf dem Hauptplatz von Bordeaux hatte sich eine Menschenmenge angesammelt: brave Bürger und Handwerker, die längst nicht mehr nach Ruhmestaten lechzten, sondern ruhiges Leben und ungestörte Geschäfte im Sinn hatten. Als Marie Thérèse dort in der Kutsche eintraf, wurde sie heftig akklamiert. Sie stieg aus, stellte sich auf das Trittbrett und brachte mit einer Geste die Menschen zum Schweigen.
»Leute«, rief sie, »ich verlange von euch einen neuen Eid. Seid ihr bereit, alles zu tun, was ich von euch verlange?«
»Ja«, erscholl es vielstimmig, »wir schwören.«
»Nun denn, liebe Leute, dann befehle ich euch, jeden Gedanken an Widerstand aufzugeben. Nach allem, was ich gesehen habe, ist jeder

Widerstand zwecklos. Bewahrt dem König eure Treue für bessere Zeiten.«

Am 2. April reiste sie aus Bordeaux ab, vierundzwanzig Stunden später wurde die Stadt von napoleonischen Truppen besetzt.

Über England erreichte Marie Thérèse Gent und stieß dort zu ihren hasenfüßigen Verwandten. »Sie ist der einzige Mann in der Familie«, meinte Napoleon, als man ihm vom dreizehntägigen Ausharren der Madame Royale in Bordeaux berichtete. »Die einzige würdige Nachfolgerin der Kaiserin Maria Theresia«, fügte ein General respektvoll hinzu.

Am 18. Juni 1815 wurde Napoleon bei Waterloo endgültig geschlagen, und am 27. Juli zogen die Bourbonen neuerlich in Paris ein – diesmal mit lautem Jubelgebrüll empfangen. Die Pariser Zeitungen beteuerten, das Volk lechze danach, »das göttliche Antlitz Ludwigs XVIII. wiederzusehen«.

Wut, Haß, Angst und grenzenlose Enttäuschung, jahrzehntelang aufgestaute Gefühle machten sich mit einer gewaltigen Eruption Luft: Marie Thérèse wurde die Triebfeder der »Ultras«, jener Kräfte der Gegenrevolution, die als »Weißer Terror« unrühmlich bekannt wurden. In den Appartements der Madame Royale wurden die Pläne diskutiert, die Strategien festgelegt, wie an den »Verrätern der hundert Tage« Vergeltung geübt werden sollte. Es war ihre Autorität als »Waise vom Temple«, als »Tochter des Märtyrerkönigs«, als »Heldin von Bordeaux«, der sich niemand zu widersetzen wagte – schon gar nicht der immer hinfälliger werdende Ludwig XVIII., der schließlich voll und ganz unter ihrem Einfluß, ja, in eine gewisse emotionale Abhängigkeit zu seiner Nichte geriet.

Der Weiße Terror verzichtete auf die Guillotine: Die Verräter wurden erschossen. Das Wort Gnade war aus Marie Thérèses Wortschatz gestrichen. »Gnade? Man würde sie nur für Schwäche halten«, erwiderte sie dem Zaren Alexander I., der sich für einen zum Tode Verurteilten einsetzte. Und stets aufs neue brach das alte Trauma durch: »Man weiß genau, was aus meinem Vater geworden ist, weil er zu milde und zu nachgiebig war.«

Die Frau eines des Hochverrats angeklagten Generals warf sich vor ihr auf die Knie – Marie Thérèse wandte sich wortlos ab. Sie weigerte sich, die Frau des zum Tode verurteilten Marschall Ney zu empfangen, de-

*Charles Ferdinand, Herzog von Berry*

ren Mutter sich einst aus Kummer über den Tod Marie Antoinettes das Leben genommen hatte. Der Marschall wurde, wie Hunderte andere auch, erschossen.

Öl in die lodernde Flamme der Gegenrevolution goß Pierre Louis Louvel, ein ehemaliger königlicher Sattler und fanatischer Bourbonenhasser. Er stach am 13. Februar 1820 angesichts Hunderter Augenzeugen den Herzog von Berry, Marie Thérèses Schwager, vor der Oper nieder. Man schleppte den Schwerverletzten ins Vestibül, und Marie Thérèse mußte hilflos zusehen, wie der Herzog, in einem Fauteuil zusammengesunken, elend dahinstarb, während eine Schar aufgeregter Damen vergeblich versuchte, das stoßweise quellende Blut mit Taschentüchern und hastig zerrissenen Unterröcken zu stillen.

»Sire«, sagte Marie Thérèse nach dem tragischen Tod des Herzogs, der persönlich mit dem Weißen Terror kaum etwas zu tun gehabt hatte, »wir stehen vor einer neuen Revolution. Handeln Sie, solange es Zeit ist.« Ludwig XVIII. handelte und entließ die letzten gemäßigten Minister aus der Regierung.

Acht Monate nach der Ermordung ihres Mannes wurde die Witwe des Herzogs von einem gesunden Knaben entbunden. Er wurde auf den Namen Henri getauft, erhielt den Titel eines Herzogs von Bordeaux und war, nach dem Herzog von Angoulême, der nächste Anwärter auf den französischen Thron. An erster Stelle stand sein Großvater, Charles, Graf von Artois.

Die Herzogin-Witwe war selbstverständlich nicht mit jener Anne Brown identisch, die Berry zum Mißfallen von Ludwig XVIII. in London geheiratet hatte. Die Ehe war nach Ludwigs Thronbesteigung in aller Stille geschieden und der junge Mann mit Maria Carolina von Neapel verheiratet worden. Ihre Großmutter und Marie Thérèses Mutter waren Schwestern gewesen.

Trotz dieser nahen Verwandtschaft hegte die immer griesgrämiger werdende Marie Thérèse keine sonderlich innigen Gefühle für ihre junge Nichte – und das aus mehreren triftigen Gründen: Maria Carolina war mit schönster Offenheit und strahlend zur Schau getragener Freude viermal schwanger (zwei Kinder starben allerdings früh, es überlebten nur Henri und seine zwei Jahre ältere Schwester Louise) – ein Zustand, der Marie Thérèse versagt geblieben war; Maria Carolina war auch höchst eigenwillig und kümmerte sich keinen Deut um Marie Thérèses langweilige Etikettevorschriften. Sie spazierte unbekümmert allein durch die Stadt, nahm gelegentlich in Dieppe vor aller Augen ein erfrischendes Bad im Meer und stürzte sich, ohne Begleitung, ins Karnevalstreiben. Sie war blond, hatte riesige rehbraune Augen und einen viel zu großen Mund. »Nichts an ihr ist schön«, sagte Ludwig einmal, »aber alles charmant ... Sie ist wie ein Bukett aus Rosen und Lilien.«

Dem König war nicht mehr viel Zeit gegeben, sich an dem »Bukett aus Rosen und Lilien« zu erfreuen. Er starb am 16. September 1824 im Alter von neunundsechzig Jahren. Sein zwei Jahre jüngerer Bruder, der Graf von Artois, Vater des Herzogs von Angoulême, folgte ihm als Karl X. auf dem Thron. Der Herzog von Angoulême und seine Frau Marie Thérèse waren nun Dauphin und Dauphine – im schon recht reifen Alter von neunundvierzig beziehungsweise fünfundvierzig Jahren.

Mit der in der alten Krönungsstadt Reims pompös zelebrierten Krönung Karls X. ging der Einfluß der Madame Royale auf die Staatsgeschäfte spürbar zurück. Karl machte seine eigene Politik; sie war noch wesentlich reaktionärer als die seiner Nichte. Sogar Marie Thérèse war entsetzt über die Vernichtung selbst der leisesten liberalen Regung – aber sie hatte nichts mehr zu vermelden.

Um so eifersüchtiger hütete sie ihre Stellung als Erste Dame des Landes, und das war gleichbedeutend mit lähmender Langeweile bei Hof. Ihre Gesellschaften waren der Schrecken aller Eingeladenen. Madame saß im Salon auf einem Sofa und war hauptsächlich damit beschäftigt, emsig zu sticken, während alle Damen ehrfurchtsvoll schweigend im Kreis um sie standen, bange darauf wartend, ob Marie Thérèse einmal das Wort an sie richten würde, kurz, scharf, mit leicht bellender Stimme und so, als ob jede Antwort unerwünscht sei.

Der König spielte mit einigen Herren Whist, der Herzog von Angoulême hatte ebenfalls eine Herrenrunde um sich versammelt, blinzelte durch sein Lorgnon und gab gelegentlich das für ihn typische mekkernde Lachen von sich. Präzise nach zwei Stunden wurde die Gesellschaft hinauskomplimentiert, und die Familie begab sich zu Bett.

Manchmal überkam Marie Thérèse unbezähmbare Unruhe. Dann ließ sie anspannen und hetzte wochenlang über Land, von fünf Uhr früh bis weit nach Einbruch der Dunkelheit und mit einem enormen Ver-

*König Karl X.*

schleiß an Pferden: Zwölf Stundenkilometer war die Durchschnittsgeschwindigkeit der Kavalkade, auf die mancher Bürgermeister, manche Ehrengarde, manche Jubeljungfrau vergeblich wartete; Marie Thérèse schien sich einen Sport daraus zu machen, entweder viel zu früh oder Stunden verspätet an ihren Reisezielen zu erscheinen.

So schroff, so kalt sie nach außen wirkte, so mitfühlend und hilfreich war sie im verborgenen. Ihr Privatsekretär und enger Berater, Baron de Charlet, unterhielt ein eigenes Büro mit zahlreichen Beamten, von dem aus die verschiedenartigen sozialen Hilfswerke der Madame Royale geleitet wurden. Die Hälfte ihrer stattlichen Jahreseinkünfte von 300 000 Franc flossen über diese Stelle Kranken und Alten, notleidenden Müttern und schuldlos Verarmten zu. Sie hatte am eigenen Leib erfahren, was es hieß, zu hungern und zu frieren, und sie vergaß es ihr Lebtag nicht.

Während Marie Thérèse sich mehr und mehr ihren privaten Interessen widmete – auch ein Landgut gehörte dazu –, berief Karl X. 1829 eine neue Regierung, die härteste und rückschrittlichste seit dem Beginn der Restauration. »Das ist keine Regierung, das ist eine Provokation«, murrten die Franzosen. Marie Thérèse fühlte instinktiv das Herannahen einer Katastrophe und bat den Onkel und Schwiegervater um Mäßigung. »Ich will nicht wie mein Bruder enden. Ein bedrängter König hat nur die Wahl zwischen dem Thron und dem Schafott«, entgegnete er.

Der Groll der Untertanen schien im April 1830 besänftigt, als Frankreich überfallsartig Algier eroberte und das Volk endlich wieder einmal in der Glorie der »Grande Nation« baden konnte. Karl X. hielt nun die Stimmung für günstig, um die Schraube noch eine Drehung stärker anzuziehen: Am 25. Juli erließ er fünf sogenannte »Ordonnanzen«, deren aufreizendste die totale Abschnürung der Pressefreiheit, die Auflösung der Kammern und die Umwandlung des Wahlrechts in eine bloße Farce darstellten.

Er war gewiß, daß das »gute Volk« die Zertrümmerung der letzten Errungenschaften der Revolution schlucken werde, und darum befand sich Karl gar nicht in Paris, als die »Ordonnanzen« veröffentlicht wurden. Während der König und sein Sohn im Sommerschloß Rambouillet die Zeit mit Whist totschlugen, brach in Paris am 27. Juli die Hölle los, die zweite Revolution nach nur einundvierzig Jahren. Zwei Tage

lang tobten Straßenkämpfe, dann liefen die meisten Soldaten zu den Rebellen über und halfen mit bei der Erstürmung der Tuilerien und des Louvre. Am 30. Juli wurde das Rathaus besetzt, die Regierung gestürzt, und es konstituierte sich ein liberales Kabinett. Das Militär griff nicht nur nicht ein, es zog sich sogar zurück.
Während sich in Paris die Ereignisse überstürzten, war Marie Thérèse auf der gemächlichen Heimkehr von einer Badekur in Vichy. In Mâcon erfuhr sie schon am 28. Juli von den fünf verhängnisvollen Ordonnanzen und schätzte sie richtig ein: »Was für ein Unglück, daß ich nicht in Paris war... Es wird große Schwierigkeiten geben... Ich habe keine Angst, aber ich fürchte um den König.«
Die Provinzbevölkerung verhielt sich noch ruhig, Soldaten präsentierten die Gewehre, wenn Marie Thérèse mit ihrer Wagenkolonne vorbeifuhr, aber viele Leute schrien bei ihrem Anblick: »Es lebe die Verfassung!«
Am 30. Juli, in Dijon, ereilte Marie Thérèse die Schreckensnachricht vom Ausbruch der Revolution in Paris. Sie war bestürzt: »Mein Gott, es fließt französisches Blut.«
Auf ihrem weiteren Weg begegneten ihr Teile jener Truppen, die Paris freiwillig geräumt hatten. Marie Thérèse sprach einen Obersten an: »Können wir überhaupt noch mit Ihnen rechnen?« Der Mann zuckte die Achseln: »Ich weiß es nicht, Madame.« Die Soldaten trugen statt der weißen Bourbonenkokarden bereits wieder die rot-weiß-blauen der Revolution, von den Häusern wehte die Trikolore.
Die Stimmung der Bevölkerung wurde zunehmend feindselig. Baron de Charlet, der seine Herrin, wie gewöhnlich, begleitete, begann um ihr Leben zu bangen. Er riet ihr, sich vom auffälligen Troß zu trennen und allein in einer neutralen Kutsche weiterzureisen. Was mag in Marie Thérèse vorgegangen sein, als sie sich in Torenne, in der Maskierung einer Kammerfrau, bei Nacht durch die Hintertür des Rathauses schlich? Die Parallelen mit der Flucht nach Varennes waren nur zu deutlich. Diesmal allerdings gab es keine Zwischenfälle. Marie Thérèse entkam unerkannt. Auf dem Kutschbock saß Charlet – in der einen Hand die Zügel, in der anderen eine Pistole.
Auf Seitenwegen erreichte Marie Thérèse am 1. August Schloß Rambouillet, rundum von (noch) königstreuen Truppen beschützt.
Marie Thérèse traf den König im großen Salon. Onkel und Nichte

umarmten einander unter Tränen. »Vater, Vater, was haben Sie getan?« klagte sie. »Bitte verzeihen Sie mir«, murmelte der König. Sie faßte sich: »Vater, ich werde Ihr Unglück mit Ihnen teilen. Wir werden uns nie mehr trennen.«
Aus Paris verlautete, daß die provisorische Regierung Louis Philippe, Herzog von Orléans, zum »Generalleutnant« von Frankreich ernannt hätte. Von einer Absetzung des Königs war in dieser Meldung nicht die Rede. (Louis Philippe war der Sohn jenes Herzogs von Orléans, der sich, wie erwähnt, rechtzeitig auf die Seite der Revolution von 1789 geschlagen hatte.)
Der Familienrat einigte sich darauf, daß Karl X. zugunsten seines Enkels, des zehnjährigen Henri, Herzog von Bordeaux, zurücktreten sollte. Eilig wurde die Abdankungsurkunde entworfen, aber doch nicht so blindlings, daß die anwesenden Rechtsgelehrten nicht auf die strikte Einhaltung der Form hätten bestehen können: Nach den Buchstaben des Hausgesetzes durfte der König nicht einfach seinen Sohn, den Herzog von Angoulême und zugleich Dauphin von Frankreich, übergehen. Das denkwürdige Dokument trägt darum die Unterschrift von *drei* Königen: *Karl X.* dankte ab zugunsten seines Sohnes, König *Ludwig XIX.,* der seinerseits zurücktrat, um seinem Neffen, König *Heinrich V.,* den Weg freizugeben. Einen Herzschlag lang war der Herzog von Angoulême König Ludwig XIX., seine Frau Marie Thérèse Königin von Frankreich, wie einst ihre Mutter, Marie Antoinette.
In der Uniform eines Obersten nahm Henri die Parade der Truppe ab und die Huldigung seiner Untergebenen entgegen. »Vive le roi« wurde ihm zum ersten und zugleich zum letzten Mal in seinem Leben zugerufen.
Es gab anschließend sogar ein Galadiner zu Ehren des neuen Königs. Einfallsreiche Hofbeamte ersparten dem abgedankten Karl X. die Blamage, den Vorsitz an der langen Tafel seinem Enkelkind überlassen zu müssen: Es wurde ein riesiger runder Tisch aufgestellt.
Die Nachrichten aus Paris waren niederschmetternd. Eine Armee befand sich im Anmarsch, der Kommandant von Rambouillet erklärte nachdrücklich, daß jeder Widerstand vergeblich sein würde. Die Familie übersiedelte am 4. August in das sicherer erscheinende Maintenon. Dort empfing der abgedankte Monarch eine Delegation, deren Botschaft eindeutig war. Die Regierung sei nicht gewillt, den kleinen Jun-

gen als König anzuerkennen. Louis Philippe, Herzog von Orléans, werde bald zum neuen Herrscher ausgerufen.
»Ich gehe, ehe es zu einem Bürgerkrieg kommt«, sagte Karl mutlos. Er war in den letzten Tagen um Jahre gealtert. »Wir gehen ins Exil.«
»Diesmal ist es wenigstens ein ehrenvoller Abgang«, kommentierte Marie Thérèse und verabschiedete sich von den Zurückbleibenden mit einer Herzlichkeit, wie sie ihr in den letzten Jahren fremd gewesen war: »Glauben Sie mir, ich habe mit all dem nichts zu tun.« Einem alten Oberst, der noch ihrem Vater gedient hatte, fiel sie um den Hals und lehnte stumm den Kopf an seine Schulter.
Am 16. August kam die Wagenkolonne mit der königlichen Familie und den engsten Mitarbeitern, die gewillt waren, ebenfalls die Heimat zu verlassen, in Cherbourg an. Viel Volk strömte herbei, um den endgültigen Abzug Karls X. zu beobachten. Die Männer zogen die Hüte, einige Frauen machten beim Anblick der Madame Royale einen tiefen Knicks.
Zwei amerikanische Kriegsschiffe, die den Bourbonen-Clan zu jedem von ihnen gewünschten Ziel außerhalb Frankreichs bringen sollten, lagen im Hafen, bereits vollgeladen mit allem, was für eine lange Reise vonnöten schien – darunter Bidets für die Damen und zwei Kühe zur Versorgung der Kinder mit Frischmilch; aber Karl nannte dem Kapitän ein überraschend nahes Fahrziel: die englische Insel Wight.
Um zwei Uhr nachmittags legten die Schiffe ab – begleitet von zwei schnellen französischen Wachbooten, die achtgeben sollten, daß die Flüchtlinge nicht wieder auf französischem Boden landeten: Für diesen Fall hatten sie Schießbefehl!
Große Bestürzung, als die amerikanischen Schiffe nach einer Stunde schon wieder auf Cherbourg zusegelten. Doch die Angst, es könnte eine Invasion geplant sein, schlug bald in Hohngelächter um: Es war zwar an alles und jedes gedacht worden, das Brot aber hatte man vergessen. Nach drei Stunden liefen die Schiffe erneut aus.
An der Reeling stand Marie Thérèse, den Neffen und die Nichte an sich gedrückt, und blickte auf das Ufer der entschwindenden Heimat, die sie nie mehr wiedersehen sollte. Sie habe, so berichtete ein Augenzeuge, leichenblaß ausgesehen, zwei kreisrunde rote Flecken auf den Wangen.
Die Überfahrt verlief ohne Zwischenfall – abgesehen von einer klei-

nen Episode, die alle Passagiere in helle Aufregung versetzte. Die Gouvernante der Kinder wußte noch immer nicht, wo die Reise hinging, sie fragte einen Matrosen nach dem Ziel. »St. Helena«, antwortete der Mann wahrheitsgemäß. Kreischend rannte die schockierte Frau zum Exkönig, und auch der glaubte im ersten Augenblick an hinterlistige Machenschaften und finsteren Verrat. Bis der Kapitän die Gemüter beruhigte: St. Helena, ganz recht – aber St. Helena auf der Insel Wight und nicht jenes bewußte, wohin man Napoleon verschleppt hatte.

Karl X. und sein ungefähr fünfzig Personen umfassender Hofstaat fanden zunächst im Schloß Lulworth in Dorsetshire Unterschlupf, doch schon nach kurzer Zeit stellte sich heraus, daß dort des Bleibens nicht lange war. Das Gebäude war derart baufällig, daß der Regen in alle Zimmer tropfte und bald kein Mensch mehr einen trockenen Faden am Leib hatte. Der englische König bot den Flüchtlingen daraufhin an, nach Schloß Holyrood in Edinburgh zu übersiedeln. Dort hatten schon Karl X. und der Herzog von Angoulême unmittelbar nach ihrer Flucht vor der großen Revolution von 1789 gelebt.

Der ganze Hof – mittlerweile auf rund fünfundzwanzig Personen zusammengeschmolzen, nachdem sich herausgestellt hatte, daß der Exmonarch noch immer mittellos war – machte sich auf die lange Reise nach Norden. Sie kamen zu einer Jahreszeit dort an, da das schöne Schottland eigentlich nur zum Weglaufen ist: kalt, verregnet, dunkel. Und dann noch dieses gräßliche Schloß Holyrood, eher einem mittelalterlichen Gefängnis gleichend denn einer Wohnstatt. Enge, kleine Zimmer, in denen die Nässe von den Wänden troff, mit winzigen Fenstern, so daß fast ständig künstliche Beleuchtung vonnöten war; durch Fugen und Ritzen heulte der rauhe Oktoberwind. An den Wänden hingen Porträts melancholisch dreinblickender Menschen. Die meisten stellten jene unglückliche Maria Stuart dar, die, wie Ludwig XVI., wie Marie Antoinette, auf dem Blutgerüst geendet hatte.

Nicht genug des Ungemachs: scharenweise strömten sensationslüsterne Bürger von Edinburgh herbei – keineswegs um das zu sehen, was sie ohnehin schon in- und auswendig kannten – Holyrood war Nationalmuseum –, sondern um einen Blick auf die drei davongejagten Könige zu erhaschen, die sie wie exotische Tiere bestaunten.

Mochte dem standhalten, wer wollte – Marie Thérèse suchte sich eine andere Bleibe. Ein bequemes kleines Haus unweit des Schlosses, das den unschätzbaren Vorteil besaß, trocken und besser heizbar zu sein. Marie Thérèse konnte sich diesen Luxus leisten, denn der gute Baron de Charlet hatte ihr über das Londoner Bankhaus Werth 100 000 Francs zukommen lassen.

»Unser Schicksal ist ungewiß, wir sind niedergeschlagen, aber nicht ohne Hoffnung«, schrieb sie dem Baron, den sie laufend mit zahlreichen Produkten ihrer fleißigen Hände versorgte. Charlet verkaufte die gestickten Kunstwerke zu gutem Preis. Das Geld bekamen die ehemaligen Bediensteten. »Mein Herz hängt an allen, die ich verlassen mußte. Ich bitte Sie, auf meine Leute zu schauen ... Es soll ihnen an nichts mangeln«, heißt es in einem der Briefe.

Marie Thérèse war nicht die Frau, die sich damit begnügte, nur zu stikken und nur mit dem Baron zu korrespondieren. Ihr Mann, der Herzog von Angoulême, und der abgedankte König Karl X. waren längst in Apathie und Resignation versunken – sie hingegen suchte noch immer nach Möglichkeiten, dem Neffen, Henri, den sie liebte wie einen eigenen Sohn, zu seiner Krone zu verhelfen. Sie unterhielt einen lebhaften Gedankenaustausch mit alten Offizieren der königlichen Garde. Es wurde sogar ein tollkühnes Unternehmen ausgeheckt, den Knaben nach Dieppe zu schmuggeln und von dort aus einen Aufstand zu seiner Inthronisation anzuzetteln. Das Komplott flog auf, es gab einige Verhaftungen.

Henri blieb in Edinburgh und wurde Zeuge ständiger Reibereien zwischen seiner Mutter und seinem Großvater. Es kam zum großen Krach, als Maria Carolina es wagte, ihr abscheuliches Zimmer mit dem weniger abscheulichen des Herzogs von Luxemburg zu tauschen, ohne den Exkönig um Erlaubnis zu fragen. »Ich will Herr in meinem eigenen Haus sein«, donnerte Karl. Maria Carolina entgegnete nicht weniger lautstark, was sie von seiner Herrschaft hielt – und noch einiges mehr. Dann zog sie aus, und zwar zu Marie Thérèse. Die beiden Frauen waren, wie wir wissen, einander von jeher nicht sonderlich gewogen, doch einig in dem Wunsch, Henri zum König von Frankreich zu machen.

Anfang 1832 verließ Maria Carolina heimlich Edinburgh und schiffte sich nach Frankreich ein. Einmal als Mann, dann wieder als Bäuerin verkleidet, zettelte sie zunächst eine Verschwörung an, die in dem bizarren Plan mündete, die Tuilerien zu stürmen und König Louis Phi-

lippe zu ermorden. Das Vorhaben scheiterte durch Verrat, Maria Carolina konnte entweichen. Sie tauchte kurz in Italien unter, wandte sich dann nach Marseille und wollte versuchen, Frankreich von Süden her »aufzurollen«. Sie fand aber keine Mitstreiter und ging in die Vendée. Dort gab es noch viele Anhänger des Ancien Régime, immer wieder aufflackernde Aufstände legten Zeugnis dafür ab. Maria Carolina konnte sogar einige Wochen lang als »Regentin« für ihren unmündigen Sohn auftreten – bis sie am 6. November verhaftet und in der Festung von Bordeaux eingesperrt wurde.
Die Hiobsbotschaft von Maria Carolinas Festnahme erreichte die Familie nicht mehr in Edinburgh, sondern auf dem Prager Hradschin, wohin es sie keineswegs als reiselustige Touristen, sondern, wieder einmal, als herbergsuchende Emigranten verschlagen hatte.
Schuld daran war die Weltpolitik. England und Frankreich, die jahrhundertealten Erzfeinde und Erzrivalen, gingen daran, ihre Beziehungen zu verbessern. Zuvor galt es, einige Hindernisse zu beseitigen. Eines davon war das kuriose Königstrio von Holyrood; es wurde mit der gebotenen Höflichkeit, jedoch sehr nachdrücklich ersucht, die Britischen Inseln baldmöglichst zu verlassen. Den Hinauswurf versüßte eine »großzügige« Geste: England gab die seit Jahrzehnten gesperrten Konten Ludwigs XVI. frei. Die drei Könige verließen Schottland im September 1832 als reiche Männer.
Marie Thérèse reiste vor den Ihren ab, um in Wien, beim Cousin, Kaiser Franz I., Asyl zu erbitten. Nach all den Jahren gestaltete sich das Verhältnis zwischen Vetter und Base problemlos und friedfertig. Marie Thérèse fand sogar eine neue Freundin in der jungen Sophie von Bayern, mit einem Sohn des Kaisers, Erzherzog Franz Karl, vermählt und Mutter eines zweijährigen Sohnes namens Franz Joseph (er sollte nur sechzehn Jahre später österreichischer Kaiser werden). Zwei an sich spröde Frauen, von vielen nicht verstanden, müssen wohl auf geheimnisvolle Weise Gemeinsamkeiten entdeckt haben, die sie zueinander hinzogen.
Die Glückssträhne dauerte an: Kaiser Franz bot der Cousine und ihrer Familie den Prager Hradschin als Wohnsitz an, und Baron de Charlet hatte wieder einmal Geld lockergemacht. Das Bankhaus Heninkstein auf der Wiener Kärntner Straße überwies Marie Thérèse eine halbe Million Gulden – eine Summe, die ihre bescheidenen persönlichen Bedürfnisse bei weitem überstieg.

Ende Oktober waren alle wieder vereint, im Hradschin mit königlichen Ehren empfangen. Zwei Grenadiere hielten Tag und Nacht Ehrenwache vor dem Eingang ihrer Suite. »Die Unterkunft ist gut, die Zimmer sind angenehm gelegen, gut geheizt und dennoch luftig«, hieß es in einem Brief an Charlet.

Weder »die gute Unterkunft« noch die »angenehmen Zimmer« vermochten darüber hinwegzutäuschen, daß das Leben auf dem Hradschin in tödlicher Monotonie verlief. Der Herzog von Angoulême wurde immer schrulliger und wollte niemanden sehen, Karl X. litt Höllenqualen unter der alten Familienkrankheit, der Gicht; nur selten raffte er sich dazu auf, mit Marie Thérèse an schönen Tagen in der Stadt ein wenig spazierenzufahren. Madame Royale stickte sich verbissen durch die öde Zeit. Wenn sie abends um neun Uhr ins Bett ging, verabschiedete sie sich mit immer derselben Floskel: »Auf Wiedersehen, wieder ist ein Tag vergangen...«

Plötzlich kam Entsetzen, Aufruhr und Abwechslung in die müde Szenerie. Aus Frankreich sickerte Anfang 1833 durch, daß Maria Carolina, verwitwete Herzogin von Berry, die noch immer im Gefängnis saß – schwanger war! Was zunächst wie ein böser Scherz geklungen haben mag, wurde durch Zeitungsmeldungen vom 22. Februar als niederschmetternde Wahrheit bestätigt. Die Blätter veröffentlichten eine Erklärung der Herzogin, sie hätte in Italien heimlich geheiratet. Den Namen des mysteriösen Ehemannes gab sie nicht preis. Als sie am 10. Mai ein Mädchen gebar, war die Identität des Kindesvaters noch immer unbekannt. Auch in einem Brief an Marie Thérèse hüllte sie sich diesbezüglich in Schweigen, bat aber die Schwägerin, an ihren Kindern, Henri und Louise, einstweilen Mutterstelle zu vertreten.

Karl X. tobte. Er schwor, seine Schwiegertochter nur dann wiedersehen zu wollen, wenn sie imstande wäre, die ominöse Heirat mit Brief und Siegel zu belegen. Das gewünschte Papier traf im September in Prag ein – allerdings kein Original, aber eine von vatikanischen Stellen beglaubigte Kopie, wonach Maria Carolina einen gewissen Grafen Lucchesi, von dem bislang keine Menschenseele je gehört hatte, exakt neun Monate vor der Geburt des Kindes geheiratet hätte. In einem Begleitschreiben forderte Maria Carolina, die mittlerweile aus dem Gefängnis entlassen worden war, die Herausgabe der Kinder.

Karl lehnte es ab, die Gräfin Lucchesi in Prag zu empfangen, war aber bereit, sie auf neutralem Boden zu treffen. Er reiste in Begleitung von Marie Thérèse nach Leoben in der Steiermark, wo das Wiedersehen mit der Exschwiegertochter in einem Gasthof mit dem beziehungsvollen Namen »Zum Kaiser« stattfand.

Es war ein stürmisches Rendezvous, von dem ganz Leoben und Umgebung noch monatelang zu zehren hatten, denn die Streitereien, die, von heftigem Türenknallen begleitet, durch sämtliche Zimmer der hohen Gäste tobten, blieben weder den Augen noch den Ohren des Personals verborgen.

Es ging darum, daß Maria Carolina erstens nach Prag kommen, zweitens ihre Kinder sehen und diese, drittens, nach Italien mitnehmen wollte. Jeder dieser Wünsche wurde aus vielerlei Gründen abgeschlagen. Wie sähe es aus, wenn eine einfache Gräfin Lucchesi sich in Prag als Mutter des zukünftigen Königs aufspielte? Wer sei dieser Graf Lucchesi überhaupt? Wie stünde es um die Echtheit der Heiratsurkunde? Ausgeschlossen, daß Henri mit seiner Mutter gehe, sein Platz sei an der Seite des königlichen Großvaters.

Maria Carolina verlegte sich aufs Flehen, aufs Weinen und schließlich aufs Schreien. Bis man den König unmißverständlich brüllen hörte: »Halten Sie den Mund, mein Entschluß ist unwiderruflich!«

Drei volle Tage dauerte das Melodram, dann trennten sich die Kontrahenten. Maria Carolina entschwand in Richtung Italien zu ihrem geheimnisumwitterten Grafen Lucchesi, Karl und Marie Thérèse reisten nach Prag zurück.

Von da an erfüllte Marie Thérèse ihre Aufgabe als Ziehmutter der beiden Kinder mit Tatkraft, Energie, Liebe und großer Geduld. Besonders Geduld war dringend vonnöten. Der dreizehnjährige Henri kam in die Flegeljahre, seine häufigen Ausbrüche von Jähzorn waren der Schrekken seiner Lehrer – einen von ihnen hat er sogar verprügelt. Louise hingegen war ein leicht lenkbares Wesen, das mit großer Zärtlichkeit an der Tante hing.

Im März 1835 starb Kaiser Franz I. Marie Thérèse fuhr sofort nach Wien, teils der Trauerfeierlichkeiten wegen, teils um sicherzustellen, daß sie und die übrige Familie weiter im Hradschin bleiben dürften. Sie erhielt die gewünschte Zusage und kehrte erleichtert nach Prag zurück.

*Maria Carolina, Herzogin von Berry*

Doch als der neue Kaiser, Ferdinand I., im Frühjahr 1836 nach Böhmen kam, um sich als König krönen zu lassen, war plötzlich im 400-Zimmer-Palast nicht mehr genug Platz für alle. Man legte den Bourbonen nahe, sich nach einem neuen Heim umzusehen – und zwar für immer.
Das Ehepaar Angoulême reiste Anfang Oktober als Quartiermacher nach Görz. Im milden Adriaklima wollte man von nun an die Wintermonate verbringen. Sie erwarben das Schlößchen Grafendorf. Dort trafen der alte König und die zwei Kinder Ende des Monats ein.
Am 5. November 1836 erwachte Karl X. mit schwerem Brechdurchfall; die schauerliche Diagnose: er war von der Cholera-Epidemie erfaßt worden, die zu jener Zeit in halb Europa wütete. Vierundzwanzig Stunden später hatte der Neunundsiebzigjährige ausgelitten. Marie Thérèse verrichtete ein letztes Gebet am Totenbett. Als sie sich erhob, sagte der Haushofmeister: »Ich erwarte Ihre Befehle, *Majestät*.«
Um diese nur einer Kaiserin oder Königin zustehende Anrede zu verstehen, gilt es, die Rechtslage zu erläutern. Karl X. hatte 1830, unter dem Druck der Pariser Juli-Revolution, resigniert, und zwar zugunsten seines Enkels Henri, und diesen Schritt allen Regierungen offiziell mitgeteilt. Der Herzog von Angoulême indes hatte immer erklärt, daß sein Thronverzicht als Ludwig XIX. durch Erpressung zustande gekommen sei. Er hat ihn niemals formal anerkannt und sich, solange sein Vater lebte, als Dauphin betrachtet. Nach dem Tod Karls X. erließ er von Görz aus die folgende Proklamation:
»Ich nehme den Titel eines Königs an, bin aber nicht gewillt, von den Rechten, die er mir gibt, Gebrauch zu machen, solange das Unglück in Frankreich andauert. Ich werde die Krone meinem Neffen, dem Herzog von Bordeaux, an dem Tag überlassen, da es der Gnade des Herrn gefällt, die legitime Monarchie in Frankreich wieder erstehen zu lassen.«
Ludwig XIX. hatte sich eindeutig festgelegt: Er wollte König nur im Exil sein, Marie Antoinettes Tochter war Königin von Frankreich, überall – nur nicht in ihrem Vaterland.
Im Sommer 1837 übersiedelte das Paar mit den Kindern nach Kirchberg am Walde – ein Name, der eine milde Untertreibung der tatsächlichen Lage dieses Fleckens im nördlichen Waldviertel darstellt. Eigent-

*Louis Antoine, Herzog von Angoulême*

lich hätte es »Kirchberg im Urwalde« heißen müssen, denn das kleine, auf einem steilen Hügel gelegene Schlößchen, ab nun als ständiger Sommersitz gedacht, war nur auf fast bodenlosen Wegen zwischen Baumriesen und undurchdringlichem Dickicht zu erreichen. Besucher, die nicht das Glück hatten, mit einer schwankenden Kutsche befördert zu werden, wer also zu Fuß oder zu Pferd kam, mußte gründlich gesäubert werden, ehe er sich präsentieren konnte. In der Halle des Schlosses standen stets Reihen über und über mit Schlamm und Dreck bedeckter Stiefel.

Und es kamen viele Besucher, in erster Linie Franzosen, treu dem angestammten Herrscherhaus. Ihr Hauptinteresse galt Henri, der nun, nach dem Zwischenspiel als »König Heinrich V.« wieder in der Rolle des Dauphin fungierte: ein hübscher, schlanker Junge, bei dem überraschenderweise das typische Habsburger-Blond durchgeschlagen war. Mit der Zeit wurde er manierlich, angenehm im Umgang sogar mit Lehrern, und Marie Thérèse, die eigene Kinder schmerzlich entbehren mußte, war stolz auf diesen ihr spät geschenkten »Sohn«. »Er ist ein wundervoller Bourbone«, schwärmte einmal ein Besucher. Marie Thérèse fuhr ihm scharf in die Parade: »Er ist vor allem ein wundervoller Franzose, ein *Franzose,* Monsieur!«

»Gewöhnliche« Gäste wurden am Morgen zu einer kurzen Audienz empfangen, höhergestellte zur Abendtafel gebeten – bereits um sechs Uhr. Anschließend plauderte man ein wenig – Marie Thérèse hob dabei kaum die Augen von ihrer Stickarbeit –, oder Louise unterhielt die Anwesenden mit ihrer netten Sopranstimme. Um neun Uhr pünktlich war Schlafenszeit, denn Marie Thérèse erhob sich täglich um fünf, um zur Messe zu gehen. Die anderen beugten sich ihrer Tageseinteilung, obwohl sie es nicht verlangte. »Ich möchte nicht, daß sich meinetwegen irgend jemand inkommodiert«, pflegte sie zu sagen.

Die nächsten Jahre verliefen immer nach dem gleichen Schema: sommers in Kirchberg, winters in Görz. In dieser letzten Phase ihrer Ehe keimte zwischen Marie Thérèse und ihrem Mann ein spätes kleines Glück auf. Die lange Gewöhnung, die gleichermaßen erlittenen Demütigungen und Schicksalschläge hatten die beiden unglücklichen Menschen gelehrt, aneinander Trost und Halt zu finden. Sie bezogen – was viele verwunderte, die meisten schockierte – auf ihre alten Tage

ein gemeinsames Schlafzimmer, und oft sah man sie zusammen durch die Straßen von Görz promenieren, eingehängt oder gar Hand in Hand.
Es war für Marie Thérèse darum eine neuerliche Katastrophe, als der Herzog – oder der »König«, wenn man so will – am 10. Dezember 1843 ernstlich erkrankte. Nachdem er schon längere Zeit an vagen »inneren Verstimmungen« laboriert hatte, erlitt er an diesem Tag eine derart heftige Kolik, daß er zusammenbrach und sich stöhnend auf dem Boden wand. Sein Krebsleiden, dessen genauen Sitz man nicht kannte – es war lediglich ein Tumor im Oberbauch getastet worden –, zog sich über ein halbes Jahr; dem Patienten konnten nur mit stetig gesteigerten Dosen von Opium die ärgsten Qualen erspart werden. Marie Thérèse wich kaum je von seinem Bett. Die sonst so hart und streng wirkende Frau war sichtlich bis zum Grund ihrer Seele erschüttert und aufgewühlt, als ihr Mann am 3. Juni 1844 endlich ausgelitten hatte. Er wurde in Görz bei den Franziskanern an der Seite seines Vaters, König Karl X., begraben.
Zwei Wochen später verließ Marie Thérèse, die nun den offiziellen Titel »Königinwitwe« führte, Görz, um (als Lebende) nie mehr zur Stätte schrecklicher Erinnerungen an Krankheit und Tod zurückzukehren.
Im niederösterreichischen Frohsdorf erwarb sie ein stattliches Schloß – als Alterssitz, als letzte Heimstatt einer ewig Gejagten.
Es war eine kluge Wahl. Das neue Heim am Rande eines winzigen Dörfchens sicherte die erwünschte Ruhe und Abgeschiedenheit – dennoch war es nicht »aus der Welt«, von Wien aus bequem zu erreichen: Man fuhr mit der neu errichteten »Wien–Gloggnitzer-Eisenbahn« bis Wiener Neustadt, von dort mit Kutsche oder Fiaker in das nur acht Kilometer südöstlich der Stadt gelegene Frohsdorf.
Das Schloß war ein gediegener gelber Barockbau in der Art eines gewaltigen Vierkanthofes. Es lag am Abhang der Buckligen Welt an den Ufern der Leitha mit ihren schönen Auwäldern. In der Ferne grüßten, über die weite Ebene des Steinfelds, die Hohe Wand und das imposante Massiv des Schneebergs, dessen langgezogener Rücken bis weit in den Sommer weiß leuchtete.
Im Laufe weniger Jahre entwickelte sich Frohsdorf zu einem Kleinst-Versailles. Die Zimmer waren nach französischem Geschmack eingerichtet, von den Wänden blickten Porträts der großen Bourbonen; wo

immer es möglich war, wurde das Bourbonen-Wappen angebracht – weithin sichtbar über der breiten Einfahrt und sogar auf der schmiedeeisernen Wetterfahne. Der Garten wurde, entgegen den Modeströmungen, die nun englische Parks bevorzugten, im strengen Versailler Stil angelegt.

Der Hofstaat umfaßte an die achtzig Personen, darunter jener ergebene Diener, der 1830, zusammen mit der königlichen Familie, Frankreich und seine Braut verlassen hatte – nicht ohne vorher feierlich zu versprechen, daß er wiederkommen werde, sobald der kleine Henri als König in Paris einziehe. Die Braut und Frankreich warteten vergeblich...

Es gab viele junge Leute unter dem Gefolge, es wurde geheiratet, und Kinder wurden geboren, die eines Tages in die Schule gehen mußten. Marie Thérèse ließ, an die ebenerdigen Gesindehäuser anschließend, eine kleine Schule errichten – eine rein französische, versteht sich.

Auch von den alten Sitten und Gebräuchen wurde in Frohsdorf nicht abgelassen. Die Damen machten noch immer drei tiefe Knickse, sobald sie Marie Thérèse begegneten, jeder Herr, jede Dame – auch Marie Thérèse! – erhob sich, wenn Henri den Raum betrat.

Ein Zeitgenosse beschrieb 1845 eine Visite bei Marie Thérèse folgendermaßen: »Die hohe Tochter des Märtyrerkönigs ist jetzt siebenundsechzig Jahre alt. Ihre aufrechte Figur ist durch das Alter nicht gebeugt. Sie hält sich gerade, bewegt sich leicht mit großer Würde und Majestät. Ihr noch immer üppiges Haar hat nur wenige Silbersträhnen, sie trägt darüber meist ein Spitzenhäubchen. Ihre Augen wirken dunkel, aber ihr Teint ist rosig. Im allgemeinen strahlt sie eine große Traurigkeit aus, sie lächelt selten. Sie ist ein Beispiel großer Sanftheit, Geduld und Güte...«

»Es ist sehr einsam hier und sehr traurig«, schrieb Marie Thérèse an den Baron de Charlet. Sie muß diese Zeilen in melancholischer Stimmung verfaßt haben, denn einsam konnte sie in Frohsdorf kaum sein. Selbst im tiefen Winter saßen bis zu zwanzig Personen an der Tafel, und in der schönen Jahreszeit quoll das Haus von Gästen über.

Mindestens drei- bis viermal im Jahr trat Baron de Charlet die weite Eisenbahnreise von Paris nach Österreich an und brachte Hunderte Briefe aus der Heimat mit. Erzherzogin Sophie kam mit den beiden Söhnen, Franz Joseph und Maximilian, sehr häufig aus Wien. Manch-

mal wimmelte es nur so von Erzherzogen und Erzherzoginnen, von Verwandten und Freunden aus Frankreich, Italien, Spanien und England. Mit der Gräfin Lucchesi, der Mutter von Henri und Louise, hatte sich Marie Thérèse längst ausgesöhnt; sie empfing die ehemalige Schwägerin samt ihren vier Lucchesi-Kindern herzlich.
Gerngesehener Gast war auch die Cousine Marie Louise von Parma. Die Witwe Napoleons träufelte Balsam auf die tausend Wunden der Marie Thérèse, wenn sie immer wieder betonte: »Ich bete jeden Tag zu Gott, mir die Gnade zu gewähren, daß ich den Tag erleben kann, an dem Louis Philippe vom Thron stürzt und Henri in seine Rechte eingesetzt wird.«
Am 10. November 1845 gab es ein glänzendes Hochzeitsfest in Schloß Frohsdorf, an dem der halbe europäische Hochadel, viele Royalisten und das ganze Dorf Anteil nahmen. Louise heiratete Ferdinand, den Sohn des letzten spanischen Bourbonen, an dessen Seite sie später Herrin des kleinen Herzogtums Parma und Großmutter von Zita, der letzten österreichischen Kaiserin, werden sollte.
Auch Henri dachte ernsthaft ans Heiraten. Fast kam es zur Verlobung mit einer Nichte des Zaren – doch Marie Thérèse widersetzte sich erfolgreich einer solchen »Mischehe« mit einer Orthodoxen. Seine nächste große Liebe, Maria Beatrice von Modena, gab ihm glatt einen Korb. So nahm er denn deren Schwester, Maria Teresa – und die war leider ein Jammerbild: schief gewachsen, eine ständig gerötete Nase im teigigen Antlitz, mürrisch und so schwerhörig, daß man sich nur schreiend mit ihr verständigen konnte. Der kleine Hofstaat von Frohsdorf war entsetzt beim Anblick der Braut, die Henri am 16. November 1846 in der Schloßkapelle zum Altar führte. Das, um Gottes willen, sollte einmal französische Königin sein?
Die Frage ist nur, ob Henri jemals ernstlich König von Frankreich werden wollte. Starke Zweifel sind angebracht, denn als die Gelegenheiten zum Greifen nahe waren, ließ er sie ungenützt verstreichen. Nicht einmal, nicht zweimal, nicht dreimal, sondern viermal!
Das Revolutionsjahr 1848 begann, wie könnte es anders sein, in Paris. Der Aufruhr zog sich über Monate hin, kostete an die 10 000 Tote und fegte das korrupte Regime von Louis Philippe hinweg. Die Geschichte wiederholte sich: Louis Philippe versuchte, wie einst Karl X., zu retten, was zu retten war, und dankte zugunsten seines

seines Enkels ab. Vergeblich der Verzweiflungsschritt: die Republik wurde ausgerufen.
In dem politischen Chaos, das durch eine wirtschaftliche Depression ausgelöst und verschlimmert wurde, erscholl der Ruf nach einem starken Mann, einer ordnenden Hand. Zwei Namen wurden ständig genannt: Louis Napoleon, Neffe von Kaiser Napoleon I., und Henri, Herzog von Bordeaux, Neffe von Marie Thérèse. »Meiner Meinung nach hat Henri die besten Chancen«, meldete der österreichische Gesandte Graf Anton Apponyi nach Wien.
Louis Napoleon ergriff die Chance mit beiden Händen, er war zur rechten Zeit am rechten Ort, nämlich in Paris, intervenierend, intrigierend. Henri indessen vergnügte sich in Venedig. Louis Napoleon war entschlossen zu handeln, Henri wollte gebeten werden und rührte keinen Finger. Seine Anhänger waren so verzweifelt, daß sie in ihrer Not gefälschte Briefe Henris in Umlauf brachten, in denen er seine baldige Ankunft in Paris und energische Taten in Aussicht stellte. Er kam natürlich nicht.
Am 10. November 1848 wurde Louis Napoleon mit überwältigender Mehrheit zum Präsidenten der Republik gewählt. Schon wenige Tage später erschien ein Abgeordneter der Nationalversammlung, ein gewisser Didier, in Frohsdorf. Er gehörte zu jener starken Fraktion, die Louis Napoleon nicht über den Weg traute und lieber das kleinere Übel, einen legitimen König statt eines gefährlich ehrgeizigen, unsicheren Republikaners, als Staatsoberhaupt gesehen hätte.
Didier wurde von Henri und Marie Thérèse im kleinen grauen Salon des Schlosses empfangen. »Mir zitterten die Knie beim Zusammentreffen mit dieser tragischen historischen Persönlichkeit, der ergreifendsten, die heute in Europa lebt«, liest man in Didiers Lebenserinnerungen über seine Begegnung mit Marie Antoinettes Tochter.
Henri und Marie Thérèse lehnten es ab, sich in Erörterungen über eine mögliche Thronbesteigung des jungen Mannes einzulassen, solange Louis Philippe noch am Leben war. Der angeborene Sinn für Anstand obsiegte über die durch Unrecht erlittene Kränkung.
Louis Philippe starb am 26. August 1850, und Henri – er hielt sich damals im Hotel Düringer in Wiesbaden auf – empfing eine Abordnung von »Orléanisten« (Anhänger des verstorbenen Louis Philippe) zusammen mit seinen eigenen Parteigängern. Übereinstimmend erklärten sie,

*Henri, Herzog von Bordeaux, Graf von Chambord*

die Krone sei ihm sicher, vorausgesetzt, daß er eine konstitutionelle Monarchie gewährleistete und – die Trikolore anerkenne. Henris Antwort war eindeutig, und ebenso eindeutig sprach Marie Thérèse aus seinem Mund: »Ich werde niemals der legitime König der Revolution.«

Der Vollständigkeit halber sei hinzugefügt, daß man Henri 1871, nach dem Ende des Deutsch-Französischen Krieges und der Absetzung von Louis Napoleon, alias Kaiser Napoleon III., abermals unter den gleichen Bedingungen die Krone anbot. Er lehnte wieder ab. Als einfacher Graf Chambord starb er 1883 in Frohsdorf.

Marie Thérèse zog sich immer mehr in ein Schneckenhaus der Erinnerungen zurück. Umgeben von Reliquien der Vergangenheit – die weiße Weste, die ihr Vater zuletzt im Temple getragen, der Schuh, den ihre Mutter beim Gang auf die Guillotine verloren hatte – kapselte sie sich zunehmend von der Welt ab. Sie ist in den letzten Jahren ihres Lebens sehr leise, sehr wehmütig, sehr milde geworden – genau so, wie ihre Mutter sie sich immer gewünscht hatte. Sie trug ausschließlich schwarze Kleidung, und sie konnte nicht mehr weinen. »Ich habe so viele Tränen vergossen«, schrieb sie an Baron de Charlet, »ich habe keine mehr übrig.«

Am 13. Oktober 1851 überfiel sie während der Frühmesse in der Hauskapelle Schüttelfrost. Die scheinbar leichte Erkältung entwickelte sich zu einer tödlichen Lungenentzündung. Erzherzogin Sophie eilte an das Krankenbett der Freundin und brachte den ersten Leibarzt des jungen Kaisers Franz Joseph I., Dr. Johann Seeburger, mit, aber auch er konnte nicht helfen. Am 18. Oktober stieg das Fieber unaufhörlich. Am Bett der Kranken harrten Henri, seine Frau und Baron de Charlet aus, der zufällig aus Paris zu Besuch gekommen war. Vor dem Schloß knieten die Bauern der Umgebung und beteten endlose Aves.

Am Morgen des 19., einem Sonntag, beugte sich Henri über die Sterbende und wischte ihr den Schweiß von der Stirn. »Adieu«, flüsterte Marie Thérèse, »ich kann nicht mehr.« Sie verschied um 11 Uhr und 17 Minuten.

Man brachte den Leichnam von Marie Antoinettes Tochter mit einem Pferdewagen über den Semmering nach Mürzzuschlag, von dort mit der Eisenbahn nach Görz, wo er zwischen ihrem Schwiegervater, König Karl X., und ihrem Ehemann, König Ludwig XIX., bestattet wurde. Später fanden dann auch die Ziehkinder, Henri und Louise, dort ihr Grab.

1917, während des Ersten Weltkriegs, als Görz Kampfgebiet zu werden drohte, ließ die österreichische Kaiserin Zita die sterblichen Überreste ihrer Verwandten exhumieren und im Karmeliterkloster in Wien-Döbling beisetzen. Fünfzehn Jahre später gingen die Särge zurück auf die Reise nach Görz, das nun nicht mehr zu Österreich, sondern zu Italien gehörte. Der prestigesüchtige Diktator Mussolini hatte mehr Interesse an den königlichen Gebeinen als die junge Republik Österreich. Marie Thérèse hatte lebenslang nur einen Wunsch gehabt: dermaleinst in französischer Erde bei den Eltern zu ruhen.

Schloß Frohsdorf ist auch heute noch in tadellosem Zustand, weithin sichtbar das Bourbonenwappen über dem Portal und auf der Wetterfahne. Im Inneren befindet sich eine Internatsschule für Fernmeldetechnik der Österreichischen Post- und Telegraphendirektion; sie atmet die Zweckmäßigkeit des Plastikjahrhunderts. Nichts erinnert an Marie Thérèse – außer einer kleinen schwarzen Marmortafel in einem einfenstrigen Büroraum. Die in Französisch abgefaßte Inschrift lautet: »Hier starb Marie Thérèse Charlotte, Dauphine von Frankreich und Herzogin von Angoulême, nach einem langen Leben der Leiden und der Prüfungen am 19. Oktober 1851.«

# Magnanimo

## Pedro 1825–1891

»Die Europäer sprechen so häufig von der vergleichsweisen Jugend der südamerikanischen Länder. Niemand ist sich darüber klar, daß wir hoffnungslos alt sind. Wir sind älter als die Welt. Nichts blieb uns, oder nichts ist uns zumindest bekanntgeworden über die Völker, die diesen Kontinent vor Jahrtausenden bewohnten. Nur eines wird in Südamerika immer gleichbleiben: der Geist rastlosen Hasses. Er kommt aus dem Urwald, er lastet auf unserem Gemüt... Keine Regierung kann sich halten, weil uns der Urwald in Kampfesstimmung bringt...«
Der diese prophetischen Worte voll resignativer Einsicht vor fast genau hundert Jahren sprach, war Pedro II., Kaiser von Brasilien, Sohn einer Habsburgerin. Wie durch ein Prisma bündelten sich in ihm noch einmal sämtliche positiven Eigenschaften dieses uralten europäischen Herrschergeschlechts. Er kam als Fünfjähriger durch einen Putsch auf den Kaiserthron. Sechzig Jahre später jagten ihn putschende Offiziere wie einen Schwerverbrecher aus dem Land. Dazwischen hat er eine chaotische Kolonie in eine moderne Großmacht verwandelt.
Pedro wurde am 2. Dezember 1825 auf dem Landschlößchen Boa Vista in São Cristovão, einem Dorf, das damals noch außerhalb von Rio de Janeiro lag, geboren. Er war das jüngste von fünf Geschwistern – vier Mädchen und ein Junge. Zwei weitere Kinder waren bereits vor seiner Geburt gestorben. Die älteste Schwester, Maria da Gloria, war sechs Jahre alt, die jüngste, Francisca Carolina, zählte erst knapp zwölf Monate.
Pedro wurde von einer Schweizer Amme genährt. Die noch junge Witwe eines hohen Hofbeamten, Dona Marianna Verna da Maghelhãs Coutinho, wurde zu seiner Gouvernante bestimmt. Er liebte sie zärtlich und nannte sie zeit ihres Lebens mit ihrem Kosenamen »Dadama«, doch sie legte ihren Gefühlen Fesseln an und behandelte ihn

*Leopoldine, Kaiserin von Brasilien*

stets als »kaiserliche Hoheit«, der man sich mit Knicks und Handkuß zu nähern hatte.

Der Vater des kleinen Prinzen war Kaiser Pedro I. von Brasilien aus dem portugiesischen Geschlecht der Braganza, ein stattlicher Mensch von damals siebenundzwanzig Jahren, Urbild eines südländischen Edelmanns und Herzensbrechers; das Spektrum seines schillernden Charakters reichte von überwältigender Liebenswürdigkeit über kochenden Jähzorn bis zu sadistischer Brutalität.

Die Mutter war zum Zeitpunkt von Pedros Geburt achtundzwanzig Jahre, sah aber wie vierzig aus. Sie hieß Leopoldine und war die Tochter des österreichischen Kaisers Franz I., eine zur Körperfülle neigende Blondine, deren blasse Züge gleichermaßen unendliche Güte und unendliche Wehmut widerspiegelten.

Der Bericht eines deutschen Einwanderers zeichnet ein lebhaftes und genaues Bild des brasilianischen Herrscherpaares, das sich stets am Hafen einfand, wenn ein Schiff mit neuen Siedlern aus Europa ankam: »[Der Kaiser] trug einen weißen, breitkrempigen Hut, ein buntseidenes Tuch, nach Art der Matrosen nachlässig um den Hals geworfen und auf der Brust geknotet, ein Paar weiße Beinkleider und Stiefel mit silbernen Sporen.« Von Leopoldine heißt es: »Ihre sonderbare Tracht, nämlich ein runder Mannshut, Beinkleider nach Art der Männer, eine Tunika, über diese ein Amazonenkleid und Reitstiefel mit dicken, massiven Sporen, gaben ihr ein fast unweibliches Aussehen.«

Der Kaiser empfing die Neuankömmlinge mit polternder Jovialität – wobei Leopoldine Dolmetscherdienste leistete –, und er ließ sogleich alle wehrfähigen Männer aussondern. Auf die Frage, wie lange denn die Militärdienstzeit dauern werde, gab er die zynische Antwort: »Solange es mir gefällt und euch eure Knochen tragen.« Die Kaiserin versuchte immer wieder zu vermitteln und die Enttäuschten zu trösten, versprach zu tun, was in ihren schwachen Kräften stehe; aller Anfang sei schwer in Brasilien – sie wisse das am besten, fügte sie vieldeutig hinzu. »Ihre Worte, ihr Mienenspiel, von dem sie begleitet wurden, das ist der ganze Reichtum, den ich aus Brasilien mit heimbrachte«, schreibt unser Gewährsmann.

Die Ehe zwischen Kaiser Pedro I. und seiner Gemahlin war bereits hoffnungslos zerrüttet, und nicht einmal das Wunder der Geburt eines männlichen Erben konnte sie mehr retten. Der Kaiser gebärdete sich zwar wie wahnsinnig vor Freude, doch das hatte nichts zu bedeuten: Zur gleichen Zeit gebar seine Mätresse Domitilia, die er zur Marquesa von Santos geadelt hatte, ebenfalls einen Sohn. Auch dieser Bastard erhielt den Namen Pedro, auch dieser Bastard wurde, sogar noch vor dem ehelichen Kind, zum Herzog von Alcantara erklärt, und er hätte eine Prinzenerziehung erhalten, wäre er nicht schon nach wenigen Monaten gestorben.

Kaiser Pedro I. war der Sohn des portugiesischen Königs João VI. und seiner Gemahlin Carlota. Die Familie – zu der noch ein jüngerer Sohn namens Miguel gehörte – floh 1807 vor Napoleon in die portugiesische Kolonie Brasilien, wo Pedro, Herr über seine verschreckten Lehrer und Erzieher, zu einem hemmungslosen Egoisten mit stark erotomanischen Zügen heranwuchs. Neunzehnjährig wurde er mit der äußerlich wenig anziehenden, aber charakterlich und intellektuell auf hoher Stufe stehenden Erzherzogin Leopoldine vermählt, die zu einem Segen für das ganze Land werden sollte.

Unglückseligerweise verliebte sie sich leidenschaftlich in das Ungeheuer, das der allmächtige österreichische Staatskanzler Fürst Wenzel von Metternich ihr zum Manne erwählt hatte, wodurch ihre mannigfachen Leiden zusätzlich gesteigert wurden. Sie litt unter dem mörderischen Klima Brasiliens, unter den Intrigen einer gott- und zügellosen Hofkamarilla, unter den Eskapaden ihres Mannes – vor allem aber an zermürbendem Heimweh. Nur der Gedanke, eines Tages nach Europa zurückkehren zu können, gab ihr Kraft, dieses Leben überhaupt auszuhalten. Aber als sie die Chance hatte, Brasilien zu verlassen, zog sie es vor zu bleiben!

Nachdem ihr Schwiegervater samt Frau und Sohn Miguel die Heimreise nach Portugal angetreten hatte, drohte die Kolonie Brasilien auseinanderzufallen. Pedro als neuer Regent war nicht imstande, das Riesenreich, fast so groß wie Europa, zusammenzuhalten. Er wollte sich seiner Verantwortung durch die Flucht nach Europa entziehen. Doch Leopoldine, obwohl krank vor Heimweh, sagte nein. Sie hatte im Hause Habsburg gelernt, was die erste Pflicht des Herrschers war: Dem Volke zu dienen. Sie bewog Pedro zu bleiben, sie trieb die Loslösung vom Mutterland voran, weil sie darin die einzige Möglichkeit zur vollen Entfaltung der neuen Heimat sah. Nur ihr hatte es Pedro zu verdanken, daß er schließlich zum ersten Kaiser des Landes gekürt wurde.

Dankbarkeit war eine Vokabel, die in Pedros Wortschatz fehlte. Unmittelbar nach der Krönung zur Kaiserin folgte Leopoldines Sturz in den Abgrund der Hölle: Nach der endlosen Abfolge von willigen Gespielinnen legte sich Kaiser Pedro I. eine neue Geliebte zu, deren willenloser Sklave er werden sollte. »Titilia«, so der Kosename des Satansweibes, stieg zur ungekrönten Kaiserin auf, der Clan ihrer Verwandten und Freunde beherrschte das Hofleben. Leopoldine, gedemütigt, verlacht, verraten, erniedrigt und schließlich auch noch von ihrem Mann schwer mißhandelt, siechte dahin. Sie verschied am 11. Dezember 1826, kurz vor ihrem dreißigsten Geburtstag.

Der Kaiser raufte seine prachtvollen schwarzen Locken, er riß sich am sorgfältig gestutzten Bart, und er schloß sich für volle acht Tage in seine Gemächer ein. »Sie war eine ausgezeichnete Frau, sie hat nie gegen meinen Willen gehandelt«, jammerte er.

Es gab kein Staatsbegräbnis für Leopoldine. Weil sie von ihren Landeskindern so verehrt, nach ihrem Tod als »gute Mutter« so stürmisch betrauert wurde, befürchtete man mit vollem Recht, daß es während der Beisetzungsfeierlichkeiten zu Unruhen kommen könnte. So wurde der teure Leichnam bei Nacht im gestreckten Trab zum Kloster Ajuda gefahren, wo er seine letzte Ruhestätte finden sollte. Dennoch folgten, ein gespenstischer Anblick, Tausende dem Katafalk – im Laufschritt!

Schon bei der Trauermesse für die Kaiserin, wenige Tage später, zeigte sich der Kaiser in Begleitung seiner Mätresse, und just an jenem Tag wurden weitere ihrer Verwandten und Günstlinge in hohe, lukrative Staatsstellungen befördert, mit Auszeichnungen und Gunstbeweisen überhäuft.

Der Kaiser ließ mehr denn je die Zügel schleifen, Domitilia kümmerte sich um alles. Pedro nützte die Zeit aufs neue für eine uralte Leidenschaft: Obwohl emotional von seiner Geliebten abhängig, begann er wieder mit seinem ausschweifenden Lebenswandel, und er schreckte auch nicht davor zurück, die Schwester seiner Geliebten zu verführen und zu schwängern.

Domitilia war sich ihrer Sache dennoch sicher. In der Erwartung, nach Ablauf der Trauerzeit als Ehegattin legitimiert zu werden, beschäftigte sie bereits einen Stab von »Ahnenforschern«, die ihre ebenbürtige Abkunft nachweisen sollten.

Doch buchstäblich über Nacht wurde der Kaiser anderen Sinnes. Wer

oder was ihm die Augen über seine unwürdige Rolle geöffnet hat, wissen wir nicht. Jedenfalls verließ er plötzlich die Gala, die er aus Anlaß des dritten Geburtstages seiner unehelichen Tochter Isabel, Herzogin von Goyaz, veranstalten ließ; man fand ihn nach langem Suchen, in Tränen aufgelöst, vor dem Bildnis seiner verstorbenen Frau kniend.
»Des Kaisers Leidenschaft zu seiner Favoritin ist erkaltet«, berichtete der österreichische Gesandte Baron Marschall nach Wien. »Er gibt sich religiösen Ideen hin. Er empfindet aufrichtig die Unschicklichkeit seiner Beziehung, und er zeigt den festen Willen, sie abzubrechen. Aber er kennt seine Schwäche und will sich die Hände binden.«
Übersetzung aus dem geschnörkelten Diplomatendeutsch: Pedro wollte sich neuerlich verheiraten. Er schickte den Marques de Barbacena mit einem fest umrissenen Auftrag auf die Reise, um unter Europas Fürstentöchtern Brautschau zu halten. Die Zukünftige mußte – und zwar in dieser Reihenfolge – schön, ebenbürtig, tugendsam und klug sein.
Barbacena holte keine Braut nach Brasilien, er holte sich nur kalte Füße. Vergeblich pilgerte er mit einem Koffer voll herrlichster Juwelen – als Werbegabe gedacht – von einem Fürstenhof zum anderen. Von Wien nach München, von München nach Stockholm, dann nach Paris und Neapel – überall stieß er auf eisige Ablehnung. Die Zeitungen sparten nicht mit bissigen Kommentaren und machten sich über Kaiser Pedro I., den »Bananenkönig«, den »Minotauros von Südamerika«, lustig. »Es war das reinste Spießrutenlaufen«, stöhnte Barbacena bei seiner Rückkehr nach Rio.
Pedro hat nur allzuschnell einen Sündenbock für das Desaster gefunden: Es war niemand anderer als Leopoldine, die viel zu nachgiebig gewesen sei und ihn damit direkt zu seinem wüsten Leben ermutigt hätte! Trost und Verständnis fand er sofort wieder bei der angebeteten »Titilia«, das »Versöhnungskind« kündigte sich bald an.
Doch diese Tochter wurde nicht mehr im Glanz des Hofes, sondern im diskreten Exil geboren, denn bei einem neuerlichen Anlauf hatte Barbacena endlich doch die passende Braut gefunden: Amalie von Leuchtenberg, zwar nicht hundertprozentig ebenbürtig, dafür aber strahlend schön, siebzehn Jahre jung und brennend ehrgeizig – dies ein Erbteil ihrer Mutter, der es gelang, ihre Kinder, trotz makelhafter Abkunft, auf Herrscherthrone und in edelste Fürstenhäuser zu verheiraten.
Der »dunkle Punkt« im Stammbaum der zukünftigen brasilianischen

Kaiserin war ihr Vater, kein anderer als der Sohn jener berühmten Joséphine Beauharnais, die an der Seite Kaiser Napoleons I. für kurze Zeit den französischen Thron zierte, ehe sie der jungen Habsburgerin Marie Louise den Platz räumen mußte.

Eugène Beauharnais, von Napoleon adoptiert, zum Vizekönig von Italien erhoben und ruhmreicher Feldherr der »Grande Armée«, war mit der Hand der bayerischen Königstochter Amalie Auguste belohnt worden. Sie war es, die verhinderte, daß Eugène zusammen mit seinem Stiefvater abstürzte; er wurde in Bayern eingebürgert, erhielt das Fürstentum Leuchtenberg, und seine sechs Kinder machten glänzende Partien:

Eine Tochter erheiratete den schwedischen Königsthron, ein Sohn bekam eine russische Prinzessin und wurde der Stammvater der Romanowski, ein weiterer Sohn – dies schon ein Vorgriff in unserer Geschichte – wird 1834 die Königin von Portugal, Maria da Gloria, älteste Tochter Kaiser Pedros I., zur Frau nehmen.

Und dann eben jene Amalie. Mit dunkel blitzenden Augen und hoch erhobenen Hauptes erlebte sie am 16. Oktober 1829 als Kaiserin von Brasilien ihren triumphalen Einzug in Rio de Janeiro – sie, die Enkelin der Joséphine Beauharnais, die einer Habsburgerin hatte weichen müssen, nahm nun anstelle einer Habsburgerin auf dem Kaiserthron von Brasilien Platz!

Pedro war Wachs in den Händen seiner schönen jungen Frau, hinter deren runder Kinderstirn sich krause Vorstellungen über die Funktion einer Herrscherin verbargen, zudem der eiserne Wille, diese auch durchzusetzen: Daß sie den Klüngel der Domitilia aus dem Hause jagte, fand noch allgemeine Zustimmung. Ihr Ehrgeiz jedoch, die demokratischen Bräuche bei Hof – jedermann hatte freien Zutritt zum Palast, jedermann konnte ungeniert den Kaiser ansprechen – durch starre Etikette im altbackenen europäischen Stil zu ersetzen, dieser Ehrgeiz stieß auf Befremden.

Zugegeben, Boa Vista war nicht eben eine prächtige Residenz – daß aber nun mit einemmal alle Möbel, die für die verehrte Leopoldine gut genug gewesen waren, aus dem Haus flogen und durch teures Mobiliar nach europäischem Geschmack ersetzt wurden, das wollte vielen nicht gefallen. Plötzlich wurde bei Hof fast ausschließlich Deutsch oder Französisch gesprochen, und hatten bisher Domitilias Günstlinge

das Sagen gehabt – aber immerhin auf portugiesisch! –, so waren es nun die arroganten bayerischen Gefolgsleute der Kaiserin, die ausschließlich, und sehr von oben herab, den Ton angaben.
Eines allerdinge mußte man Amalie lassen: den Kindern Pedros war sie eine fürsorgliche Mutter. Sie, die selbst eben ein Kind gewesen, wußte auf zauberhafte Art die Halbwaisen für sich einzunehmen. Sie hatte aus Bayern einen riesigen Schrankkoffer voll schönster Spielsachen mitgebracht, und es war immer ein Fest für die Kinder, wenn die neue Mama, fröhlich in die Hände klatschend, die Kleinen um sich scharte, um mit ihnen die Geheimnisse dieses Koffers zu erforschen. Aber als man ihr die uneheliche Tochter ihres Mannes, die fünfjährige Herzogin von Goyaz brachte, wandte sie sich brüsk ab: »Ich will nur die Mutter von Leopoldines Kindern sein.« Sie ließ das Mädchen vom Hof entfernen. Pedro schwieg und ließ Isabel ziehen.
Diese Hartherzigkeit Amalies empörte wiederum die kinderlieben Brasilianer. Hatte nicht selbst Leopoldine zugestimmt, als man ihr die Tochter ihrer Erzrivalin an den Hof brachte: »Laßt sie in Frieden, die Kleine kann nichts dafür.« Und jetzt kam diese Fremde, setzte sich über alles, auch über das primitivste Gebot der Nächstenliebe, hinweg; man begann sich zu fragen, ob Amalie wirklich die Retterin aus allen Nöten war, die man so inbrünstig herbeigesehnt hatte. »Die Fremde«, das war der Name, der an ihr hängenblieb, und es klang im Mund der Einheimischen wie ein Schimpfwort.
Es hieße die Rolle der Kaiserin Amalie überbewerten, wollte man ihr die Schuld am Scheitern Pedros in die Schuhe schieben, aber auch sie war ein kleines Glied in der Kette von Ereignissen, die letzten Endes zu seinem Sturz führten.
Brasilien, bis vor kurzem noch eine von Übersee aus beherrschte und schikanierte Kolonie, befand sich mitten im schmerzhaften Umwandlungsprozeß zum selbständigen Staat und stand einem Übermaß kaum zu bewältigender Schwierigkeiten gegenüber.
Ein jahrelanger, finanziell ruinöser Krieg gegen Argentinien hatte Tausende Menschenleben gekostet. Es ging um die Südprovinzen, der Ausgang war blamabel: Die reichen Landstriche deklarierten sich zu einem eigenen Staat – Uruguay war geboren.
Schuld an der Niederlage trug eindeutig die Armee, um deren systematischen Auf- und Ausbau sich niemand gekümmert hatte. Es war ein

*Pedro I. von Brasilien mit seiner zweiten Gemahlin Amalie und Tochter Maria da Gloria*

Operettenheer, ohne Disziplin, ohne funktionierenden Nachschub und bisweilen auch ohne Sold für die Mannschaft. Die Offiziere waren prächtig herausgeputzte Gockel in schreiend bunten Uniformen; viele ließen sich die Gewehre durch Negersklaven hinterhertragen. Die Truppe: ein zusammengewürfelter Haufen aus entlaufenen Negersklaven, zum Dienst gepreßten Einwanderern, Abenteurern und Exsträflingen aus Europa. Die Prügelstrafe war gang und gäbe, wiederholt kam es zu gefährlichen Meutereien, und eine schießwütige Soldateska versetzte einmal sogar die Hauptstadt in Angst und Schrecken.

Die Wirtschaft, fast ausschließlich auf Sklavenarbeit basierend, geriet durch ein neues Gesetz aus dem Gleichgewicht: Allmählich sollte die Sklaverei abgebaut werden, einen ersten Schritt dazu stellte das Importverbot für frische Menschenware aus Afrika ab dem Jahre 1831 dar. In den Jahren davor tätigten die Pflanzer panische Hamsterkäufe, wodurch die Preise exorbitant in die Höhe schnellten; Kredite mußten aufgenommen werden, die Zinsen stiegen rasant, zahlreiche Bankrotte und eine heftige Inflation waren die Folge.

Schwere Spannungen gab es zwischen den alteingesessenen Plantagenbesitzern und den Neusiedlern; denen hatte man, allen lockenden Versprechungen zum Trotz, keinen eigenen Boden, sondern nur Pachtland gegeben, und sie wurden von den Grundbesitzern schamlos ausgenutzt.

Schuld an allem, dies die überwiegende Meinung, war der Kaiser. Pedro hatte sich durch seinen ausschweifenden Lebensstil, durch die Art, wie er die heiligmäßig verehrte Leopoldine in den Tod getrieben hatte, schon verhaßt genug gemacht. Die wirtschaftlichen Kalamitäten wurden ihm nun auch angelastet. Überdies mangelte es ihm an politischem Instinkt; er war in der Wahl seiner Minister, immer unschlüssig zwischen den Parteien der Konservativen und der Liberalen schwankend, ausgesprochen ungeschickt.

Nicht genug, plante er schließlich auch noch einen Krieg gegen das ehemalige Mutterland Portugal. Dort nämlich war sein Vater, König João, 1816 gestorben. Nach der Konstitution sollte dessen Enkelin, Pedros älteste Tochter Maria da Gloria, die Nachfolge antreten. Bis zu ihrer Großjährigkeit war Pedros jüngerer Bruder Miguel zum Regenten bestimmt. Miguel aber hatte selbst Lust an der Macht bekommen und sich zum König ausrufen lassen. Um ihn zu stürzen und seiner Tochter zu ihrem Recht zu verhelfen, wollte Pedro ein Expeditionskorps gegen Portugal rüsten. Ein Aufschrei der Empörung ging durch das Land, das den Krieg gegen Argentinien und den Verlust Uruguays noch nicht verkraftet und verschmerzt hatte.

Die Lage war bereits zum äußersten gespannt, als 1830 in Paris König Karl X. durch die Julirevolution vom Thron gefegt wurde. Der revolutionäre Funke sprang über den Atlantik, die noch schwache Partei der Republikaner bekam plötzlich unerhörten Zulauf. Ab dem Jahresbeginn 1831 flackerten immer wieder Unruheherde auf. Am 13. März kam es zur berühmt-berüchtigten »Nacht der Scherben«. Eine wilde Menschenmenge tobte durch die Straßen von Rio und forderte den Sturz des Kaisers. Der Mob machte sich selbständig, schlug Türen und Fenster von ungezählten Geschäften ein. Ausgeplündert wurden vor allem die verhaßten Portugiesen: Einstmals Herren des Landes, waren sie nun in die Rolle einer ausgegrenzten Minderheit geraten und pogromartigen Verfolgungen ausgesetzt.

Auch der Kaiser war vor langer Zeit aus Lissabon nach Brasilien gekommen, auch er wurde noch immer als »Fremder« empfunden und beschimpft – zum Unterschied vom kleinen Pedro, der, in Rio geboren, als der wahre einheimische Fürst geliebt und gefeiert wurde. »Das Kind«, wie ihn alle nannten, war das einzige Symbol der Einheit und des Zusammenhaltes in diesem Wirrwarr gegeneinander strebender Interessen.

Wollte Kaiser Pedro I. wenigstens den Bestand der Monarchie retten, dann führte kein Weg vorbei am Thronverzicht zugunsten seines Sohnes. Noch sträubte er sich. Aber als am 6. April 1831 im ganzen Land der volle Aufruhr ausbrach, als die Menschen die Munitionslager stürmten, die Armee fast geschlossen zu den Aufständischen überlief und zu guter Letzt auch noch die Bediensteten des Kaisers davonliefen, da unterschrieb er endlich die Abdankungsurkunde. »Mein Sohn ist in einer glücklicheren Lage als ich, weil er in Brasilien geboren ist. Die Brasilianer lieben ihn. Er wird ohne Schwierigkeiten herrschen«, sagte er.

Der Kaiser bestimmte José Bonifacio, einen Veteranen der seinerzeitigen Unabhängigkeitsbewegung und Freund seiner verstorbenen Frau Leopoldine, sowie Dona Marianna für die Erziehung seiner zurückbleibenden Kinder. Kaiserin Amalie packte in fliegender Hast das Nötigste und viel Unnötiges zusammen, und noch vor Tagesanbruch des 7. April verließen der Kaiser, die Kaiserin und die zwölfjährige Tochter Maria da Gloria im Schutz des französischen und des englischen Gesandten Boa Vista, um auf einem englischen Kriegsschiff nach Europa zu gelangen.

Der Kaiser wandte sich zunächst nach Frankreich und begann, zum ersten Mal in seinem Leben, beharrlich und erfolgreich eine politische und militärische Karriere. Er mobilisierte die Mittel und die Kräfte für den Kampf gegen seinen Bruder Miguel, an dem er mit größtem persönlichen Einsatz teilnahm. Nach einem kurzen Krieg eroberte er den Thron zurück. Maria da Gloria wurde, fünfzehnjährig, für majorenn erklärt und trat die Herrschaft an. Kaiser Pedro I. erlitt wenig später während eines Theaterbesuches einen Blutsturz und starb 1834, erst sechsunddreißig Jahre alt, an Tuberkulose. Seine jugendliche Witwe, die ehrgeizige Amalie, mußte von da an das unbeachtete Leben einer Randfigur am Hof zu Lissabon führen.

Zurück in das Jahr 1831, zurück nach Boa Vista, zurück zur brasilianischen Revolution, zurück zu jenem bedeutungsvollen 6. April.

Kronprinz Pedro, ein schmächtiger blonder Knabe mit blauen Augen, ging am Nachmittag mit seinem Vater im Schloßpark spazieren. Der Kaiser hielt den Jungen fest an der Hand, aber er sprach nicht mit ihm. Um sieben Uhr wurde der Kleine, wie jeden Tag, von Dona Marianna, seiner »Dadama«, schlafen gelegt.

Mitten in der Nacht erschien der Kaiser am Bett seines Sohnes und sah ihn lange an. Ob sie das Kind wecken solle, fragte Dona Marianna. Der Kaiser schüttelte den Kopf; er strich dem Knaben kurz über die Haare, ehe er hastig, fast fluchtartig, das Zimmer verließ.

Als das Kind am nächsten Morgen aufwachte, kniete »Dadama« vor ihm nieder, küßte ihm die Hand und sprach ihn mit »Eure kaiserliche Majestät« an. Verwirrt blickte Pedro um sich. Da stand ein fremder Mann, José Bonifacio, sein neuer Erzieher; da standen drei Schwestern: die neunjährige Juanaria, die achtjährige Paula Marianna und die siebenjährige Francisca Carolina, und alle drei Mädchen weinten schrecklich.

Am nächsten Morgen wurde der Junge, zusammen mit Dona Marianna, in eine Kutsche gesetzt und vom Landhaus Boa Vista ins Stadtzentrum befördert. Dichtgedrängte, lauthals jubelnde Menschenmas-

sen, bedrohlich anzusehen und anzuhören, umringten die Kutsche. Wild gestikulierende und schreiende Männer spannten die Pferde aus und legten sich selbst ins Zeug, um das Gefährt durch die Mauer von Menschenleibern im Schrittempo auf den Hauptplatz zu führen. In panischer Angst klammerte sich das Kind an Dona Marianna. Sie nahm ihn auf den Schoß, hob seine rechte Hand und befahl ihm: »Grüßen, Kaiser.« Gehorsam bewegte er die Finger.
Sie schleppten den kleinen Kaiser ins Stadtschloß, wo er, flankiert durch die beiden vom Senat ernannten Regenten, mühsam auf den viel zu hohen Thron kletterte und mit angstgeweiteten Augen die Glückwünsche seiner Minister und des diplomatischen Korps entgegennahm. Anschließend führte man ihn auf den Balkon; er wurde angewiesen, das orgiastische Gebrüll der Hüte, Tücher und Fahnen schwenkenden Massen durch huldvolles Winken zu quittieren. Es war der 8. April 1831, der Tag, an dem Pedros Kindheit endete. Er war fünf Jahre, vier Monate und sechs Tage alt.
Den turbulenten, angsterfüllten Tagen folgte ein nächtlicher Schock. Am 10. April, kurz nach Mitternacht, stürzte Dona Marianna in die Schlafzimmer, riß die Kinder aus den Betten und trieb sie in ein stockdunkles Kellerverlies, schloß die Tür und verrammelte sie. In den Fluren des Schlosses patrouillierten Diener und Lakaien, und alle trugen Handfeuerwaffen – auch die wackere Dona Marianna. Erst nach Stunden wurden die verstörten Kinder aus ihrem Gefängnis befreit – nachdem sich herausgestellt hatte, daß ein Plan, die Prinzessinnen und das »Kaiserlein« – so nannten ihn die Brasilianer – zu entführen, in letzter Minute vereitelt worden war.
In den kommenden Jahren stand das Land ständig am Rande des Kollapses. Immer wieder gab es blutige Auseinandersetzungen, immer wieder Tote und Verwundete, immer wieder Massaker an Portugiesen. Noch mehrmals wurde versucht, das »Kaiserlein« zu kidnappen: Einmal sollte er vor den Republikanern, das andere Mal vor den Anhängern seines Vaters in Sicherheit gebracht werden, die Pedro I. wieder auf den Thron setzen wollten. Es gab einen heftigen Kampf unmittelbar vor dem Wohnsitz der Kinder, die darum häufig und abrupt von Boa Vista ins Stadtschloß, vom Stadtschloß nach Boa Vista und dann wieder zurücktransferiert wurden.
Der neue österreichische Gesandte, Baron Draiser, nahm, im Auftrag

seines Herrn, Kaiser Franz' I., regen Anteil am Schicksal von dessen vier Enkelkindern, und er berichtete laufend über den Stand der Dinge nach Wien. Einem Porträt des sechsjährigen Pedro legte er ein Schreiben bei: »Auf dem Bild ist der Ausdruck der Physiognomie sehr ernst ... Aber wenn er mit mir zusammen ist, ist er gewöhnlich sehr froh ... Die Haare sind nicht so gedunkelt, sondern von einem schönen, klaren Blond, so wie die seiner hochseligen Mama ...«
Obwohl oder weil – wie wir aus einer Bemerkung der Napoleon-Witwe und Schwester der verstorbenen Kaiserin Leopoldine, Marie Louise, wissen – am Wiener Hof meist abfällig über die Verwandtschaft in Südamerika, einem »wilden Affenland«, gesprochen wurde, war Kaiser Franz I. in ständiger Angst und Sorge um seine Enkel. Durch Baron Draiser ließ er darum den Vorschlag unterbreiten, Pedro und seine Schwestern nach Österreich bringen und am Wiener Hof erziehen zu lassen, bis sich in Brasilien die Lage beruhigt haben würde.
José Bonifacio, der Erzieher der Kinder, erteilte dem Baron eine wütende Abfuhr. Mit einer dramatischen Geste riß er ein Schießeisen aus seinem Schreibtisch und schrie: »Ich habe vorgesorgt, wenn die Bestien auf den Gedanken kommen sollten, anzugreifen ... Geben Sie diesen Leuten zu verstehen, daß ich bei meinem Alter noch Kraft ... genug habe, um ihnen begegnen zu können ...«
Die Kinder blieben in Brasilien – aber Bonifacio wurde abgesetzt und verbannt. Eine – wieder einmal – neue Regierung bestellte den Marques de Itanhaen zum neuen Vormund. Pedro reagierte auf die Entfernung des guten alten Bonifacio mit einem akuten Nervenfieber, Dona Marianna pflegte ihn mit Hingabe, und es war bestimmt das letzte Mal in seinem Leben, daß der Kleine von Herzen verwöhnt wurde.
Der Marques de Itanhaen, ein integrer, gewissenhafter Mann, hatte eine glückliche Hand bei der Auswahl der Lehrer für seinen Schützling.
Einige wurden dem Knaben echte Vorbilder, zwei oder drei Freunde und Berater auf Lebenszeit.
Itanhaen verfaßte ein umfangreiches Memorandum über die Leitlinien der Erziehung, denen die Pädagogen zu folgen hatten. Jede einzelne Zeile ist bemerkenswert; aus Platzgründen können nur einige wenige zitiert werden:
»Ich wünsche, daß mein erhabenes Mündel ein gründlich gebildeter

Gelehrter wird, vertraut mit allen Künsten und Wissenschaften, ebenso aber mit den mechanischen Verrichtungen, damit er die Arbeit als Grundlage aller Tugenden lieben und den arbeitenden Menschen ebenso ehren lernt wie den, der dem Staat in einem politischen Amt dient...«

»Größe soll Pedro II. nur dadurch erringen, daß er gerecht, ernst und tugendhaft ist und seine Macht vom Glück seines Volkes, nicht von Gewalttaten und wirtschaftlichen Erpressungen herleitet...«

»Endlich werden die Lehrer des Knaben es nicht unterlassen, ihm täglich zu wiederholen, daß ein Monarch, wenn er nicht auf die Pflichten seines Thrones bedacht ist, das Opfer der Irrtümer, Launen und Ungerechtigkeiten seiner Minister wird, die immer die Ursache der Revolutionen und Bürgerkriege sind, und daß dann der Gerechte für die Sünden büßt, während die Minister sich ins Fäustchen lachen und reich an Geld und Vorteilen aller Art werden...« (Zitiert nach Florian Kienzl: »Kaiser von Brasilien«, Berlin 1942).

Erziehungsmaximen – und zugleich bereits ein Regierungsprogramm. Pedro II. hat es getreulich eingehalten!

Der Tagesablauf des Jungen schnurrte mit militärischer Präzision ab. Er wurde um sieben Uhr geweckt. Nach der Morgenmesse um acht Uhr Frühstück, anschließend bis zwei Uhr Unterricht. Nach dem Mittagmahl Freizeit bis vier Uhr – Pedro durfte allerdinge weder schlafen noch sich »körperlich überanstrengen«. Meistens las er. Nach einem kurzen Spaziergang im Park Studium bis zum Abendessen, das um neun Uhr gereicht wurde. Punkt zehn Uhr mußte Pedro im Bett liegen.

Bis zu seinem siebenten Lebensjahr, dem damals offiziellen Ende der Kinderzeit, lernte und speiste er zusammen mit den Schwestern. Von da an erhielt er Einzelunterricht. Bei den Mahlzeiten waren nur Dona Marianna, ein Kammerherr, gelegentlich der Marques de Itanhaen und immer der Leibarzt zugegen. Letzterer hatte die Qualität der Speisen zu begutachten und darüber zu wachen, daß der kleine Kaiser nicht zuviel, aber auch nicht zuwenig aß. Die Gesprächsthemen bei Tisch waren genau vorgegeben: Es durfte ausschließlich über den Lehrstoff, über wissenschaftliche, künstlerische und soziale Belange geredet werden. Erziehung und Belehrung hatte pausenlos und daher auch während des Essens stattzufinden. Der berühmte Schrankkoffer mit

Spielsachen, den die Stiefmutter Amalie aus Bayern mitgebracht hatte, blieb dem »Kaiserlein« nun für immer verschlossen.
Pedro war ebenso intelligent wie wissensdurstig. Er besaß eine blitzschnelle Auffassungsgabe, durchschaute auch komplizierte Zusammenhänge, und sein Gedächtnis war phänomenal. Er konnte mit fünf Jahren lesen und schreiben, mit sechs verfaßte er fehlerfreie französische Briefe an den Großvater in Wien; neben Portugiesisch beherrschte er sehr bald Französisch, Englisch, Deutsch und Latein in Wort und Schrift. (Als Erwachsener wird er sich während einer Europareise mit ungarischen Intellektuellen in fließendem Latein unterhalten.) Wie seine Mutter malte und zeichnete er ausgezeichnet und liebte es, Musik zu hören.
Näherer Umgang mit dem Hauspersonal war untersagt. Einzige Ausnahme bildete ein Negersklave namens Rafael, von dem Pedro schon als Kleinkind auf den Knien geschaukelt und auf Spaziergängen begleitet worden war; manchmal brachte er das ernste Kind durch schnurrige Geschichten zum Lachen.
Der Kontakt mit den Schwestern war minimal, obwohl Pedro den drei hübschen blonden Mädchen außerordentlich zugetan war. Als Paula Marianna 1833, erst zehnjährig, starb, war Pedro lange Zeit tief bedrückt. Gelegentlich wurden Spielgefährten für das »Kaiserlein« eingeladen, Söhne von Ministern und Aristokraten, aber Pedro hatte wenig Gemeinsamkeiten mit ihnen. Meistens sah er nur zu, wenn sie sich vergnügten.
Es ist schwer zu sagen, ob Pedro von klein auf einem angeborenen Pflichtgefühl folgte, indem er das spartanische Erziehungsprogramm über sich ergehen ließ, ohne ein einziges Mal zu rebellieren, oder ob sein Bildungsdrang wirklich so enorm war. Tatsache ist, daß er das vorgeschriebene Maß der ihm gestellten Aufgaben mehr als erfüllte und aus eigenem Antrieb weiterarbeitete. Mehr als einmal mußte der Marques de Itanhaen spät nachts energisch einschreiten und das Kerzenlicht im Schlafzimmer Pedros löschen, der, von einem Berg Büchern umgeben, lesend im Bett saß.
Der heranwachsende Knabe sah – wir entnehmen es dem Bericht der Schweizer Diplomatengattin Cécile Däniker-Haller – vom Scheitel bis zur Sohle wie ein leibhaftiger österreichischer Erzherzog aus und verhielt sich auch genau so, wie man es von einem jungen Habsburger er-

wartete. »Das ist ein charmantes Kind voll Grazie und Würde. Ich habe noch nie ein so einnehmendes Gesicht gesehen. Wenn die Rebellen von Rio Grande und Bahia den Kaiser in diesem Augenblick hätten betrachten können, sie hätten ihre Waffen niedergelegt«, schreibt die Schweizerin.

Über den Vierzehnjährigen berichtet Baron Draiser, leise besorgt, nach Wien: »Es wird nötig sein, die Aufmerksamkeit des Kaisers auf andere Dinge zu lenken und ihn zu befreien aus dieser starren und drückenden Gleichförmigkeit, in der er wie ein Gefangener zu leben gezwungen ist. Ich schlug dem Tutor vor, den Kaiser zweimal in der Woche dem Ministerrat beiwohnen zu lassen, damit er sich an die Verschiedenheit der Auffassungen gewöhne. Man könnte ihn auch dazu bewegen, sich in dieser oder jener strittigen Frage eine Meinung zu bilden, sie das nächste Mal zu äußern, um ihn auf diese Weise in die Praxis der Verhandlungen einzuführen.« (Zitiert nach Kienzl.)

Wir wissen nicht, wie der Erzieher Draisers Vorschlag aufnahm; der Gang der Ereignisse brachte es jedoch mit sich, daß Pedro in die Praxis des Regierens hineingestoßen wurde, ohne jemals die Theorie kennengelernt zu haben. Die Teilnahme an den Ministerratssitzungen hätte ohnedies wenig Erleuchtendes gebracht, denn diese gerieten immer mehr zu Vorgefechten einer neuen Revolution. Der politische Karren war schließlich dermaßen verfahren, daß niemand so recht wußte, wie es weitergehen sollte. Das Gespenst der Anarchie stand vor der Tür.

Begierig wurden darum die aus dem Palast sickernden Gerüchte aufgegriffen: daß dort ein geniales Wunderkind heranwachse, weit über sein Alter gereift und mit Weisheit gesegnet. In der Phantasie des Volkes wurde Pedro zum heilbringenden Messias stilisiert, von dem die unwahrscheinlichsten Mirakel zu erwarten wären.

Immer lauter wurden die Stimmen, die eine vorzeitige Großjährigkeitserklärung des Monarchen forderten. Schließlich diskutierte auch der Ministerrat die Angelegenheit – mit den üblichen Schreiduellen. Da bereits eine Revolution, ein Bruderkampf jeder gegen jeden, drohte, einigte man sich endlich doch darauf, das »Kaiserlein« selbst entscheiden zu lassen. Auf eine erste inoffizielle Anfrage erklärte dieser noch zögernd: »Halten Sie es wirklich für möglich, daß ich mit meinen vierzehn Jahren schon weise genug bin?«

Er besprach sich mit dem Vormund und den Lehrern. Die Meinungen

*Das »Kaiserlein« – Pedro II. von Brasilien*

waren geteilt. Der Literaturprofessor riet entschieden ab: »Die Natur hat Eurer Majestät viel gegeben. Aber sie spottet nicht ihren eigenen Gesetzen. Der Mensch ist unreif in Ihrem Alter. Sie haben schon viel gelesen und viel gelernt. Aber noch konnten Eure Majestät nicht im geheimnisvollen Buch des menschlichen Herzens lesen. Die Menschenkenntnis, die Erfahrung sind nicht angeboren. Der Mensch ist stets von der Unfehlbarkeit weit entfernt, und sehr weit ist er es in Ihrem Alter von vierzehn Jahren, auch wenn er über früh entwickelte Geisteskräfte verfügt....«

In den ersten Juliwochen des Jahres 1840 spitzte sich die Lage dramatisch zu. Ein Militärputsch stand unmittelbar bevor – eine der raren Revolutionen in der Geschichte, die einen Herrscher nicht vom Thron stürzen, sondern ihn, im Gegenteil, hinaufheben sollte.

Am 22. Juli erschien eine Regierungsdelegation bei Pedro und fragte förmlich an, ob er bereit sei, sich vor Vollendung des 15. Lebensjahres großjährig erklären zu lassen. Der Junge besann sich nur wenige Sekunden, dann straffte er den Rücken und sagte knapp: »Ich will jetzt.«

Bereits am nächsten Tag fuhr er zum Sitz der beiden Kammern – auf dem Weg dahin von ekstatischem Jubel begleitet – und legte den Eid auf die Verfassung ab. Der schmale Knabenkörper steckte in der protzigen Uniform eines Generals, die Stimme Pedros war kindlich-hoch, aber fest: »Ich schwöre, die römisch-katholische Kirche und das Reich ungeteilt und unversehrt zu erhalten, die Konstitution der brasilianischen Nation zu achten und zu stützen und zu handeln zum allgemeinen Besten Brasiliens, soweit es in meiner Kraft steht.«

Kaiser Pedro II. war vierzehn Jahre, sieben Monate und einundzwanzig Tage alt. Aber: er war ein *Kind,* dem man sofort einen Wust von Repräsentationspflichten aufbürdete. Empfänge, Paraden, Unterschriften, nicht zu vergessen den wöchentlichen allgemeinen Audienztag, zu dem jeder freie Bürger zugelassen war, um dem Kaiser persönlich seine Wünsche vortragen zu können. Angesichts des dicken Menschenwurms, der sich über die Flure und Treppen vorwärtsschob, ergriff Pedro eines Tages die Flucht. Man fand den Kaiser im hintersten Winkel des Parks, verzagt unter einem Baum hockend.

Neben den neuen Aufgaben blieben die alten: täglich ein umfangreiches Studienpensum, nun auch erweitert durch Naturwissenschaften. Brennend interessierte ihn die Astronomie. Viele Stunden der Nacht

saß er vor dem Fernrohr – und als es ihm gelang, einen kleinen Kometen zu entdecken, sprang er jauchzend auf, klatschte in die Hände und vollführte einen Indianertanz.
Am 2. Dezember 1840, seinem 15. Geburtstag, servierte man ihm zum ersten Mal ein »Erwachsenenfrühstück«, ein Ereignis, das er getreulich im Tagebuch festhielt: »Ich bekam heute Kaffee und Eier, und so soll es von nun an bleiben.«
Bezeichnend sein erster selbständiger Erlaß, der beweist, daß Pedro doch weit über sein Alter gereift war: Niemand aus seiner näheren Umgebung und seinem Bekanntenkreis durfte sich mit einem Anliegen an ihn wenden. Er fürchtete, solchen Personen gegenüber positiv voreingenommen zu sein und ungerechtfertigte Protektionen zu gewähren.
Am 28. Juli 1841, ein Jahr nachdem er sein folgenschweres »Ich will jetzt« gesprochen hatte, fand die Krönung statt. Pedro sah noch immer nicht älter aus, als Jungen von fünfzehneinhalb Jahren auszusehen pflegen, seine Stimme war noch immer die eines Kindes. Er trug einen goldbestickten weißen Brokatrock, stark tailliert und fast bis zu den Knien reichend, dazu enganliegende rote Hosen und darüber einen Umhang mit langer Schleppe, der dicht mit den Federn des Tukans, des heiligen Vogels der brasilianischen Indianer, bestickt war. Das Zepter war zu lang, das Schwert zu schwer und die Krone zu weit; sie rutschte ihm fast bis an die Nase, als der Bischof sie ihm aufs Haupt setzte. Vermutlich hätten Aufmachung und Szenerie grotesk gewirkt, wäre von dem Knaben nicht eine rührende Ernsthaftigkeit ausgegangen. Die Zuschauer weinten, mehr oder minder verstohlen.
Wer immer gehofft hatte, daß das »Kaiserlein«, seit der Krönung mit voller Regierungsgewalt ausgestattet, ein Spielball der Wünsche von Ministern, Beamten und sonstigen Intriganten sein werde, hatte sich gründlich getäuscht. Pedro übernahm zwar das liberale Kabinett, das er vorgefunden hatte – doch als er draufkam, daß eben dieses Kabinett die anstehenden Wahlen mit betrügerischen Machinationen vorzubereiten begann, jagte er die Minister aus dem Amt. Er bestellte eine konservative Regierung, die er allerdings auch nicht übermäßig glücklich machte. Als die Liberalen einen Aufstand inszenierten, der rasch niedergeschlagen werden konnte, weigerte er sich, die Rädelsführer wegen Hochverrats vor Gericht stellen zu lassen. Unter der Devise, daß

Versöhnung nun das oberste Gebot zu sein habe, bildete er einen ihm persönlich unterstellten Staatsrat, dem außer Konservativen auch Liberale sowie unabhängige Fachleute angehörten.
Neben den Regierungsgeschäften setzte der jugendliche Kaiser seine Studien fort, ging keinerlei Vergnügungen nach und besuchte Theater und Bälle nur, wenn es aus Gründen der Staatsräson unumgänglich notwendig war.
So gab er anläßlich des Besuchs von Prinz Adalbert, eines Neffen von König Friedrich Wilhelm III. von Preußen, 1842 ein Bankett mit anschließendem Ball – ein besonderes Fest für die Schwestern des Kaisers, die nun zwanzigjährige Juanaria und die achtzehnjährige Francisca Carolina, die am ehrsam-langweiligen Hof ihres pflichtbesessenen Bruders nicht allzuviel zu lachen hatten. Prinz Adalbert, ein gutaussehender Mann von einunddreißig Jahren in der eindrucksvollen Paradeuniform eines Generaloberiten, erwies sich als ein wahrer Freudenbringer. Er lehrte die beiden Mädchen einen neuen, himmlischen Tanz, von dem sie nicht genug bekommen konnten. Der Tanz hieß »Walzer« und kam, so sagte man ihnen, aus der fernen Heimat ihrer frühverstorbenen Mutter Leopoldine.
»Beide Mädchen sind blond wie der Bruder und sehr hübsch, besonders Dona Francisca«, schrieb Prinz Adalbert, ein begeisterter Globetrotter, in seinem 1847 erschienenen Werk: »Aus meinem Reisetagebuch«. Über Kaiser Pedro II. bemerkte er respektvoll: »Schon um sechs Uhr morgens erhebt er sich, um sich ganz den Staatsgeschäften zu widmen. Die Zeit, die ihm bleibt, nutzt er vor allem zum Lesen...«
Die »besonders hübsche« Dona Francisca erlebte wenige Monate später eine märchenhafte Romanze mit dem Sohn des französischen Königs Louis Philippe, dem Prinzen François de Joinville, der mit seiner Fregatte »Belle Poule« in Rio vor Anker gegangen war und Kaiser Pedro II. einen Höflichkeitsbesuch abstattete. Die beiden jungen Leute verliebten sich Hals über Kopf, und Pedro gab die Zustimmung zu einer raschen Heirat, obwohl es ihm nicht ganz leichtfiel: Francisca war seine Lieblingsschwester; er vermißte sie schmerzlich, als sie mit ihrem Ehemann nach Frankreich zog.
Die Hochzeit Franciscas war Pedros Beratern willkommener Anlaß, ihn zartfühlend darauf hinzuweisen, daß es nun auch für ihn an der Zeit wäre, auf Brautschau zu gehen, um für den Weiterbestand der Dy-

nastie zu sorgen. Pedro wußte, wie stets, was seine Pflicht war; er stimmte zur allgemeinen Erleichterung dem Projekt zu. Immerhin hatte er schon zu einiger Besorgnis Anlaß gegeben, denn er war in Damengesellschaft linkisch und schüchtern – er machte sich offensichtlich nicht sehr viel aus Frauen. »Es scheint sich die ganze Vitalität seiner Konstitution, wenn ich so sagen darf, nach dem Kopf hin gewandt zu haben«, umschrieb der französische Gesandte Baron Ney das delikate Problem.

Da es in ganz Nord- und Südamerika keine Monarchie gab, lag es auf der Hand, die zukünftige Kaiserin in einem europäischen Herrscherhaus zu suchen. Der österreichische Staatskanzler, Fürst Wenzel Metternich, bewährtester Vermittler politischer Heiraten der Alten Welt, wurde um Hilfe gebeten; Metternich schickte Pedros Brautwerber, aus welchen Gründen immer, ausgerechnet an den Hof Ferdinands II., König beider Sizilien. Ferdinand, immer in Geldverlegenheiten steckend, besaß drei Schwestern, die schwer an den Mann zu bringen waren; er war heilfroh, als er eine von ihnen, Teresa Cristina, vorteilhaft unter die Haube bringen konnte. Ein entzückendes Porträt der Prinzessin – sie war übrigens, infolge verwickelter Verwandtschaftsverhältnisse, eine Tante zweiten Grades von Pedro – fand dessen ungeteilte Zustimmung. Der Ehevertrag wurde perfekt gemacht.

Am 3. September 1843 landete das Schiff mit der Braut in Rio. In gespannter Vorfreude eilte Pedro an Bord – und erstarrte für einen Augenblick. Vor ihm stand ein kleines, dickliches Mädchen, mit ihren zweiundzwanzig Jahren vier Jahre älter als er und bereits leicht verblüht, und als sie auf den Bräutigam zutrat, war nicht zu übersehen, daß sie stark hinkte. Pedro murmelte ein paar Begrüßungsfloskeln und entschuldigte sich dann dringender Geschäfte wegen.

Am Abend dieses Tages erlebte Dona Marianna den ersten und einzigen Gefühlsausbruch ihres Ziehsohnes. Er warf sich weinend in ihre Arme und klagte: »Man hat mich betrogen, man hat mich furchtbar betrogen.«

Mit undurchdringlicher Miene ließ er die Trauung und die darauffolgenden Festlichkeiten über sich ergehen. Er sah seine Frau nicht an, er sprach kein Wort mit ihr. Von der Ballgala empfahl er sich nach zehn Minuten.

Er ließ sich in den nächsten Tagen und Wochen nicht ein einziges Mal

in den Gemächern seiner Frau blicken; bei Tisch, wo sie einander unvermeidlicherweise treffen mußten, ging die Konversation nicht über Belanglosigkeiten hinaus. Dafür, so wurde verstohlen geflüstert, soll sich der junge Mann viele Nächte um die Ohren geschlagen haben – und zwar durchaus nicht mit trockenem Lesestoff, wie es sonst seine Art war.
Die junge Kaiserin erlitt einen Nervenzusammenbruch und mußte fast einen Monat lang das Bett hüten. Eines Tages stand sie auf und nahm auf eine sehr eindrucksvolle, sehr stille und sehr zähe Art den Kampf um den Mann auf, mit dem man sie verheiratet hatte. Sie begann sich sozial zu engagieren, sie erfocht Stück für Stück die Herrschaft über den Haushalt, sie gab kleine Gesellschaften und Musikabende, bei denen sie die Zuhörer mit einem engelsgleichen Sopran überraschte. Sie machte langsam ein Heim aus dem, was für Pedro bislang eine bessere Korrektionsanstalt gewesen war.
Es wurde offenbar, daß sich hinter der unscheinbaren Fassade eine warmherzige, mütterliche Frau verbarg. Und Pedro hatte nie eine Mutter besessen! Allmählich sah er Teresa Cristina mit anderen Augen. Aus Enttäuschung und Abneigung wurde allmählich Aufmerksamkeit, aus Aufmerksamkeit Verständnis, aus Verständnis Wohlwollen. Die große Leidenschaft hat es in dieser Ehe nie gegeben. Aber Achtung und letzten Endes auch Zuneigung hielten ein Leben lang. Drei Jahre nach der Hochzeit wurde das erste Kind geboren. Es war eine Tochter, die den Namen Isabel erhielt.
Wesentliche Hilfe bei der Annäherung der Ehepartner hat zweifelsohne die Tatsache geleistet, daß kurz nach Pedro auch seine Schwester Juanaria heiratete – und zwar Pedros Schwager Luigi, Herzog von Aquitan, der mit Teresa Cristina aus Italien gekommen war und, der Liebe wegen, seinen Wohnsitz in Brasilien aufschlug, zumindest fürs erste: Später übersiedelte das Paar nach Italien. Der einsame junge Kaiser war mit einemmal in das schützende Band einer Familie verwoben. Aus dieser Familie schöpfte er die Kräfte, die er für sein gigantisches Reformwerk bitter nötig hatte. Dazu schuf er sich Rückenfreiheit, indem er erstmals den Posten eines Ministerpräsidenten einführte, der ihm den täglichen politischen Kleinkram vom Hals schaffte.
Dem ihm jahrelang eingeprägten Leitgedanken folgend, daß der Herrscher seinem Land stets mit gutem Beispiel voranzugehen habe, pflog

die kaiserliche Familie einen exemplarischen Lebenswandel bescheidener Bürgerlichkeit: Das Essen war einfach, es wurde kaum getrunken. Der Kaiser frönte nicht einmal der in Brasilien weitverbreiteten Leidenschaft des Zigarrenrauchens. Er trug mit Vorliebe Zivil, und zwar einen schwarzen Gehrock und Zylinderhut, Uniform nur dann, wenn es sich durchaus nicht vermeiden ließ. Dabei wählte er bewußt die Marineuniform, weil diese, seiner Meinung nach, am wenigsten martialisch wirkte. Ein Drittel der ohnehin nicht üppigen kaiserlichen Einkünfte floß Monat für Monat in einen Wohltätigkeitsfonds.
Schon Pedros habsburgische Vorfahren hatten erkannt – und die in Österreich lebenden Verwandten wußten es noch immer –, daß das Fundament eines soliden Staatswesens eine reibungslos funktionierende Beamtenschaft ist. So wandte Pedro sein vordringliches Augenmerk auf deren Reorganisation und unterzog sich der Sisyphusarbeit, korrupte und bestechliche Elemente auszusondern.
Fast täglich erschien er ohne die leiseste Vorwarnung in Ämtern und Behörden, stellte bohrende, wohlfundierte Fragen, überprüfte Unterlagen und entdeckte mit nachtwandlerischer Sicherheit falsche Angaben und Schwachstellen. Die Bestätigung von Beförderungen und Neuernennungen im höheren Verwaltungsapparat behielt er sich persönlich vor – und wehe, er fand einen dunklen Punkt. Es war, wie sich bald herausstellen sollte, zwecklos, ihm Kandidaten vorzuschlagen, deren Biographie nicht mehrfachen Überprüfungen standgehalten hatte.
Dennoch geschah es einmal, daß der Kaiser die Berufung eines Oberrichters in einer fernen Provinz ablehnte. Der zuständige Referent beteuerte glaubhaft, er habe die Laufbahn des Betreffenden sorgfältig durchleuchtet, aber nichts Nachteiliges entdecken können. Der Kaiser, der seit frühester Jugend alle Zeitungen aufmerksam studierte, brillierte wieder einmal mit seinem geradezu unheimlichen Gedächtnis: Dann und dann – das Ereignis lag viele Jahre zurück – habe er aus einer Notiz erfahren, daß der betreffende Richter einen Prozeß gegen den eigenen Vater angestrengt hätte; ein solcher Mann sei für das hohe Richteramt ungeeignet.
Pedro reiste viel durch die Provinzen, oft in Gesellschaft seiner Frau. Auch dort tauchte er wie der Blitz aus heiterem Himmel in den Amtsstuben auf und stellte seine enervierenden Fragen. Mit wahrer Leidenschaft inspizierte er Schulen und Universitäten, hörte sich stundenlang

Examen an. Zum Entsetzen von Lehrern und Professoren mischte er sich in das Frage- und Antwortspiel ein, wenn er meinte, es besser zu wissen als der Prüfer – und in den meisten Fällen hatte er recht. Der Kaiser geriet solcherart in den Ruf eines penetranten Besserwissers und mußte sich bald den Spitznamen »Oberlehrer der Nation« gefallen lassen.

Schüler und Hörer scheinen ihn sehr verehrt zu haben. »Er ist freundlich mit allen, stellt Fragen und sucht sich über die kleinsten Einzelheiten zu unterrichten... Wie ein einfacher Bürger geht er zu Fuß..., ganz ohne Hofstaat. Endlich gibt es keine Entfernung mehr zwischen Volk und Hof, und dabei büßt er nicht im geringsten von seiner Würde ein, denn seine Umsicht, seine guten Manieren zwingen zu höchster Achtung«, berichtete ein Student aus São Paulo.

Die Bemerkung, daß sich der Kaiser ganz ohne Hofstaat »wie ein einfacher Bürger« in den Straßen der Stadt bewegte, sollte besonders beachtet werden: Damals gab es in ganz Südamerika keinen einzigen Regierungschef, der es gewagt hätte, ohne Begleitung durch schwerbewaffnete Leibwächter das Haus zu verlassen.

Wie die meisten Intellektuellen seiner Zeit vermochte sich Pedro nicht der Wissenschaftseuphorie und dem bedingungslosen Fortschrittsglauben zu entziehen. Er hat dabei gewiß manchmal übers Ziel geschossen, indem er mit geradezu manischer Besessenheit binnen weniger Jahrzehnte aus einem trägen, hinter(ur)wäldlerischen Kolonialland ein modernes, technokratisches Staatswesen schaffen wollte, aber seine Absichten waren immer lauter und das Ergebnis im großen und ganzen schlichtweg verblüffend.

Zunächst trieb er das Bildungswesen energisch voran, in der Überzeugung, daß nur aus einer breiten Basis die dem Land notwendige Zahl an Wissenschaftlern und Technikern erwachsen könnte. Die Volksschulen wurden verzehnfacht, in rascher Aufeinanderfolge Universitäten, technische Hochschulen und Agrarinstitute gegründet; viele Professoren wurden aus dem Ausland berufen, vor allem aus Österreich und Deutschland, Brasiliens begabteste Studenten zur Fortbildung nach Europa geschickt.

Voller Stolz weihte der Kaiser 1854 die erste, vierzehn Kilometer lange Eisenbahnstrecke nach Petropolis ein, wo er eine kleine Sommervilla erbauen ließ – am Ende seiner Regierungszeit verfügte Brasilien über

9 000 Kilometer Eisenbahn, 11 000 Kilometer Telegrafenlinien und ein Überseekabel.

Die bislang unbekannten Oberläufe und Quellgebiete der großen Flüsse wurden erforscht, die erste Generalkarte Brasiliens angelegt, Fluß- und Küstenschiffahrt in Schwung gebracht sowie zum Teil bereits auf Dampfbetrieb umgestellt. Die umfangreichen Projekte für eine landesweite Industrialisierung blieben in der Anfangsphase stekken. Schuld daran trug ein jahrelanger Krieg, über den später zu berichten sein wird.

Es wurden die Straßen ausgebaut und zahllose neue geschaffen, alle größeren Städte mit Wasserleitung und Kanalisation versehen – und erste Umweltschutzmaßnahmen getroffen: So war das Fällen der Bäume auf dem Zuckerhut verboten, um das Abrutschen der Steilhänge zu verhindern – eine Vorsichtsmaßnahme, über die sich die heutigen brasilianischen Bauspekulanten leichtfertig hinweggesetzt haben. Erdrutschkatastrophen mit Hunderten Todesopfern sind die Folge.

Auch Kaiserin Teresa Cristina war nicht untätig. Sie erstellte ein Programm zur Errichtung von Waisen- und Armenhäusern, Altersasylen und Heimen für Behinderte.

Natürlich reichte das Geld für all diese Projekte nicht immer – was zur Folge hatte, daß sich die kaiserliche Familie noch mehr einschränkte und vieles aus der eigenen Tasche bezahlte.

Als es darum ging, ein Dürregebiet zu bewässern und der Premierminister auf die leeren Kassen verwies, wurde Pedro wütend: »Wenn kein Geld da ist, soll man eben die Kronjuwelen verkaufen.« Der Premier war schockiert. Irgendwie wurden die Mittel dann doch anderweitig aufgetrieben.

Einen ebenso unkonventionellen Ausweg suchte und fand Pedro aus einer prekären wirtschaftlichen Situation, indem er einen Mann als neuen Finanzminister vorschlug, dessen profunde Analysen und Sanierungspläne ihm aus mehreren Zeitungsartikeln ins Auge gestochen waren. Blankes Entsetzen im Ministerrat: der Verfasser der anonym erschienenen Beiträge hatte kurz zuvor ein aggressives Pamphlet gegen den Kaiser verfaßt, gespickt mit Beleidigungen. Pedro zuckte die Achseln: »Ich weiß, ich weiß, aber persönliche Gefühle dürfen nicht entscheiden, wenn es um die Interessen des Landes geht. Wir gehen einer schweren Krise entgegen, und der Mann kann sie meistern. Bitten Sie ihn her.« Die Minister leisteten kurzen Widerstand, dann wurde der Experte geholt. Er meisterte die Krise.

»Nur der rastlosen Energie des Kaisers gelingt es, die ganze Staatsmaschine in regem Gange und die von Natur trägen Brasilianer in Bewegung zu halten«, schrieb der österreichische Erzherzog Maximilian, späterer Kaiser von Mexiko, von einem Verwandtenbesuch in Rio an seinen Bruder Kaiser Franz Joseph I.

Maximilian, der sich im übrigen mit typisch europäischem Hochmut über das Land und seinen »Urwaldursprung« lustig machte, verdanken wir ein Bild der kaiserlichen Familie und ihrer Lebensumstände in den fünfziger Jahren: »Die Kaiserin ist eine kleine dicke Frau und sieht der Großherzogin von Toskana sehr ähnlich, hat aber unglücklicherweise die Zähne und den Gang ihrer Schwester, der Herzogin von Berry. Sie ist sehr liebenswürdig... Pedro II. ist ein großer starker Mann mit blonden Locken und wallendem Bart...« Den Wohnsitz des Paares beschreibt der Erzherzog als ein »sehr bescheiden zu nennendes kaiserliches Palais«, in Maximilians Augen höchst seltsam und völlig unpassend für eine Residenz: Im Erdgeschoß befanden sich eine Wohnstatt für bedürftige Greise und Schulklassen für die Kinder der Bediensteten. Im ersten Stock residierte die Familie, und unter dem Dach hatte Pedro ein wissenschaftliches Laboratorium sowie eine kleine Sternwarte eingerichtet.

Die Sterne waren noch immer seine Leidenschaft, und dahinter rangierten gleich seine künstlerischen und kulturellen Ambitionen. Er verfaßte selbst gelegentlich kleine Sonette, übersetzte einige Werke Victor Hugos und die »Geschichten aus 1001 Nacht« aus dem Originaltext (!) ins Portugiesische. Die von ihm sehr nachdrücklich geförderte brasilianische Literatur erlebte ihre erste Hochblüte, und er zog Künstler aus aller Welt, Maler, Bildhauer und Musiker, ins Land. Die Oper von Rio nahm einen ungeahnten Aufschwung.

Sogar mit Richard Wagner hat Pedro korrespondiert, dem er vorschlug, in Rio die Erstaufführung einiger seiner Werke selbst zu dirigieren – allerdings müßten sie in italienischer Sprache gesungen werden. Wagner war nicht abgeneigt: »Sonderbarerweise wirkte die hierdurch angeregte Vorstellung... sehr angenehm auf mich, es schien mir, als müßte ich sehr gut ein leidenschaftliches Musikgedicht zustande bringen, welches sich im Italienischen sehr gut ausnehmen

müßte«, schrieb der Meister. Aus der Fahrt nach Rio ist dann doch nichts geworden, sehr wohl aber aus dem »leidenschaftlichen Musikgedicht«, das unter dem Namen »Tristan und Isolde« in die Musikgeschichte eingegangen ist.
Ein Mensch, der soviel zustande gebracht und vorangetrieben hat wie Kaiser Pedro II. – Victor Hugo nannte ihn einmal einen zweiten Marc Aurel –, müßte, so würde man meinen, zufrieden mit seinem Werk und seinem Dasein gewesen sein. Dem war aber nicht so: »Wieviel Mangel an Eifer«, hielt er in seinem Tagebuch fest. »Und die Liebe zu dem Land ist meistens nur ein Gerede. Das Wünschenswerte sehen und nur langsam dazu beitragen zu können, das ist eine Tantalusqual für einen gewissenhaften Herrscher. Aber Resignation ist in einer verfassungsmäßigen Monarchie unentbehrlich...«
Persönliche Schicksalsschläge trugen dazu bei, den Grundton seines Wesens in gedämpfter Resignation zu halten. Er verlor die geliebte »Dadama« während einer Choleraepidemie, und von seinen vier Kindern, die zwischen 1846 und 1849 geboren wurden, starben zwei im zartesten Alter. Es waren die beiden Söhne Alfonso und Pedro. Übrig blieben Isabel und Leopoldina.
Der Kaiser schrieb eine erschütternde Totenklage:

>»Zweimal schon habe ich den Tod erlitten:
>der Vater stirbt, der seinen Sohn begräbt.
>Ich sah als Kind mich ohne Vater, Mutter –
>und meine kleinen Söhne starben mir...«

Natürlich liebte Pedro seine Töchter um nichts weniger als die Söhne – dies ist mehrfach belegt. Aber er war nicht nur Vater, er war auch ein durch jahrhundertealte Traditionen geprägter Monarch, besorgt um den Fortbestand der Dynastie. Würde das jederzeit zum Widerspruch bereite Volk der Brasilianer die weibliche Erbfolge akzeptieren? Eine Frau auf dem Thron? Das wäre ein weiterer Grund, die exemplarischen brasilianischen Machos in die Arme der Republikaner zu treiben, die bereits fast den ganzen amerikanischen Doppelkontinent beherrschten. Zu seinen vielen Sorgen war dem Kaiser nach dem Tod der Söhne eine weitere aufgebürdet worden.
Andererseits: das große Glück, sich die beiden Mädchen auf das prächtigste entwickeln zu sehen! Erzherzog Maximilian beschreibt Isabel

und Leopoldina so: »Sie haben eine vortreffliche deutsche Erziehung, eine sehr gute Haltung, sind sehr gut angezogen und sehr freundlich, natürlich und kindlich. Dona Isabel ... ist etwas ernst, hat hübsche, regelmäßige Züge, wundervolle blonde Haare, ist sehr schön gebaut und ganz gesund ... Dona Leopoldina ist auffallend hübsch, mit einem ehrlichen ... Ausdruck und sehr lustig. Beide haben viel Geist und Lebhaftigkeit und würden jedem europäischen Fürsten nur Ehre machen ...«
Es ist anzunehmen, daß man in Wien diesen Fingerzeig verstand und die brasilianischen Habsburger-Cousinen wohlwollend in die Liste möglicher Kandidatinnen für weitere Verbindungen des Hauses mit den »großen Familien« Europas aufnahm.
Doch in Rio hatte man sich bereits vom uralten Brauch, Herrscherkinder ausschließlich nach politischen Erwägungen zu verehelichen, gelöst. Die Töchter Pedros konnten, kaum den Kinderschuhen entwachsen, Liebesheiraten eingehen.
1864 gab es in Rio eine turbulent gefeierte Doppelhochzeit: Isabel vermählte sich mit Gaston Comte d'Eu, einem Enkel des – 1848 gestürzten – französischen Königs Louis Philippe. Der elegante Franzose und schneidige, auf etlichen Kriegsschauplätzen bewährte Draufgänger bildete einen interessanten Kontrast zu der ernsthaften jungen Dame mit leisem Hang zu übertriebener Religiosität. Gastons Vetter, August Prinz von Sachsen-Coburg, ein eher verschlossener Mensch, nahm die muntere Leopoldina.
Die beiden jungen Männer waren während einer Vergnügungsreise nach Rio gekommen, nichtsahnend, daß Gaston dort hängenbleiben würde, während der Coburger mit seiner »Exotin« nach Europa heimkehrte. Das Paar sollte später abwechselnd in Wien und in Koburg leben.
Kaiser Pedro II., einstmals als »Bananenkönig« verspottet, genoß inzwischen weltweit großes Ansehen und wurde sogar in mehreren internationalen Streitfällen als Schiedsrichter angerufen. Die Stellung des Kaisers im eigenen Land indes war nicht immer unumstritten, vor allem wegen seiner radikalen Methoden, das politische Klima zu verändern und lang ersessene Vorrechte gewisser Kreise zu streichen. Die breite Masse des Volkes zollte ihm jedoch überwiegend Hochachtung, vor allem was seinen persönlichen Lebensstil betraf.

In eine Krise gerieten die Beziehungen zwischen dem Herrscher und seinen Landeskindern durch einen der grausamsten Kriege der neueren Geschichte, der allerdings, zumindest in Europa, längst dem Vergessen anheimgefallen ist. Brasilien wurde dieser Krieg aufgezwungen, aber der ansonsten durch und durch pazifistische Kaiser glaubte ihn im Interesse der Zukunft von ganz Südamerika bis zum bitteren Ende durchstehen zu müssen.

Der Brand wurde von dem kleinen Paraguay (eine Million Einwohner) entfacht, das ohne Vorwarnung über Brasilien (sechs Millionen Einwohner) herfiel. Die militärische Stärke der beiden Staaten stand im verkehrt proportionalen Verhältnis zu ihrer Bevölkerungszahl: Paraguay verfügte über 60 000 hochqualifizierte Soldaten eines stehenden Heeres und eine eigene Rüstungsindustrie, Brasilien brachte zur Not 16 000 Mann auf die Beine und mußte seine Arsenale durch Waffenimporte füllen.

Diese seltsame Ausgangslage bedarf einer kurzen Erklärung: Paraguay hielt unter den südamerikanischen Ländern eine Ausnahmestellung. Ursprünglich von den Spaniern erobert, etablierte sich dort der berühmte Jesuitenstaat. In strikter Abkapselung von der Außenwelt wurden völlig neue Wege eingeschlagen, die gewisse Parallelen zu modernen kommunistischen Utopien aufweisen: Alle Einwohner – durchwegs christianisierte Indios – waren gleichgestellt, alle erhielten eine Schulbildung, alle arbeiteten nach ihren Fähigkeiten. Die Früchte der Arbeit wurden vom Staat verwaltet, und jeder bekam nach seinen Bedürfnissen Essen, Bekleidung und Wohnung zugewiesen.

Nach der Zerschlagung des Jesuitenstaates war Paraguay für kurze Zeit wieder spanische Kolonie, erkämpfte jedoch 1811 seine Unabhängigkeit, wählte einen Präsidenten – und schlitterte von da an unaufhaltsam in eine Diktatur, die schließlich in ein Terrorregime ausartete. Der erste unumschränkte Herrscher war Dr. José de Francia, ein ehemaliger Advokat. Er ließ die Klöster aufheben, verfolgte alle Andersdenkenden, vor allem Intellektuelle, legte sich den Titel »Supremo« zu und riegelte das Land wieder vollkommen von der Außenwelt ab. Paraguay wurde damals das zweite Tibet genannt.

Nach Dr. Francias Tod ging das Regime an dessen Neffen Carlos Lopez, einen Mestizen, über, dessen Diktatur eine Spur erträglicher war. Durch vorsichtige Öffnung des Landes zur übrigen Welt und eine ge-

schickte Außenhandelspolitik (Hauptexportartikel war Mate) kam Paraguay zu leidlichem Wohlstand, zu Straßen, Schulen, einer Eisenbahn – und einer hervorragenden Armee. Diese wurde durch Carlos Lopez' Sohn Francisco aufgebaut.
Francisco Lopez war zwar ein liederlicher und haltloser Mensch, völlig abhängig von seiner Geliebten, einer ehemaligen Pariser Kokotte, aber er wußte genau, was er wollte: Er wollte ein zweiter Napoleon werden und womöglich ganz Südamerika erobern, um einen neuen Inka- oder Aztekenstaat zu gründen. Zu diesem Zweck stampfte er eine Armee nach preußischem Vorbild aus dem Boden – er war lange genug in Berlin gewesen, um sich die nötigen Kenntnisse zu verschaffen –, und er unterwarf alle zivilen Belange schärfsten Einschränkungen – abgesehen von monumentalen Bauwerken zu seiner eigenen Verherrlichung. Aus Paris ließ er vorsorglich eine Kopie von Napoleons Kaiserkrone kommen ...
1862 trat Francisco Lopez die Nachfolge seines Vaters als »Supremo« an. Größen- und verfolgungswahnsinnig, errichtete er ein Terrorregime, das mit der Hitler- und Stalin-Ära durchaus vergleichbar ist. Überall witterte Lopez Verschwörung und Verrat. Jeder Mißliebige wurde auf der Stelle liquidiert, aber Lopez wütete auch in den Reihen seiner ergebensten Gefolgsleute. Er ließ Mutter und Schwester foltern, den eigenen Bruder erschießen.
Kaum an die Herrschaft gelangt, fiel er über Brasilien her, das, völlig überrumpelt und miserabel gerüstet, zum Glück Argentinien und Uruguay als Verbündete gegen den Aggressor gewinnen konnte; die beiden anderen Staaten fühlten sich durch Lopez ebenso bedroht wie Brasilien.
Paraguays einzige Zeitung sparte schon im voraus nicht mit Hymnen: »Alexander, Cäsar, Napoleon waren Riesen ... aber welcher unter ihnen hat die Unendlichkeit und die Ewigkeit zu beherrschen vermocht wie Marschall Lopez? Fragt die Epochen, die Jahrhunderte, fragt die Sterne und die Elemente, und ihr werdet erfahren, daß Marschall Lopez das Genie der Genies ist ...«
Das Genie der Genies erlitt jedoch zunächst zwei Niederlagen: Der Angriff seiner Flotte auf Rio de Janeiro wurde abgeschlagen, die Schlacht um die Stadt Uruguayana kostete ihn fast die Hälfte seiner Armee. Lopez, der niemals selbst an vorderster Front zu finden war,

hielt grausames Gericht über seine Armeeführer und ließ sie reihenweise erschießen – dazu noch sämtliche Kriegsgefangene aus den Armeen der Brasilianer, Argentinier und Uruguayaner.
Zu Anfang des Krieges herrschte in Brasilien vaterländische Hochstimmung, ausgelöst durch die Empörung über Lopez' heimtückischen Überfall. Scharenweise eilten die jungen Männer zu den Fahnen. Der Kaiser selbst begab sich an die Front, um in vorderster Reihe mitzukämpfen. Zwar wollte ihn der Ministerrat unter Hinweis auf ein Verfassungsgesetz daran hindern, doch Pedro erklärte nachdrücklich, daß er eher abdanken und als einfacher Soldat in den Krieg ziehen werde, als in der Stunde der Gefahr nicht bei der Truppe zu sein.
Doch das Kriegsglück blieb den Brasilianern nicht hold. Nach einer Atempause, während Lopez mit unvorstellbarer Brutalität alle Reserven seines Landes mobilisiert hatte, erlitten die gegen Paraguay Verbündeten eine verheerende Niederlage ihrer bereits durch eine Choleraepidemie dezimierten Truppen.
Argentinien und Uruguay zogen die Konsequenzen und traten aus dem Dreibund aus. Brasilien war völlig auf sich allein gestellt in diesem verlustreichsten Krieg, der bis dahin je auf südamerikanischem Boden ausgetragen worden war.
Fast über Nacht trat ein Umschwung in der öffentlichen Meinung ein: Die Brasilianer waren kriegsmüde und bestürmten den Kaiser, so oder so, mit Lopez Frieden zu schließen. Eine heftige Pressekampagne gegen den Monarchen zog sich über Monate hin. Verstärkt wurden die Anfeindungen durch Pressestimmen aus Europa. Dort hatte man, in totaler Unkenntnis der wahren Hintergründe, Zusammenhänge und Ereignisse in Südamerika, das Herz für die armen, unterdrückten Ureinwohner entdeckt, und Lopez wurde als Held und Befreier, als Verteidiger des Selbstbestimmungsrechts der Indios gefeiert und heroisiert.
Die USA boten sich als Vermittler zwischen Brasilien und Paraguay an – doch Pedro blieb hart. Lieber, so sagte er, würde er auf den Thron verzichten, als mit »dem Ungeheuer« auch nur zu verhandeln. Er war der unbeirrbaren Meinung, daß Lopez nach wie vor eine Gefahr für ganz Südamerika darstellte. Er müßte mit allen Mitteln bekämpft werden.
Gegen den Rat seiner Minister unternahm Pedro das ihm nötig Erscheinende: Er ließ Kriegsschiffe bauen, die Waffenlager füllen und so-

gar Fesselballone herstellen, die der Luftaufklärung im Dschungel dienen sollten. Das Geld dafür wurde durch eine hochverzinsliche Kriegsanleihe beschafft, und der Kaiser ging mit gutem Beispiel voran, indem er seine Zivilliste auf ein Minimum zusammenstreichen ließ und sein gesamtes persönliches Vermögen investierte.
Mit der Devise »Wir gehen bis ans Ende« wurden neue Truppen ausgehoben, geschult und unter der Führung des kriegserfahrenen kaiserlichen Schwiegersohns, Gaston d'Eu, in den Kampf geworfen. Dem Franzosen und seinen Soldaten gelang es dann auch glücklich, den entscheidenden Sieg über Lopez zu erringen. 1869 wurde Paraguays Hauptstadt Asunción genommen.
Die Hauptschlacht war geschlagen, aber der Krieg noch nicht zu Ende. Es folgte ein erbarmungsloser Guerillakampf in den bergigen Urwäldern, bei dem das fast nur noch aus Greisen und Kindern bestehende letzte Aufgebot des Francisco Lopez langsam aufgerieben wurde. Am 1. März 1870 stellten die Brasilianer einen kläglichen Haufen ausgemergelter, halbnackter Paraguayaner an den Ufern des Aquidabànugui. Lopez versuchte fliehend den Fluß zu überqueren. Von einer Lanze in den Rücken getroffen, stürzte er ins Wasser und verblutete; es ist nicht geklärt, ob das Geschoß von einem Brasilianer oder von einem seiner eigenen Leute stammte.
Endlich Frieden! Brasilien hatte 50 000 tote Soldaten zu beklagen, Paraguay verlor zwei Drittel seiner *gesamten* Bevölkerung. Die Männer gingen im Kampf zugrunde oder unter den Erschießungspelotons des Tyrannen. Frauen und Kinder starben an Seuchen und Hunger.
Brasilien erlebte eine ebenso überraschende wie hysterische Welle des Patriotismus und der Begeisterung. Nie zuvor und niemals nachher war der Kaiser so populär, und alle wollten ihn, in Marmor gemeißelt oder in Bronze gegossen, auf dem Sockel eines Heldendenkmals stehen sehen. Spontane Sammlungen brachten eine ansehnliche Summe für den Bau eines Monuments. Der Kaiser nahm das Geld – und ließ dafür eine Schule errichten. Mehr Menschen, als ihm lieb sein konnte, fühlten sich brüskiert und waren für immer beleidigt.
Pedro zählte nun fünfundvierzig Jahre, aber er war unter der Bürde des Amtes und der selbstauferlegten zusätzlichen Pflichten über seine Zeit hinaus gealtert. Haar und Bart waren fast weiß, die Augen müde, die Gesichtszüge furchig. Seinem besten Freund, dem Dichter und Ge-

lehrten Arthur Graf Gobineau, der einige Zeit als französischer Botschafter in Rio geweilt hatte, schrieb er: »Meine Einsamkeit ist noch schmerzlicher als die Ihre ... An Geduld fehlt es mir nicht. Ich suche meine Pflicht zu erfüllen, aber Sie können sich keine Vorstellung machen, wie ich darunter leide, so wenig Freiheit zu genießen ...«
Freiheit: das bedeutete für ihn sehen, hören, diskutieren, noch mehr lernen, noch mehr Wissen, noch mehr Kunst in sich hineinzusaugen. Zum ersten Mal nahm er sich 1871 die Freiheit, dorthin zu reisen, wo die geistigen Wurzeln seiner Persönlichkeit zu finden waren: ins alte Europa. Den letzten Anstoß für die Fahrt über den Atlantik gab ein zutiefst tragisches Ereignis: Leopoldina, die fröhliche Tochter, die den Prinzen von Sachsen-Coburg geheiratet hatte, war in Wien binnen weniger Tage einer fiebrigen Erkrankung unbekannten Ursprungs erlegen. Teresa Cristina drängte es, wenigstens das Grab Leopoldinas zu sehen.
Pedro regelte alle Angelegenheiten, bestellte Tochter Isabel als Regentin für die Zeit seiner Abwesenheit und veranlaßte seine Minister wieder einmal zu heftigem Köpfeschütteln: Er lehnte es ab, die Reise aus der Staatskasse finanzieren zu lassen, da er als Privatmann unterwegs sei und daher keinen Anspruch auf Spesenersatz habe.
Mitte Mai begab sich das Kaiserpaar unter dem Namen eines Herzogs und einer Herzogin von Alcantara, begleitet vom Hofmarschall, einem Arzt, einer Hofdame und drei Dienern – unter ihnen der nun schon recht betagte Negersklave Rafael – an Bord eines englischen Passagierschiffes.
Einen Monat später erreichte die Gesellschaft Lissabon. Sie wurde am Pier vom Sohn der mittlerweile verstorbenen Maria da Gloria, König Pedro V., herzlich empfangen. Die Freude des jungen portugiesischen Königs schlug in Befremden um, als sein Onkel darauf bestand, sich wie alle anderen Passagiere für acht Tage in ein Quarantänespital zu begeben, eine Vorsichtsmaßnahme der Gesundheitsbehörden, da in Brasilien wieder einmal die Cholera wütete. Der Kaiser wünschte keine Ausnahme, keine Bevorzugung – eine Haltung, die während seiner weiteren Reise immer wieder auf Verständnislosigkeit stieß.
Herzlich, glücklich und tränenreich war das Wiedersehen mit einer einsamen alten Dame: Kaiserin Amalie, Pedros Stiefmutter, schloß den großen Mann mit dem weißen Bart in die Arme – und sie nannte ihn,

*Oben: Kaiserin Teresa Cristina und Kaiser Pedro II. von Brasilien*
*Unten: Dona Isabel von Brasilien mit ihrem Gemahl, Gaston Graf von Eu*

wie einstmals, zärtlich »mein Kleiner«. »Inzwischen bin ich ja doch ein wenig gewachsen«, erwiderte Pedro trocken.
»Ich will alles sehen, alles studieren!« Mit diesem Vorsatz war Pedro von Brasilien aufgebrochen. Was wie eine bloße Ankündigung geklungen hatte, erwies sich rückblickend als eine gefährliche Drohung. In den folgenden Monaten, auf der rasanten Route durch viele Länder, wollte Pedro tatsächlich alles sehen, was es nur zu sehen gab: Kirchen, Klöster, Museen, Universitäten, Armenhäuser, Spitäler, Irrenanstalten, Theater, Konzerte, Opern. Gespräche mit berühmten Zeitgenossen standen auf dem Programm.
Die dicke kleine, asthmatisch keuchende Kaiserin und den Hofmarschall im Schlepptau, war Pedro vom Morgengrauen bis spät in die Nacht unterwegs. Die Kaiserin wurde immer stiller, der Hofmarschall konnte allerdings einmal einen Stoßseufzer nicht unterdrücken: »Himmel! Was für ein Leben!«
Von Portugal nach Spanien, von Spanien nach Frankreich, von Frankreich nach England, wo der Kaiser die beiden Schwestern wiedersah. Francisca und Juanaria lebten in London, seit in Frankreich und in Sizilien die Throne gestürzt worden waren. Stunden der Freude, denen wenige Wochen später Stunden der herzzerreißenden Trauer folgten.
In Deutschland weinten Pedro und Teresa Cristina an der Familiengruft der Coburger um ihre Tochter Leopoldina. Die Kaiserin war niedergedrückt und erschöpft, der Leibarzt drang darauf, ihr eine Erholungspause zu gönnen. Drei Wochen blieb sie in Karlsbad, während er Prag besichtigte und dann durch Böhmen weiterhastete.
Die nächste Station des Kaiserpaares war München, und es gelang Pedro wieder einmal, die Verwandten – wir erinnern uns: Pedros Stiefmutter war die Enkelin eines Bayernkönigs – vor den Kopf zu stoßen. Das »Wiener Fremdenblatt«, das übrigens die Leiblektüre Kaiser Franz Josephs I. war, walzte die Affäre genüßlich aus: »Der Kaiser von Brasilien hat weder dem Diner bei Prinz Luitpold noch dem auf Befehl Seiner Majestät des Königs [Ludwig II.] ihm zu Ehren in Nymphenburg veranstalteten Diner beigewohnt... Der Kaiser wies alles Entgegenkommen von seiten des Hofes zurück und bewegte sich überhaupt als Privatmann, der sich um Rücksichten der Etikette nicht kümmerte...«
Im großen und ganzen, mokierte sich das Blatt, mache der Kaiser den

Eindruck eines Sonderlings und bestehe sogar drauf, Reisetasche und Regenschirm selbst zu tragen!
Das »Wiener Fremdenblatt« ließ allerdings unerwähnt, daß Pedro tatsächlich Besseres zu tun hatte, als sich auf Hofdiners zu langweilen. Der »Sonderling« führte lange, fruchtbare Gespräche mit dem berühmten Chemiker Justus von Liebig, und er beobachtete Einsatzübungen der Münchner Feuerwehr, nach deren Vorbild er in seiner Heimat eine ähnliche Organisation schaffen wollte.
Wie ein Pilger besuchte der Kaiser später die Mozart-Gedenkstätten in Salzburg, er fuhr nach Ischl und nach Bad Aussee und bestaunte entzückt den ersten »Eisberg« seines Lebens, den schneebedeckten Dachstein. Über Linz ging die Reise zu Schiff nach Wien weiter.
In der österreichischen Haupt- und Residenzstadt gab es kein Entkommen vor häufigen und langdauernden Zusammentreffen mit den Verwandten – immerhin war Pedros Mutter eine österreichische Kaisertochter gewesen, und er wurde herzlich im Kreis der Familie aufgenommen. Gleichmütig ließ der Kaiser von Brasilien die endlosen Galadiners und Empfänge in der Hofburg und im Schloß Schönbrunn über sich ergehen – aber auch wiederholte Begegnungen mit Kaiser Franz Joseph I. ließ keine Wärme zwischen den beiden Vettern aufkommen. Der nüchterne Bürokrat und der enthusiastische Freund von Kunst und Wissenschaft hatten einander wenig zu sagen. »Sein Gesicht ist recht gewöhnlich«, hielt Pedro über Franz Joseph in seinem Tagebuch fest.
Tagsüber absolvierte der Gast aus Brasilien wie üblich seine Gewaltmärsche durch Kunsttempel, wissenschaftliche Institute und soziale Einrichtungen. Jeden »dienstfreien« Abend verbrachte er im Burgtheater oder in der Hofoper. Da gerade »Lohengrin«, den er unbedingt sehen wollte, nicht auf dem Spielplan stand, machte er flugs noch einen Abstecher nach Budapest, um diese Wagner-Oper genießen zu können. Er ließ es sich auch nicht nehmen, einem Konzert von Johann Strauß im Volksgarten beizuwohnen. Nachher bat er den Walzerkönig zu sich und lud ihn nach Brasilien ein. Warum sich das Projekt zerschlagen hat, ist unbekannt.
Weiter im Sauseschritt durch Italien, mit Besuchen bei Teresa Cristinas Familie. Und dann Ägypten! Der geplagte Hofmarschall berichtet darüber: »Wir durchquerten ganz Ägypten ..., besahen das Neue und das

Alte, die Pyramiden und die ältesten Gräber von Memphis, bis zu den Knien in Bergen von Flugsand und in diesem afrikanischen Klima! Man kann sich denken, was wir auszustehen hatten...«
Von Ägypten nach Griechenland, zuerst nach Mykenä. Der damals noch sehr umstrittene Heinrich Schliemann grub eben den Palast des Agamemnon aus. Pedro war hingerissen von Schliemann und seiner Arbeit, Schliemann war hingerissen von dem fachkundigen Monarchen. Er widmete ihm eines seiner nächsten Werke.
Auf der Heimreise besuchte das Kaiserpaar noch einmal Paris, und Pedro führte stundenlange Gespräche mit Alexandre Dumas d. J., Théophile Gautier und dem berühmten Psychiater Jean Martin Charcot, der später Sigmund Freuds Lehrer werden sollte. Dem damals noch unbekannten Louis Pasteur spendete Pedro einen ansehnlichen Betrag für den Aufbau des Pasteur-Instituts, und er regte ihn zu Forschungsarbeiten über das Gelbfieber, eine der Geißeln Brasiliens, an. Pasteur war Feuer und Flamme; er bat den Kaiser, in Rio Versuche an zum Tode verurteilten Verbrechern vornehmen zu dürfen. Der Kaiser mußte den Forscher enttäuschen – in Brasilien würde niemand mehr hingerichtet. Pasteur blieb in Paris, das Gelbfieber mußte warten.
Unauffällig schlich sich Pedro manchmal in die Hörsäle der Sorbonne, um in einer hinteren Reihe den Vorlesungen zu lauschen. Einmal sprach ein Professor über das Sklavenproblem, und zwar genau an dem Tag, da in Paris bekannt wurde, daß in Rio ein weiteres Gesetz zum schrittweisen Abbau der Sklaverei beschlossen und von der Regentin Dona Isabel unterzeichnet worden war.
»Diese schreckliche Einrichtung«, dozierte der Professor, »wird auch in der Neuen Welt bald der Vergangenheit angehören. Gerade heute hat sie durch die Initiative eines Monarchen den Todesstoß erhalten. Dieser Herrscher befindet sich zur Zeit in Frankreich. Er ist in Paris. Er ist mitten unter uns!« Und er zeigte auf den stillen Zuhörer in der Hinterbank. Die Studenten brachten Pedro minutenlange stehende Ovationen. In Brasilien hingegen hat eben dieses Gesetz viel böses Blut gemacht. Es wird später darüber zu berichten sein.
1876 bis 1877 bereiste der Kaiser von Brasilien noch einmal Europa, allerdings ohne seine Frau. Bei Teresa Cristina begann sich ein Herzleiden abzuzeichnen, sie wäre den Strapazen nicht gewachsen gewesen. Ehe er in die Alte Welt fuhr, besuchte Pedro die Vereinigten Staaten.

»Dieser erste regierende Monarch auf unserem Boden gibt sich bescheidener als irgendein Präsident«, hieß es in einer dortigen großen Tageszeitung.

Noch einmal sah Pedro die Länder, die er schon 1871/1872 bereist hatte, dazu kamen noch die Schweiz, Schweden, Dänemark, die Türkei und Rußland. In Berlin traf er mit dem Historiker Mommsen, dem General von Moltke, mit dem Arzt und Anthropologen Virchow und dem Physiker Bunsen zusammen, in Paris verbrachte er fast einen ganzen Tag mit Frankreichs Dichterfürsten Victor Hugo, in Ägypten nahm er aktiv an archäologischen Grabungen teil.

Emotionaler Höhepunkt dieser Reise war zweifelsohne die Uraufführung von »Rheingold« zur Einweihung des neuerbauten Festspielhauses in Bayreuth. Tief bewegt stürmte Pedro noch in derselben Nacht zu Wagner in die Wohnung, um ihn mit enthusiastischen Lobeshymnen zu überschütten. Der Meister fühlte sich geehrt und geschmeichelt.

Irgendwo auf einer Bahnfahrt durch Deutschland kam Pedro mit einem schnauzbärtigen Herrn ins Reden und später ins Philosophieren; er verabschiedete sich, ohne sein Inkognito gelüftet zu haben. »Wer war dieser außerordentliche Mensch?« fragte der Schnauzbart seinen Begleiter, der still zugehört hatte. »Das war der Kaiser von Brasilien, Herr Professor Nietzsche«, lautete die Antwort.

Der zweite Europatrip war noch wesentlich anstrengender gewesen als der erste. Bei seiner Heimkehr wirkte Pedro müde, er ging vornübergebeugt. Erste Anzeichen einer Zuckerkrankheit rüttelten an seiner bislang ausgezeichneten Gesundheit. Hinzu kam, daß sich seit dem Krieg gegen Paraguay und während Pedros langen Auslandsaufenthalten ein Wust von Schwierigkeiten und kaum lösbaren Problemen angestaut hatte.

Die härteste politische Nuß, und das während Pedros gesamter Regierungszeit, war die Sklaverei. Der Kaiser, ein überzeugter Humanist, verabscheute sie aus tiefstem Herzen, war aber Wirtschaftsfachmann genug, um zu erkennen, daß das ganze darauf basierende Agrarsystem zusammenbrechen müßte, würde man sie schlagartig aufheben. Brasilien lebte von seinen Zuckerrohr- und Kaffeeplantagen; die von Einwanderern ohne Sklaven betriebenen Güter fielen nicht ins Gewicht, die Industrie spielte kaum eine Rolle.

Schon das Verbot der Sklaveneinfuhr hatte schweren Schaden angerichtet, und auch der nächste, überaus vorsichtige Schritt brachte beträchtliche Unruhe mit sich. Das neue Gesetz bestimmte, daß Sklavenkinder von Geburt an als Freie zu betrachten seien, während ihre Eltern weiter Abhängige blieben. Es war eben dieses Gesetz, für das Pedro in der Sorbonne so gefeiert worden war, und auch die brasilianische Stadtbevölkerung, wenig vertraut mit den Erfordernissen der Landwirtschaft, pries es als gewaltigen Fortschritt. Als die Kammern das Gesetz beschlossen, ergoß sich ein Rosenregen über die Abgeordneten. Der Botschafter der Vereinigten Staaten fing eine davon auf und rief pathetisch: »Ich werde diese Blume in meine Heimat schicken als Zeichen dafür, daß hier Rosen einen Sieg verherrlichen, der bei uns nur mit Strömen von Blut erkämpft werden konnte.« (Der amerikanische Bürgerkrieg lag erst sechs Jahre zurück; er hatte 600 000 Tote gefordert.)

Letzten Endes war aber niemand mit dem »Gesetz der freien Geburt« zufrieden: Die unmittelbar betroffenen Plantagenbesitzer fanden, es sei überstürzt und zu radikal. Den wirtschaftlich nicht Betroffenen und den Sklaven erschien es zu lax und zu eng. Die kontroversiellen Meinungen gingen quer durch die großen alten Regierungsparteien der Liberalen und Konservativen, beide wurden durch diese Auseinandersetzungen zersplittert und geschwächt. Davon profitierte die bislang völlig bedeutungslose Republikanische Partei. Sie hatte zwar auch keine Patentlösung anzubieten, nahm aber die Sklavenfrage zum Anlaß, neuerlich und heftiger denn je die Abschaffung der Monarchie zu fordern, als ob dadurch auf jeden Fall sich alles zum besseren wendete.

Starken Zulauf und Auftrieb erhielt die republikanische Idee im Jahre 1871, als in Frankreich nach dem verlorenen Krieg gegen Deutschland die Republik ausgerufen und Kaiser Napoleon III. verjagt worden war. Kaiser Pedro II. war, zum Unterschied von den meisten seiner Standeskollegen, ein überzeugter Demokrat, wofür der später sehr erfolgreiche republikanische Politiker Silviano de Castro sich in seinen Lebenserinnerungen als Zeuge verbürgte.

Er war einmal als junger Student in den Palast gekomen, um den Kaiser zu sprechen. Ein Hofbeamter fragte nach seinem Begehr. Der junge Mann sagte, er sei Republikaner und wollte sich wegen eines Polizeiübergriffes gegen seine Gesinnungsgenossen beschweren. Der Student könnte über alles mit dem Kaiser reden, meinte der Beamte,

aber es sei eine Unverschämtheit, dem Monarchen ins Gesicht zu sagen, daß er, der Beschwerdeführer, Republikaner sei.
De Castro schreibt wörtlich: »...›Nein, mein Freund, das wäre keine Unverschämtheit!‹ Wir wandten uns um ... Lächelnd kam der Kaiser auf uns zu und fuhr mit seiner hohen Stimme fort: ›Es ist keine Unverschämtheit, wenn ein Brasilianer seine politische Überzeugung bekennt... Und nun, mein junger Freund, sagen Sie Ihren Kollegen, daß ich die Herrschaft den Republikanern übergebe, wenn das Volk republikanisch wird, aber ich werde nicht aufhören, Brasilianer zu sein‹ ...«
Zu Pedros Demokratieverständnis gehörte auch das unantastbare Recht auf Gedankenfreiheit und der Primat des Staates über alle anderen Institutionen.
Aus dieser Geisteshaltung entstand unvermutet eine bedrohliche Belastung des Verhältnisses zwischen Kirche und Staat. Diese wurde durch ein päpstliches Breve (Erlaß) ausgelöst, das die Exkommunikation der Freimaurer anordnete und sie damit automatisch von den Sakramenten ausschloß. Pedro, ein überaus gläubiger Katholik, sah die zivilrechtlichen Folgen dieser religiösen Maßnahme voraus: Da Taufen und Trauungen von Priestern vorgenommen und ausschließlich kirchenamtlich registriert wurden, hätten Geburten und Eheschließungen von Freimaurern und deren Angehörigen nicht mehr durchgeführt werden können.
Der Staatsrat entschied, daß das Breve in Brasilien weder verkündet noch gar befolgt werden dürfte. Er stand damit unanfechtbar auf dem Boden der Verfassung. Sie hielt ausdrücklich fest, daß päpstliche Erlässe ohne staatliche Zustimmung null und nichtig wären.
Als zwei Bischöfe das Breve dennoch von der Kanzel verlasen, wurden sie angeklagt und zu Haftstrafen verurteilt, später allerdings begnadigt. Dennoch sah sich der Kaiser wütenden Angriffen von seiten klerikaler und konservativer Kreise ausgesetzt und geriet in den Ruf eines Atheisten. Warum der sonst so bedächtig auf allgemeinen Konsens zielende Herrscher nicht den einfacheren Weg wählte und zivile Standesregister einführen ließ – das bleibt unklar.
Zu den alten Gegnern, den Republikanern, welche die Monarchie überhaupt abschaffen wollten, den Liberalen, denen die Sklavengesetze zu lax waren, den Konservativen, welche die Sklaverei am liebsten wieder

eingeführt hätten, kamen nun die katholischen Kreise, bislang unerschütterliche Anhänger Pedros.
Die Anfeindungen gingen nicht spurlos an ihm vorüber. Er wirkte müde und traurig, immer häufiger zog er sich ins wissenschaftliche Refugium unter dem Dach des Schlosses Boa Vista zurück.
Die Leitartikler der großen Zeitungen gaben ungeschminkt die allgemeine Stimmung wieder: Der alte Herr auf dem Thron sei nicht mehr entscheidungsfähig, also reif zum Abdanken; er habe Großes für das Land geleistet, jetzt sei es Zeit für einen Wechsel und frischen Wind. Je nach Ideologie wurde für eine Abdankung zugunsten Dona Isabels oder die Ausrufung der Republik plädiert.
Die wetterwendische Gunst des Volkes neigte sich allerdings sofort wieder auf die Seite des »geliebten Kaisers«, als er im Sommer 1888 einen dramatischen Kollaps erlitt. Seine Gesundheit war nicht nur durch Überarbeitung und fortgesetzte Aufregung, sondern auch durch die fortschreitende Zuckerkrankheit bedrohlich geschwächt. Ein Ärztekonsilium riet dringend zu einer langen Erholungspause, verbunden mit einer Kur in Baden-Baden.
Die Anwendungen in Baden-Baden schlugen erstaunlich schnell und nachhaltig an. Als die Tage in Deutschland kürzer und kälter wurden, übersiedelten Pedro und seine Frau zur Nachkur an die Côte d'Azur. Wenn es in dieser Ehe je restlos glückliche Stunden gegeben hat, dann sicher während jenes Winters in Cannes, als die beiden Alten langsam und zufrieden lächelnd Arm in Arm spazierengingen.
Der Kaiser schien völlig genesen, aber während der Heimfahrt warf ihn in Mailand eine schwere Lungenentzündung aufs Krankenlager. Sein Zustand schien hoffnungslos, und er lag bereits in Agonie, als man ihm die Sterbesakramente verabreichte. Niemand konnte mehr an das Wunder einer Genesung glauben – und dennoch geschah es.
Ein mehrwöchiger Aufenthalt in der klaren Schweizer Bergluft stellte ihn so weit wieder her, daß er im August 1889 endlich nach Hause fahren konnte.
»SALVE!« – in riesigen Lettern auf ein Spruchband geschrieben, grüßte Pedro und Teresa Cristina am 22. August 1889 hoch vom Zuckerhut, als sie im Hafen von Rio de Janeiro einfuhren. Die Glocken läuteten, was das Zeug hielt, die Kanonen krachten, Tausende brüllten am Pier

ihr »Willkommen daheim«, Abertausende sandten selbst aus den hintersten Winkeln der Provinzen Glückwunschtelegramme.
Freundliche Tünche über einem brodelnden Kessel der Unruhe! Dona Isabel hatte während der Abwesenheit des Vaters und ohne sich mit ihm darüber zu besprechen, die vollkommene Abschaffung der Sklaverei proklamiert; das von Pedro für diesen Fall vorausgeahnte Chaos war mit voller Wucht über das Land hereingebrochen. Die Arbeit in den Pflanzungen stand still, die Ernte blieb aus, die Felder verödeten. Massen freiheitstrunkener, jedoch arbeitsloser Farbiger strömten in die Städte, in der verzweifelten Hoffnung auf irgendeine Beschäftigung. Voller Wut und Haß und Enttäuschung schlossen sie sich zu Banden zusammen, raubten, plünderten, es kam zu Zusammenstößen, die von einer schießwütigen Polizei mit Strömen von Blut niederkartätscht wurden. Sicherheit und Ordnung standen vor dem totalen Zusammenbruch; ein dilettantisch vorbereitetes Revolverattentat auf den Kaiser durch einen jugendlichen Wirrkopf konnte jedoch in letzter Minute verhindert werden.
Die konservative Regierung erwies sich als handlungsunfähig, und Pedro ersetzte sie auf der Stelle durch eine liberale, die ein ausgewogenes Reformprogramm vorzuweisen hatte: Schaffung von Arbeitsplätzen durch forcierte Industrialisierung, Überbrückungshilfe für die Plantagenbesitzer, die versuchen sollten, ihre ehemaligen Sklaven als Lohnarbeiter wiederzugewinnen. Ein gutes Programm! Ein Programm allerdings, das Zeit und Geduld brauchte – aber niemand wollte warten.
Es war die Stunde der Offiziere, die Stunde, auf die das Militär fast zwei Jahrzehnte lang gewartet hatte, nachdem es in schmähliche Bedeutungslosigkeit abgedrängt worden, kaum daß der glorreiche Sieg über Paraguay errungen worden war. Die Kriegerkaste, in den übrigen südamerikanischen Staaten mit ständig wechselnden Juntas die politisch tonangebende Kraft, war unter dem eingefleischten Zivilisten Pedro ausgeschaltet und auf bescheidene Friedensstärke zurückgestutzt worden. Die Offiziersklubs, die Kriegsschulen wurden zu Zellen des latenten Widerstands gegen den Kaiser, die republikanische Partei war ein hochwillkommener Kampfgefährte.
Am Morgen des 16. November 1889 fand sich die kaiserliche Familie im Stadtschloß von Truppen umzingelt und mit der Tatsache konfrontiert, daß Pedro gestürzt, die Republik ausgerufen und durch eine pro-

visorische Militärregierung gewaltsam die Macht ergriffen worden war. Dem überrumpelten Monarchen wurde durch eine Offiziersdelegation mitgeteilt, daß er und die Seinen das Land binnen vierundzwanzig Stunden zu verlassen hätten.

Die Kaiserin schrie auf, Dona Isabel wandte sich wortlos zur Wand, Pedro wirkte ruhig. Er setzte sich hin und begann zu schreiben, doch plötzlich versagte ihm die Hand den Dienst. Er diktierte seinem Sekretär: »Angesichts der schriftlichen Kundgebung... beschließe ich, der Gewalt zu weichen und mich mit meiner ganzen Familie nach Europa zu begeben. Ich verlasse das von uns allen innigst geliebte Vaterland, dem ich als Staatsoberhaupt fast ein halbes Jahrhundert hindurch die Beweise meiner herzlichen Liebe zu geben bemüht war. Brasilien wird in meiner Erinnerung leben. Ich werde immer die glühendsten Wünsche für sein Glück und sein Wohlergehen hegen.« Der Kaiser ließ sich die Feder geben. Zum ersten Mal unterschrieb er nicht mit »Pedro II.«, sondern als »Don Pedro de Alcantara«.

Augenblicklich begann ein kopfloses Rennen und Hasten und Suchen und Packen – und in all dem Getümmel und Getöse schreiender und weinender Menschen wurde auch noch Pedros guter alter Diener, der schwarze Rafael, Weggefährte des »Kaiserleins« aus fernen Kindertagen, vor Aufregung vom Schlag getroffen.

Pedro fragte, ob er aus seiner Bibliothek im Landsitz Boa Vista einige Bücher holen dürfte. Er durfte nicht. Und mitten in der Nacht ereilte ihn ein neuer Befehl: Die Familie habe auf der Stelle, stehenden Fußes, das Haus zu verlassen. Ein Schiff zum Abtransport liege im Hafen.

»Wieso schon jetzt?« fragte Pedro den Obersten, der die schriftliche Order überbrachte. »Die Frist ist doch noch nicht zur Hälfte verstrichen?«

»Befehl der Regierung«, lautete die barsche Antwort.

»Welcher Regierung?«

»Der provisorischen Regierung.«

Zum ersten Mal geriet der Kaiser außer sich und schrie mit überschlagender Stimme: »Sie sind alle wahnsinnig geworden. Was habe ich verbrochen, daß ich mich im Dunkeln wie ein fliehender Negersklave davonmachen soll? Ich werde abreisen, wie ich es versprochen habe, aber bei Tageslicht!«

Ein junger Leutnant aus der Begleitung des Obersten bat den Kaiser um eine kurze Unterredung unter vier Augen. Es beginne, so sagte der Offizier, sich in Teilen der Armee Widerstand gegen die Absetzung des Kaisers zu regen, und es werde zum Bürgerkrieg kommen – aber der Ausgang sei gewiß: die Getreuen müßten unweigerlich unterliegen.
Pedro resignierte. Kurz nach zwei Uhr früh, im kalten Licht des Vollmondes, verließ die kaiserliche Familie – Pedro, Teresa Cristina, Dona Isabel und ihr Mann sowie fünf Enkelkinder – in gespenstischem Zug das Schloß.
Im Hafen wartete bereits eine Barkasse; sie sollte die Vertriebenen zu einem weiter draußen ankernden Schiff bringen.
Die See war rauh, die Barkasse schaukelte heftig, es war schwierig und gefährlich, aufs Schiff umzusteigen. Mehrmals setzte Pedro zum großen Schritt von einem Fahrzeug zum anderen an – er schaffte es nicht. »Lieber Gott, er fällt ins Wasser«, rief Dona Isabel. »Passen Sie auf, daß mein Vater nicht abstürzt.« Einige Männer hievten den kraftlosen Mann endlich an Bord.
Erschöpft sank er in einen Deckstuhl und brütete wortlos vor sich hin. Die Exkaiserin saß neben ihm und wimmerte monoton: »Was haben wir denn getan? Was haben wir denn getan?« Einer der Enkel, ein Junge von zwölf Jahren, fiel in Ohnmacht. Während der ganzen Reise sprach er wirres Zeug und mußte das Bett hüten.
Als man dem Präsidenten von Venezuela, Rojas Paul, die Nachricht von der unrühmlichen Abreise des Kaisers von Brasilien berichtete, lautete sein Kommentar: »Die wirklich einzige Republik, die es in Südamerika gab, ist untergegangen.«
Bis zum 2. Dezember, seinem 64. Geburtstag, hatte sich Pedro so weit erholt, daß er an einer ihm zu Ehren gegebenen kleinen Feier teilnehmen konnte. Es wollte keine Feststimmung aufkommen, der Ehrengast schwieg beharrlich. Ein einziges Mal erhob er das Glas: »Ich trinke auf das Glück Brasiliens.«
Am 7. Dezember erreichte das Schiff Portugal. Carlos I., der neue König, empfing die Familie am Hafen, bot Asyl im Schloß an. Pedro lehnte ab. Man werde in einem Hotel Quartier nehmen. Warum Pedro die Einladung nicht annahm, darüber kann man nur spekulieren. Schämte sich der abgesetzte Kaiser, am Hofe des regierenden Monarchen zu leben? Fürchtete er Einschränkungen seiner langersehnten

*Kaiser Pedro II. im Exil*

Freiheit, diese unverhoffte Zugabe zur erzwungenen Abdankung? Wollte er in keinerlei Abhängigkeit von der Familie geraten? Letzteres blieb ihm nicht erspart: Als zynisches »Weihnachtsgeschenk« der neuen brasilianischen Regierung erhielt er die Mitteilung, daß ihm der Staat keine Pension, keine Abfertigung gewähre und überdies alle seine Besitzungen eingezogen habe. Kopfschüttelnd las Pedro das Kabel: »Ich kenne mein Volk, das ist nicht nach seinem Sinn.« Bis an sein Lebensende blieb er auf Unterstützungen angewiesen. Fürs erste mußte er einen Kredit aufnehmen, um überhaupt weiter existieren zu können.

Dona Isabel reiste mit ihrer Familie nach Spanien, wo sie bei Verwandten Unterschlupf fand. Pedro und Teresa Cristina mieteten sich in einem Gasthof in der Hafenstadt Porto ein. Am 28. Dezember besuchte der Exkaiser, wie jeden Tag, die Volksbibliothek, um sich, in Bücher vergraben, der Trübsal des Alltags zu entziehen. Als er nach Hause kam, fand er Teresa Cristina tot im Bett. Die Siebzigjährige war einem Herzschlag erlegen. Nach Aussagen des Stubenmädchens sollen ihre letzten Worte gewesen sein: »Brasilien ... schönes Land ... nie mehr wiedersehen ...«

Was Pedro empfand, ist in seinem Tagebuch nachzulesen: »Wenn ich nur diesen Schmerz ersticken könnte. Ich kann nicht sagen, was ich verlor. Niemand weiß, wie gut sie war.« Erinnerte er sich noch, daß er fast ein halbes Jahrhundert zuvor, nach dem ersten Zusammentreffen mit seiner Braut, verzweifelt geweint hatte »Man hat mich betrogen, man hat mich schrecklich betrogen«?

Einige Tage später besuchte ihn ein Landsmann, der Visconde Ouro Preto, der über dieses Zusammentreffen schrieb: »[Der Kaiser] empfing mich um acht Uhr an einem sehr kalten Tag. Sein Zimmer war äußerst bescheiden, ein zerwühltes Bett, ein einfaches Waschbecken. Er saß, die Beine in eine zerschlissene Decke gehüllt, an einem Tisch und las, den Kopf in die Hände gestützt, in einem Buch. Es war Dantes ›Göttliche Komödie‹.«

Die beiden Männer unterhielten sich eine Weile, sie sprachen über die alte Heimat, und Pedro sagte, daß Dante ihm Trost gebe. Den Tod seiner Frau erwähnte er nicht. Der Visconde verabschiedete sich, kehrte aber bald darauf zurück, weil er seinen Hut vergessen hatte. Pedro hörte offenbar nicht, wie angeklopft wurde, und der Visconde trat ins

Zimmer. Da sah er den alten Mann, den Kopf auf die Tischplatte gelegt, weinen.
Nach dem Tod seiner Frau erfaßte den nunmehrigen Herzog de Alcantara quälende Unruhe. Nur noch von seinem alten Freund und Leibarzt Dr. Motta Maia begleitet, reiste er rastlos kreuz und quer durch Europa; nie hielt er sich länger als ein paar Wochen an einem Ort auf, obwohl ihm sein Zuckerleiden immer mehr Beschwernis machte. Fortschreitende Gefäßverengungen an den Füßen verursachten schmerzhafte Wunden. Dr. Maia erwog sogar eine Amputation, ließ den Gedanken dann aber wieder fallen.
Zeitweise litt Pedro an Depressionen, weil er fast keine Post mehr aus Brasilien erhielt, auf die er Tag für Tag sehnsüchtig wartete: »Sie haben mich alle vergessen«, klagte er.
Im Herbst 1891 beschloß Pedro, sich für immer in Paris niederzulassen, und bezog ein schäbiges Appartement in dem kaum zweitklassigen Hotel »Bedford«. Er wollte in der Nähe des weltberühmten Mathematikers Emile Picard sein, dessen Spezialgebiete, die Differentialgleichung und die Funktionentheorie, ihn zunehmend faszinierten und beschäftigten. Viele Stunden verbrachte der Exkaiser in der anregenden Gesellschaft des Wissenschaftlers. Die Sitzungen der Académie Française, deren Ehrenmitglied er schon lange war, besuchte Pedro regelmäßig. Sein körperlicher Verfall schritt unaufhaltsam fort, sein Geist indes war rege, sein Wissensdurst unstillbar wie eh und je. In den schlaflosen Nächten arbeitete er an der Übersetzung von »1001 Nacht« oder schrieb Sonette.
Am 23. November, einem naßkalten, windigen Tag, als er zu Fuß von der Académie zu seinem Hotel ging, holte er sich eine schlimme Erkältung, aus der sich neuerlich eine Lungenentzündung entwickelte. Dr. Motta Maia bat die Professoren Charcot und Bouchard um Rat und Hilfe, aber auch deren Bemühungen waren vergeblich. Pedro de Alcantara konnte nicht mehr leben, weil sein Körper durch die Zuckerkrankheit alle Widerstandskräfte eingebüßt hatte. Und ganz gewiß wollte er auch nicht mehr leben. Er starb am 5. Dezember 1891, drei Tage nach seinem Geburtstag. Dr. Maia legte ihm, Pedros letztem Wunsch folgend, ein Kissen mit brasilianischer Erde unter das Haupt. Dona Isabel holte den Leichnam ihres Vaters ab; er wurde, geleitet von einer Ehrenkompanie der Pariser Garnison, zum Bahnhof gebracht

und nach Lissabon übergeführt. Dort bestattete man den letzten Kaiser von Amerika an der Seite seines Vaters, Pedro I.
Vierunddreißig Jahre später, zum 100. Geburtstag Kaiser Pedros II., wurden dessen sterbliche Überreste exhumiert und, nach Brasilien gebracht, mit zeremoniösem Pomp in einem Ehrenmal zu Petropolis beigesetzt. Das Radio, die Zeitungen, die Trauerredner, die Mitglieder der Regierung, das Volk überboten einander in Lobpreisungen von Brasiliens großem Sohn, den Vater des Vaterlandes. Man zeichnete ihn posthum mit dem Ehrennamen »Magnanimo« aus. Das bedeutet soviel wie »große Seele«.

# Der Mann von Mallorca

## Ludwig Salvator 1847–1915

Am 18. August, dem Geburtstag Kaiser Franz Josephs I., stellte sich, und zwar – mit kleinen Unterbrechungen – durch mehr als drei Jahrzehnte, ein plumper, später unförmiger Mann geduldig in die Reihe der Gratulanten. An den Festlichkeiten in der Bad Ischler Kaiservilla nahm er nur am Rand teil. Er hielt sich bescheiden im Hintergrund, sprach kaum, aber seine blauen Kinderaugen beobachteten aufmerksam jede Einzelheit des geschäftigen Treibens. Der klobige Mann mit dem struppigen Bart, der sonnverbrannten Gesichtshaut und den verdächtig schwarzen Rändern unter den Fingernägeln erschien stets in derselben abgewetzten und speckigen Uniform eines Infanterie-Obersten, die den kolossalen Leib wie eine Wursthaut umspannte und schließlich ganz aus den Nähten zu platzen drohte.
Die übrigen Gäste hatten sich mit der Zeit achselzuckend an die seltsame Erscheinung gewöhnt. Nur die wenigsten wußten, daß sich hinter der Maske des Strotters ein außerordentlicher Mensch, ein international anerkannter Wissenschaftler, ein Sprachgenie und feinsinniger Künstler verbarg.
Erzherzog Ludwig Salvator, dies der Name des Sonderlings, war noch das geringste Ärgernis aus der skandalumwitterten habsburgischen Toskana-Linie, von der einige Mitglieder sich als wahre Sargnägel für den österreichischen Kaiser entpuppten und ihm mehr als einmal Anlaß für seinen Standardseufzer »Mir bleibt nichts erspart« gegeben haben.
Zu diesem Clan gehörte nicht nur der abtrünnige Erzherzog Johann Salvator, der als Johann Orth in den Weiten des Atlantiks verschwand, sondern auch jene sächsische Kronprinzessin, die mit dem Hauslehrer ihrer Kinder durchbrannte, um schließlich den italienischen Pianisten Toselli zu ehelichen. Ganz zu schweigen von Erzherzog Leopold; er

legte sich den bürgerlichen Namen Wölfling zu und nahm eine Frau von zweifelhaftem Ruf.
»Die Toskaner«, so die familieninterne Bezeichnung, waren zunächst das Herzstück der Dynastie, ehe sie zur »Sekundo-Garnitur« absanken. 1737 fiel, nach dem Tod des letzten Medici, die Toskana an den durch politische Verwicklungen landlos gewordenen Franz Stephan von Lothringen, den Gemahl Maria Theresias und späteren deutschen Kaiser Franz I. Ein pompöser Triumphbogen in Florenz erinnert noch heute an den Einzug des jungen Paares in die Hauptstadt seines neuen Landes, das Franz Stephan allerdings selten besuchte und von Wien aus regierte.
Wirklich Fuß gefaßt hat das Haus Habsburg-Lothringen erst durch den drittgeborenen Sohn von Kaiser Franz und Maria Theresia, Leopold. Seine vierundzwanzigjährige Regentschaft hat nur die besten Erinnerungen hinterlassen. Nach dem überraschenden Tod seines Bruders, Kaiser Josephs II., kehrte er nach Wien zurück und wurde nun selbst Kaiser (Leopold II). Der Sohn Ferdinand folgte ihm auf den toskanischen Thron. Auch er ein Herrscher ohne Fehl und Tadel, der seine ganze Kraft in den Dienst der geliebten Heimat stellte. Daß es ihm trotz geschickten Taktierens nicht gelang, die Toskana vor Napoleons unersättlichem Appetit auf immer neue Eroberungen zu retten, konnte ihm nicht angekreidet werden. Ferdinand mußte samt Familie fliehen. Er wurde der erste weltliche Herrscher Salzburgs, später wies man ihm Würzburg als neue Residenz zu, und dort war es, wo sein Sohn Leopold die ersten Jugendjahre verbrachte.
Jenen Leopold gilt es ein wenig näher in Augenschein zu nehmen, wurde er doch später der Vater von Erzherzog Ludwig Salvator. Leopold war ein zartes, leicht neurasthenisches Kind, und man wußte ihm nicht anders zu helfen, als ihn jahrelang mit Ammenmilch aufzupäppeln. Er wurde davon zwar nicht viel stärker, doch schoß er übermäßig in die Höhe – zuletzt maß er fast zwei Meter. Er war fadendünn, ging leicht gebeugt, wirkte linkisch, scheu und introvertiert. Seine Unterlippe war besonders stark ausgeprägt; er bekam später die Spitznamen »il broncio« (Schmollmund) und »Canapone« (»Hanfschopf«, nach seiner undefinierbaren Haarfarbe).
Von österreichischen und italienischen Pädagogen erzogen, wuchs er zweisprachig, zunächst in Salzburg und Würzburg, ab dem 17. Lebens-

jahr, nach Napoleons Vertreibung, in der wiedergewonnenen Toskana auf. Er fühlte sich dem Haus Habsburg ebenso verbunden wie seiner italienischen Heimat – ein Zwiespalt, der ihm ein Leben lang zu schaffen machte.
Bereits als Neunzehnjähriger wurde er mit der sächsischen Prinzessin Marie Anna verheiratet, ein Familienereignis, das ihn nicht nur zum Schwager von Marie Annas Schwester Marie Ferdinanda machte, sondern überraschenderweise auch zu deren Stiefsohn. Und das kam so: Marie Anna nämlich, offensichtlich von der Aussicht, dermaleinst Großherzogin von Toskana zu werden, nicht sonderlich beeindruckt, wehrte sich so lange störrisch, das heimatliche Dresden zu verlassen, bis man ihr zugestand, die Schwester Marie Ferdinanda ins ferne Florenz mitzunehmen. Prompt verliebte sich Leopolds Vater, der seit langem verwitwete Ferdinand, in die anmutige Schwester seiner Schwiegertochter und heiratet das siebenundzwanzig Jahre jüngere Mädchen. Marie Ferdinanda wurde so die Schwiegermutter der eigenen Schwester, Ferdinand der Schwager seiner Schwiegertochter – eine merkwürdige, aber im Wirrwarr der hocharistokratischen Liebesgeschichten und Heiratssachen nicht unübliche Konstellation.
Leopold und Marie Anna fanden großen Gefallen aneinander, aus der Zuneigung erwuchs Liebe, und die beiden bekamen kurz hintereinander drei Kinder – lauter Mädchen. Das junge Paar führte im prunkvollen Renaissancebau des Palazzo Pitti, vormals Residenz der Medici, ein eher zurückgezogenes, beschauliches Leben nach Art des bürgerlichen Biedermeier. Der Glanz des mondänen gesellschaftlichen Lebens hatte sich längst in die Palazzi der italienischen Blut- und Geldaristokratie verflüchtigt.
Großherzog Ferdinand III. starb 1824 überraschend, erst fünfundfünfzig Jahre alt. Er hinterließ den Thron einem Erben, den er kaum je hatte an den Regierungsgeschäften teilhaben lassen. Leopolds Tagebuch aus jener Zeit – es wurde im Lauf der Jahre zu einem Monsterwerk von 25 000 Seiten – vermittelt uns den Eindruck eines unsicheren, grüblerischen und oftmals an sich zweifelnden Menschen – jedoch immer bestrebt, gewissenhaft das Beste zu tun.
Um so bewundernswerter, daß Großherzog Leopold II., an sich mehr den schönen Künsten und der Wissenschaft verhaftet und darüber hinaus auch noch ein begeisterter Bastler und Handwerker, als Landesva-

ter erstaunliches Format erreichte und seiner Heimat Impulse gab, die noch bis heute nachwirken.
Die Toskana war kein reiches Land. Abgesehen von der Manufaktur der berühmten Florentiner Strohhüte, nach denen damals alle Welt verrückt war, gab es so gut wie keine Industrie. Die Landwirtschaft brachte, außer Öl und Wein, wenig, da weite Teile der südlichen Landeshälfte aus ungesundem, unbewohnbarem Sumpfgebiet bestanden. Es ist ausschließlich das Verdienst des Habsburgers, daß diese Maremma südlich von Pisa im Lauf von zwei Jahrzehnten und unter Leopolds persönlicher Leitung trockengelegt wurde, für den damals aberwitzig hohen Betrag von zwanzig Millionen Lire; einen nicht geringen Teil der Kosten trug der Großherzog aus der Privatschatulle. Wo einst außer der Malariamücke nichts gedieh, wuchsen dann Wein und Oliven, dehnten sich endlose Weizenfelder, entstanden Dörfer und kleine Städte, durch ausgezeichnete Verkehrswege miteinander verbunden. Im ehemaligen Kernland der Etrusker zog nach zweitausend Jahren des Niedergangs wieder blühendes Leben ein.
Nicht nur Straßen wurden gebaut, auch die erste Eisenbahn auf italienischem Boden, die wie ein achtes Weltwunder bestaunte »Leopolda« zwischen Florenz und Livorno, wurde von Leopold initiiert. Die Toskana sah die ersten Telegrafenmasten auf der Apenninenhalbinsel, und dort wurden zuerst die Vorteile der Elektrizität genutzt.
Das vorbildliche Verkehrswesen, Leopolds rastlose Tätigkeit für die Restaurierung der toskanischen Kunstschätze, die Öffnung des Museums und der Parkanlagen des Palazzo Pitti für das Publikum machten die Toskana zu einem der ersten Anziehungspunkte des Fremdenverkehrs. Es waren vor allem reiche Engländer, die das neue, voll an die Zivilisation angeschlossene Dorado des Südens entdeckten und in hellen Scharen herbeiströmten – teils als Feriengäste, teils als Erbauer eleganter Dauerwohnsitze.
Leopold ließ sich durch das Naserümpfen elitärer Familien nicht irritieren, die sich darüber mokierten, daß einmal wöchentlich der Palazzo Pitti auch den Fremden zum Empfang durch den Souverän offenstand. Leopold hatte, ein Augenzeuge vermerkte es pikiert, dabei sogar einmal einem Schneider aus London die Hand gedrückt. Die gelassene Antwort des Großherzogs: »Mir ist jeder willkommen, der hier sein Geld ausgibt.«

»Ich bereiste acht Monate alle Länder Südeuropas und muß erkennen, daß ich den Zustand des toskanischen Volkes vorzüglicher finde als jenen aller anderen von mir besuchten Völker«, schrieb der berühmte englische Nationalökonom Richard Cobden nach einem längeren Aufenthalt in Florenz.
Wie sehr der Dienst am Volk ihm oberstes Prinzip war, verdeutlichen Leopolds Tagebuchaufzeichnungen nach dem Tod seiner zärtlich geliebten Frau Marie Anna, genannt Nanny, die am 23. März 1832 an Tuberkulose starb: »Sie rief mich, es stand schlecht um sie. Nanny sagte: ›Wie schwer fällt es mir, mich von dir zu trennen.‹ ... Dann ein krampfhafter Anfall, sie fällt in sich zurück ... Ein tiefer Ton, so als würde das Blut dem Herzen zuströmen, und dann, der Ton endet...«
Aber schon wenige Zeilen später kein Jammern, kein Selbstmitleid, sondern: »Mit Schmerz im Herzen verschloß ich mich, um das Land zu führen, wie es Pflicht und Liebe für jene fordern, die mir Gott anvertraut hat.«
Aus der Ehe mit Nanny waren, wie erwähnt, drei Töchter hervorgegangen, von denen zwei der Mutter schon bald ins Grab folgten. Sosehr Leopold um seine Frau trauerte, wußte er dennoch, was seine Pflicht war. Er mußte bald wieder heiraten, um dem Land den ersehnten Thronerben zu schenken; bliebe der aus, dann würde die Toskana an die österreichische Hauptlinie des Hauses Habsburg fallen, eine Vorstellung, die weder Leopold noch seinen Landeskindern sonderlich behagte.
So kam es, daß Leopold alsbald wieder heiratete; diesmal eine bourbonische Prinzessin aus dem Hause Neapel-Sizilien, das seit Generationen mit Habsburg durch mehrere Eheschließungen eng blutsverwandt war.
Maria Antonia, genannt Antonietta, war ein bleiches, unscheinbares Mädchen, deren tiefe Religiosität nahe an Bigotterie grenzte. Eine attraktive Partie war sie nicht. Neben politischen Erwägungen spielte bei der Wahl Antoniettas der letzte Wunsch Nannys eine nicht unerhebliche Rolle. »Er soll eine Neapolitanerin nehmen«, hatte Nanny gesagt, »die bekommen viele Kinder.« Es waren prophetische Worte: Antonietta gebar innerhalb von achtzehn Jahren zehn Kinder, immerhin fünf davon erreichten das Erwachsenenalter, zwei Töchter und drei Söhne. Ludwig Salvator, genannt Luigi, war der Zweitjüngste. Er

wurde am 4. August 1847 in eine bewegte Zeit geboren, die seinen Vater in schwere Krisen und Loyalitätskonflikte stürzte.
Das Sturmjahr 1848 war in Italien von anderer Qualität als sonstwo in Europa, denn dort gesellte sich zum bürgerlichen Aufbegehren der leidenschaftliche Drang nach nationaler Einheit. Nachdem Leopold – aus eigenem Antrieb! – der Toskana bereits eine weitgehende Unterrichts- und Justizreform beschert hatte, gewährte er schließlich auch noch Pressefreiheit und eine Verfassung; langsam begann seine italienische über die habsburgische Seele die Oberhand zu gewinnen. »Ich habe eine große Veränderung beim Großherzog bemerkt. Er lebt für seine Zukunft als italienischer Staatsmann«, schrieb der österreichische Gesandte konsterniert nach Wien. Und wenig später heißt es in einem anderen Bericht, Leopold demonstriere seine Trennung vor den Augen der ganzen Welt, indem er feierlich die Titel »kaiserlicher Prinz von Österreich, Erzherzog von Österreich, königlicher Prinz von Ungarn und Böhmen« ablegte.
»Die heilige Sache der italienischen Unabhängigkeit vollzieht sich jetzt auf dem Schlachtfeld«, hieß es in einer Proklamation des Großherzogs an seine Armee. Und tatsächlich rückten toskanische Truppen nordwärts, um gegen Österreich zu kämpfen, das der Aufstände in der Lombardei Herr zu werden versuchte. Die Toskaner trugen Fahnen in den Farben Italiens, rot-weiß-grün, und in der Mitte Leopolds Wappen mit dem rot-weißen Bindenschild.
Doch Leopolds Zugeständnisse waren noch immer nicht genug, seine Toskaner wollten mehr, viel mehr; sie verlangten die Republik! Soldaten desertierten, Bürger bewaffneten sich, ein gewaltsamer, ein blutiger Umsturz schien sich anzubahnen. Dem Großherzog blieb keine Wahl, er mußte fliehen. Bezeichnenderweise setzte er sich nicht nach Österreich, sondern in Italiens Süden ab.
Leopold, an einer schweren Grippe laborierend, seine verängstigte Frau, den achtzehn Monate alten Luigi fest an sich gedrückt, und die übrigen Kinder zwängten sich am 7. Februar 1849, einem abscheulich naßkalten Tag, in zwei unauffällige Kutschen: Eine harmlose Spazierfahrt wurde vorgetäuscht. Über Siena gelangte die Familie in die Hafenstadt San Stefano, von wo sie ein britisches Kriegsschiff außer Landes brachte, und zwar nach Gaeta; dort hatte bereits der Papst, von der Revolution aus Rom vertrieben, Zuflucht gefunden. Sowohl der Hei-

lige Vater als auch die großherzogliche Familie mußten sich mit elenden Unterkünften, praktisch ohne Dienerschaft, zufriedengeben. Dafür war ihre Sicherheit garantiert: gegen die Landseite durch neapolitanische Truppen, gegen See durch ein französisches Kriegsschiff.
Vorsichtig knüpfte Leopold wieder Fäden nach Wien, nachdem in Florenz tatsächlich die Republik ausgerufen worden war. Er schrieb seinem neunzehnjährigen Neffen Kaiser Franz Joseph I., der erst im Jahr zuvor den österreichischen Thron bestiegen hatte, einen Brief, in dem er »die zeitweilige Unterbrechung der politischen und verwandtschaftlichen Beziehungen zwischen Österreich und der Toskana« schmerzlich bedauerte. Wenig später ließ er wissen, daß er und die Mehrzahl seiner Untertanen ein freundschaftliches Einschreiten österreichischer Truppen gegen die »republikanische Schreckensherrschaft« begrüßen würden.
Die Armee des siegesgewohnten alten Feldmarschalls Radetzky mußte nicht zweimal gebeten werden. Nachdem sie in Norditalien Revolution wie Freiheitskampf niedergeschlagen hatte, marschierte sie weiter gen Livorno, das sich ohne nennenswerten Widerstand ergab. Ein österreichischer Kriegsberichterstatter ließ treuherzig wissen: »Wir sehen eine Weinhandlung voll von österreichischen Soldaten. Sie nehmen sich Wein, aber sie zerstören nichts. Die einen verteilen den Wein, die anderen warten, bis sie an die Reihe kommen ... Die Einheimischen werden nicht belästigt.«
Der Weitermarsch der Österreicher nach Florenz ist als »Blumenkrieg« in die lokale Geschichte eingegangen. Die Toskaner, mit ihrer »Republik« sichtlich unzufrieden, feierten die Soldaten als »Befreier«, überschütteten sie mit Blumen. Ganz Florenz geriet aus dem Häuschen, als sogar der greise Heros Radetzky der Stadt die Ehre erwies.
Leopolds Heimkehr nach fünfmonatigem Exil glich einem Triumphzug. »Ein Schluchzen hinderte Leopold am Sprechen«, vermerkte ein Zeuge. Der Fürst erließ eine überaus großzügige Amnestie, und auch der junge Kaiser in Wien ließ die Sonne der Gnade über den nur vorübergehend abtrünnigen Onkel strahlen. Er verlieh dem Großherzog ein Regiment und ernannte dessen Ältesten, Ferdinand (vierzehn Jahre alt), zum Major, den zehnjährigen Carl zum Hauptmann der k. u. k. Armee. Jeder verzieh jedem, alles schien eitel Glück und Wonne.

Der Schein trog. Es kamen zwar ruhigere Zeiten, doch sie waren schlimm. Es gab Mißernten, Schädlinge vernichteten die Reben, Öl wurde knapp. Das Gespenst des Hungers ging um. Verzweifelt schrieb Leopold in sein Tagebuch: »Getreide weg, Wein weg, kein Saatgut mehr, den Mut verloren... Die Frauen verdunkeln die Fenster, um die Kinder glauben zu machen, daß es noch nicht Tag geworden sei und noch nicht Zeit, Essen zu verlangen.« Zu allem Unglück noch zwei Choleraepidemien, die 28 000 Todesopfer forderten.

Das Glück der Familie blieb von den äußeren Umständen weitestgehend unberührt. Leopold wurde 1852 noch einmal Vater, zur allgemeinen Befriedigung war es wieder ein strammer Junge, und niemand konnte ahnen, in welche Verlegenheit dieser Johann Salvator, genannt Gianni, die Familie einmal stürzen würde. Fünf der zehn Kinder von Leopold und Antonietta starben früh, die anderen gediehen prächtig, obwohl oder weil sie von einer Schar italienischer und österreichischer Erzieher und Gouvernanten in strenger Zucht gehalten wurden.

Punkt fünf Uhr früh mußten sie aufstehen und sich vor dem elterlichen Schlafzimmer in Reih und Glied aufstellen; rechts die Jungen, links die Mädchen. Ein Diener öffnete die Flügeltüren, im Gänsemarsch gingen die Kinder zum elterlichen Bett und küßten Vater und Mutter die Hand. Nach der Morgenmesse gab es ein frugales Frühstück, und dann begannen die Unterrichtsstunden – von keiner Pause unterbrochen. Punkt zwölf Uhr wurde den Prinzen und Prinzessinnen ein einfaches Mahl serviert. Wenn sie am Nachmittag die Schulaufgaben gemacht hatten, durften sie an schönen Tagen im Park spielen.

Luigi zeigte wenig Interesse für die Freizeitaktivitäten. Er vergrub sich lieber in seine Bücher, wie er überhaupt durch Wissensdurst und Lerneifer auffiel. Erstaunlich war sein Sprachentalent schon in frühen Jahren. Fremde Idiome schienen ihm wie im Schlaf zuzufliegen.

Das Abendessen wurde um acht Uhr meist mit den Eltern gemeinsam eingenommen, und der Älteste, Ferdinand, genannt Nando, berichtete später noch mit Schaudern, daß die Kinder bis dahin oft schon halb ohnmächtig vor Hunger waren.

Nando brachte seine Sturm- und Drangjahre ohne wesentliche Beschädigungen hinter sich. Er war achtzehn und zum ersten Mal in eine schöne, aber leider bürgerliche Florentinerin verliebt, und der gestrenge Vater bekam Wind von der Affäre. Nando wurde zu Hausar-

rest verdonnert, wußte sich jedoch zu helfen, um mit seiner Angebeteten in Kontakt zu bleiben. Aus Pappendeckel schnitt er die Buchstaben des Alphabets heraus, nach Einbruch der Dunkelheit hielt er die Kartons an die Fensterscheibe, beleuchtete die einzelnen Buchstaben von hinten mit einer Kerze und bildete auf diese Weise zärtliche Worte der Sehnsucht an die Geliebte. Die wartete auf dem Vorplatz des Palazzo, um die Leuchtschrift zu entziffern. Auch dieser »Unfug« wurde nur zu bald entdeckt und rigoros abgestellt.
Nando war einundzwanzig, als man ihn mit seiner sächsischen Cousine Anna verheiratete – es wurde eine überaus glückliche Ehe: 1856 feierte man im Palazzo Pitti »den schönsten Karneval, den ich je erlebt habe« [Leopold in seinem Tagebuch], und 1857 wurde die Silberhochzeit des großherzoglichen Paares mit einer Reihe von Festen und Empfängen ausgiebig zelebriert.
Die Hungersnöte waren überwunden, die Cholera besiegt, die Toskana erlebte einen vielversprechenden wirtschaftlichen Aufschwung, Leopold konnte zufrieden sein. Aber sein ständig zweiflerisches Ich traute dem Frieden niemals ganz: »Umso größer der Schmerz, wenn ein zerstörerischer Sturm diesen schönen Garten verheert.«
Der befürchtete Sturm begann 1859 mit einer familiären Tragödie. Nandos Frau Anna starb, zusammen mit ihrer zweitgeborenen Tochter, im Kindbett. Nando war gelähmt vor Schmerz und nicht imstande wahrzunehmen, was um ihn herum vorging, geschweige denn, seinem Vater beizustehen.
Von Piemont aus nahm der italienische Freiheits- und Einigungskampf neuerlich seinen Ausgang, mit allen Mitteln durch Frankreich unterstützt, und Österreich wurde so in einen Krieg gezogen. Wien bedrängte Leopold um militärische Unterstützung, die Toskaner, wieder einmal vom nationalen Rausch erfaßt, stellten in Umzügen, in Sprechchören und auf Flugzetteln die widersprüchlichsten Forderungen. Der Großherzog möge sich von Wien distanzieren. Er sollte überhaupt zurücktreten und mit der ganzen Familie das Land verlassen. Der älteste Sohn des Großherzogs, Ferdinand (Nando), möge die Herrschaft übernehmen. Leopold wurde bedrängt, Österreich augenblicklich den Krieg zu erklären.
Am Ostermontag gab Leopold einen Empfang für seine engsten Mitarbeiter und schrieb darüber: »... hohe Staatsangestellte, die Gefährten

meiner Arbeiten, meiner Hoffnungen, aber Tränen hinderten mich am Reden.«

Während Luigi, nun elf Jahre alt, mit einer schweren, hochfiebrigen Erkältung im verdunkelten Zimmer des Palazzo Pitti lag, geriet Florenz am 26. April 1859 an den Rand des offenen Aufruhrs, und das Militär machte kein Hehl daraus, daß es nun auf seiten des Volkes stehe. Gerüchte schwirrten – der Palazzo Pitti werde binnen weniger Stunden angegriffen. »Man muß sich verteidigen«, stammelte Leopold, um wenige Stunden später anzuordnen: »Wir müssen uns in Sicherheit bringen.«

Der Großherzog dachte an Flucht, sein ältester Sohn Ferdinand war unfähig, überhaupt einen Entschluß zu fassen, aber der jetzt zwanzigjährige Carl schritt mannhaft zur Tat. Am Morgen des 27. April stieg er, angetan mit der Uniform eines k. und k. Obersten, energischen Schrittes zum Festungswerk Forte Belvedere, das einst von Michelangelo hoch über dem Palazzo Pitti errichtet worden war. Unerschrocken baute sich Carl vor dem Festungskommandanten auf und befahl ihm, die Besatzung in Alarmbereitschaft zu setzen, um die aufkeimende Revolte niederzuringen. Die Offiziere und Soldaten brachen in schallendes Gelächter aus und legten dem kleinen Obersten nahe, schleunigst nach Hause zu gehen. »Sind wir also Gefangene?« fragte der Jüngling verdattert. Dies nicht, wurde ihm erklärt; das Militär sei bereit, die sichere Abreise der Familie zu gewährleisten.

Carl berichtete dem Vater von dem blamablen Zwischenfall im Fort. Leopold gab unverzüglich Anweisung, alles für die Abfahrt vorzubereiten.

Doch in allerletzter Minute versuchte Leopold noch einmal verzweifelt, mit den Abgesandten verschiedener revolutionärer Gruppen zu verhandeln; er war zu weitreichenden Konzessionen bereit. Er würde eine neue Verfassung gewähren, die Regierung umbilden, ja sogar gegen Österreich in den Krieg ziehen – nur eines würde er bestimmt nicht tun: nämlich abdanken. Genau das aber wurde von ihm gefordert. Die Unterhändler gingen zu Ferdinand und boten ihm Thron und Krone an, sollte es ihm gelingen, den Vater zur Resignation zu bewegen. Doch der traurige junge Witwer winkte müde ab.

Buchstäblich innerhalb von nur wenigen Minuten verließ die Familie nun – ohne ein einziges Gepäckstück! – den Palazzo Pitti in nur vier

Wagen, begleitet von Mitgliedern ausländischer Botschaften, die sich bereit erklärt hatten, für die Sicherheit der Reisenden zu sorgen. Der kranke Luigi saß im dritten Wagen, neben ihm ein französischer Attaché. Einige dem Großherzog treu ergebene Minister wollten sich der Gruppe anschließen, aber die Großherzogin Antonietta sagte mit schriller Stimme: »Bleiben Sie, wo Sie sind. Wir brauchen keine Minister mehr.«
Die Flüchtlinge entkamen unbehelligt. Leopold ließ die Kutschen zum ersten Mal auf jenem Hügel anhalten, von dem aus man einen letzten Blick auf die unvergleichliche Silhouette von Florenz werfen konnte. Der Vater, die Mutter, die Kinder und Großmutter stiegen aus, setzten sich an den Straßenrand, und alle schluchzten zum Steinerweichen. Die Tränen hinterließen schmierige Spuren auf den staubbedeckten Gesichtern. Als sie genug geweint hatten und sich ein wenig in Ordnung bringen wollten, stellten sie fest, daß sie nicht einmal daran gedacht hatten, Taschentücher mitzunehmen. Kurz entschlossen lüpfte die sonst nicht sonderlich originelle Antonietta ihre Krinoline, und einer nach dem anderen wischte sich die Nase in den Unterrock der Großherzogin.
Als einige Zeit später der König des geeinten Italien, Viktor Emanuel, in seine provisorische Hauptstadt Florenz einzog, nahm er mit dem Palazzo Pitti auch den Privatbesitz Leopolds für sich in Anspruch. Ungeniert speiste er von dessen Tellern, räkelte sich in dessen Bett und schlürfte dessen köstliche Weine. Dies kränkte den vertriebenen Fürsten um so mehr, als er einstmals den kleinen Viktor Emanuel unter Einsatz des eigenen Lebens aus einem brennenden Zimmer gerettet hatte. Erst viele Jahre später und nach endlosen Verhandlungen löste der italienische Staat Leopolds Eigentum mit 4,5 Millionen Lire ab, was damals eine sehr beachtliche Summe war. Auf sein Lieblingsbild, eine Raffael-Madonna, verzichtete Leopold großherzig. Es war sein letztes Geschenk an die unvergeßliche Heimat.
Doch soweit war es noch lange nicht. Noch waren die »Toskaner« arm wie die Kirchenmäuse, als sie Anfang Mai in Wien eintrafen und am 8. dieses Monats von Kaiser Franz Joseph I. in Schloß Schönbrunn offiziell begrüßt und familiär in die Arme geschlossen wurden.
Nach einem kurzen Zwischenaufenthalt in Bad Vöslau übersiedelte die Familie nach Böhmen auf Besitzungen, die Leopolds Vater erworben

hatte, nachdem er selbst aus der Heimat vertrieben worden und gar nicht sicher war, ob er je wieder dahin zurückkehren könnte. Aus dem flirrenden Licht der Toskana ins Dunkel der böhmischen Wälder, aus der heiteren Wärme in die klamme Kälte der nördlichen Winterszeiten, vom perlenden Italienisch zur zungenbrechenden tschechischen Umgangssprache – ein grausamer Einschnitt ins Leben der »Toskaner«, der in jedem einzelnen von ihnen schmerzliche Wunden geschlagen haben muß.
Leopold wirkte müde und schleppte sich mit hängenden Schultern; in zeitgenössischen Berichten wird der Zweiundsechzigjährige wiederholt als »gramgebeugter Greis« apostrophiert. Antonietta und ihre Schwiegermutter Marie Ferdinanda stickten und nähten und beteten den lieben langen Tag; sie ließen sich kaum je in der Öffentlichkeit blicken. Von den Kindern mußte jedes auf seine Weise mit dem Schicksal fertig werden. Am meisten scheinen die beiden Jüngsten, Luigi und Gianni, nun wieder brav und bieder Ludwig Salvator und Johann Salvator gerufen, unter dem Schock des plötzlichen Verlustes der geliebten Heimat gelitten zu haben. Beide brachen mehr oder minder aus der für österreichische Erzherzoge vorgezeichneten Bahn aus – der eine, indem er sich weitgehend dem System verweigerte, der andere, indem er bis zur letzten Konsequenz dagegen rebellierte.
Das erste feste Domizil nach der Flucht war Schloß Schlackenwerth, wenige Kilometer von Karlsbad entfernt, ein solider Renaissancebau mit einem berühmt schönen Park. Schlackenwerth war ein Marktflekken von 2 400 Einwohnern, von denen die meisten ihr Geld in einer großen Bierbrauerei verdienten. Sei es aus echter Zuneigung zum Großherzog, sei es aus schlauer Berechnung, wählten die Schlackenwerther Leopold einstimmig zu ihrem Bürgermeister. Sollte tatsächlich Kalkül hinter dieser Wahl gestanden sein, dann ging es glänzend auf. Der landlos gewordene Herrscher erwies sich als überaus freigebig, und dank seiner Großzügigkeit nahm der kleine Ort einen beachtlichen Aufschwung.
Leopold ließ – überwiegend aus eigenen Mitteln – das Rathaus renovieren, die Straßen pflastern, ein stillgelegtes Gymnasium wieder eröffnen, und er kümmerte sich, wie wir einem zeitgenössischen Bericht entnehmen, sogar noch um seine verblichenen Mitbürger: »Um das ungesetzliche und unschickliche Einstellen der Leichen aus den einge-

*Leopold II., Großherzog von Toskana*

pfarrten Dorfschaften in den Gasthäusern zu beseitigen, ließen Se. kaiserliche Hoheit Leopold II. in seiner nimmermüden Sorgfalt für das allgemeine Wohl in der Nähe der Pfarrkirche auf eigene Kosten eine Leichenkapelle erbauen!« – Als eine gewaltige Feuersbrunst 66 Wohnhäuser vernichtete und 121 Familien ihr Heim verloren, stellte der Bürgermeister aus dem Hause Habsburg sofort einen großen Teil des Schlosses für die Obdachlosen als Notunterkunft zur Verfügung und beachtliche Geldmittel für den Wiederaufbau bereit.

Auch der Fremdenverkehr nahm unter dem »guten Vater Leopold«, wie ihn alle nannten, einen beachtlichen Aufschwung, denn immer wieder kamen gekrönte Häupter, die in Karlsbad zur Kur weilten, mit großem Gefolge nach Schlackenwerth, um Leopold und seiner Familie die Aufwartung zu machen.

Einmal erschien sogar der Kaiser in allerhöchster Person. An einem strahlenden Junitag mit typischem »Kaiserwetter« war ganz Schlackenwerth auf den Beinen, Fahnen wurden geschwenkt, Böller geschossen, pausenlos läuteten die Glocken, weißgekleidete Ehrenjungfrauen standen Spalier und streuten Blumen, und die großherzogliche Familie hatte vollzählig am Schloßportal Aufstellung genommen, um unter einem riesigen Schild mit der Aufschrift »Willkommen edle Fürstenzierde, heil dem Beglücker seines Reiches« die Majestät gebührend zu empfangen. Die Fürstenzierde indes sauste in nur neunzig Minuten durch den Ort, besuchte zwei Kirchen und entschwand dann wieder in Richtung Karlsbad; die ihm zu Ehren gerichtete Festestafel blieb unberührt.

Die zweite Heimstatt der Toskaner war das noch wesentlich größere Schloß Brandeis, hoch über der Elbe im gleichnamigen Ort gelegen, Schwesterstadt des viel berühmteren Altbunzlau, eines böhmischen Wallfahrtsorts ersten Ranges, weil dort der vom eigenen Bruder ermordete heilige Wenzel seine letzte Ruhestätte hatte. Durch die Anwesenheit Leopolds und der Seinen gelangte nun auch Brandeis zu einigem Ansehen, um so mehr, als auch hier »der gute Vater Leopold« zahlreiche Instandsetzungen und Verschönerungen veranlaßte – wie immer auf eigene Kosten.

Längst war er nicht mehr der arme Flüchtling, denn er bezog, neben der Wiedergutmachung aus Italien, weiterhin laufend Einkünfte aus seinen privaten landwirtschaftlichen Besitzungen in der Toskana. Je-

*Erzherzog Ludwig Salvator*

dem seiner Söhne stand eine jährliche Apanage von 100 000 Gulden aus der kaiserlichen Schatulle zur Verfügung. Das ist sehr viel Geld, wenn man bedenkt, daß zur damaligen Zeit ein Bauernknecht neben Kost, Quartier und einigen Naturalien nur drei Gulden Jahreslohn erhielt.

Die einstmals so große Sippe schrumpfte immer mehr auf das Maß einer Kleinfamilie zusammen. Leopolds Stiefmutter starb, die drei Töchter heirateten. Der älteste Sohn, Ferdinand, der sich nach der nun doch vollzogenen Abdankung seines Vaters einige Zeit »Großherzog von Toskana« nennen durfte, verehelichte sich wieder; ihm wurde vom Kaiser die Salzburger Residenz als Wohnsitz zugewiesen. Auch Carl nahm eine Frau und zog in ein altes Jagdschlößchen nahe bei Brandeis. Dem Jüngsten, Johann Salvator, einem besonders lebhaften, aufgeweckten und vielversprechenden Knaben, wurde die Ehre zuteil, am Hof in Wien erzogen zu werden. Er sollte später die Offizierslaufbahn einschlagen.

Blieb nur noch Ludwig übrig – mit dem man nichts Rechtes anzufangen wußte.

Irgendwie war der ein wenig dickliche und leicht träge wirkende Junge aus der Art geschlagen. Er tollte nicht umher, er interessierte sich nicht für standesgemäße Beschäftigungen wie die Jagd, er ließ eine tiefe Abscheu für den einem Erzherzog zustehenden Offiziersberuf erkennen und gab sich den seltsamsten Beschäftigungen hin. Daß er dauernd über seinen Büchern brütete, mochte ja noch hingehen; daß er häufig nach der Natur zeichnete und malte, konnte als hübsche Liebhaberei hingenommen werden – aber die stundenlange Beobachtung von Vögeln und Insekten, das ausschließliche Interesse für vergleichende Studien in Zoologie mutete denn doch ein wenig befremdlich an. Gewiß, es hatte schon eine ganze Reihe von Habsburgern gegeben, die wissenschaftliche und auch künstlerische Ambitionen zeigten – doch niemals in einem Ausmaß, daß die anderen Aufgaben darüber zu kurz gekommen wären.

Ludwig war noch nicht einmal vierzehn Jahre alt, als er in der Familie bereits den Beinamen »der gelehrte Erzherzog« trug, wobei nicht ganz sicher ist, ob dies anerkennend oder spöttisch gemeint war. Zweifelsfrei anerkannt wurde sein verblüffendes Sprachgenie. Schließlich würde er es auf vierzehn Sprachen (darunter Arabisch) und Dialekte bringen, die er völlig akzentfrei zu artikulieren vermochte – fast genauso viele wie der Entdecker von Troja, Heinrich Schliemann.

Das Jahr 1866 brachte der vielgeprüften Familie neue Unbill. Im Zuge des österreichisch-preußischen Krieges fielen deutsche Armeen in Böhmen ein, und wieder einmal mußten die Toskaner Hals über Kopf ihr Zuhause verlassen. Brandeis wurde überrannt und besetzt; der Großherzog, seine Frau, Sohn Carl und die Schwiegertochter flohen nach Schloß Orth bei Gmunden; dort verbrachten sie dann fast den ganzen Rest ihres Lebens.

Ludwig wurde nach Prag geschickt und sollte in der Statthalterei den ordentlichen Beruf eines Beamten erlernen. Im Palais Vchynský wurden ihm eine Wohnung und ein Faktotum namens Wratislaw Vyborny, Kammerdiener und Sekretär zugleich, beigestellt.

Über die Prager Zeit wissen wir nicht viel. Wir müssen uns auf eine Passage in der ersten und bisher einzigen deutschsprachigen Biographie über Ludwig Salvator stützen, die sein späterer Verleger und Freund Leo Wörl im Jahre 1898 sozusagen mit gebeugtem Knie und gesenktem Haupt abgefaßt hat. Darin heißt es: »Mit großem Eifer fügte sich der lernbegierige Erzherzog der ihm gewordenen Aufgabe, und mögen ihn auch die krausen Pfade bürokratischer Geschäftsordnungen hie und da befremdet haben, so rühmten doch selbst die gewiegtesten Räte der Statthalterei die Schärfe, mit welcher der Prinz jedwede Angelegenheit zu prüfen, in ihre Elemente zerlegen und aus den Details und dem Nebensächlichen die eigentliche Hauptfrage loszulösen wußte.«

Im Klartext: Der neunzehnjährige Erzherzog brachte mit Logik und gesundem Menschenverstand das festgefügte bürokratische System in heillose Verwirrung und machte sich allseits unbeliebt. Den Gipfel der Anmaßung und ungebetenen Einmischung in geheiligte Traditionen mußte jene Episode darstellen, die sich in einem Artikel der französischen »Revue de Géographie« aus dem Jahre 1894, eingestreut in Lobeshymnen auf Ludwig Salvator als Wissenschaftler, finden. Er habe, so heißt es darin, nicht mehr mit ansehen können, wie miserabel und menschenunwürdig subalterne Beamte in ihren Kanzleien untergebracht waren, worauf er einigen von ihnen kurzerhand die eigene Wohnung als Arbeitsstätte zur Verfügung stellte.

Bereits nach wenigen Monaten war jedermann klar, daß Ludwig sich zum Beamten überhaupt nicht eignete – jedenfalls sehen wir ihn schon im selben Jahr 1866 auf der Flucht aus der Prager Statthalterei und als glücklichen Besitzer der kleinen, verwahrlosten Villa Zindis bei Muggia nahe Triest. Umsorgt vom getreuen Vyborny gab er sich in gänzlicher Zurückgezogenheit seinen Studien hin.

Vielleicht wäre Ludwig noch für das »normale« höfische Leben zu retten gewesen, hätte er mit der Frau, die er liebte, seßhaft werden und eine Familie gründen können. Es war eine weitläufige Cousine, die er auf einem der üblichen Familientreffen am Kaiserhof kennengelernt hatte: Erzherzogin Mathilde, eine Enkelin des berühmten Helden von Aspern, Erzherzog Karl, ein zierliches, dunkelhaariges Geschöpf, umweht von einem unbestimmten Flair orientalischer Anmut, witzig, kontaktfreudig und ebenso unkonventionell wie Ludwig Salvator. Die Achtzehnjährige war zwar Umberto, dem Kronprinzen von Sardinien-Piemont, versprochen, doch Ludwig scheint sich noch immer ernsthafte Hoffnungen auf die Hand Mathildes gemacht zu haben und betrachtete sie als seine Braut.

Weder Ludwig noch Umberto sollte sie bekommen, denn das junge Mädchen starb unerwartet eines gräßlichen Todes. Im Beisein Ludwigs zündete sie sich auf Schloß Weilburg bei Baden eine Zigarette an – ein absolut schockierendes und anstößiges Verhalten für eine junge Dame aus dem Erzhaus.

Erst seit der Revolution von 1848 war es polizeilich erlaubt, auf der Straße zu rauchen, erst Anfang der sechziger Jahre kamen Zigaretten in Mode – aber rauchen durften selbstverständlich nur Männer. Eine Frau, die rauchte, stellte sich gewissermaßen auf eine Stufe mit dem weiblichen Abschaum der Menschheit.

Kein Wunder, daß Mathilde zu Tode erschrak, als sie Schritte vor der Zimmertür hörte, und die brennende Zigarette direkt hinter ihrem bauschigen Rock verbarg. Der war aus indischem Musselin, mit leicht entflammbarem Glycerin imprägniert, um dem Stoff mehr Körper zu geben. Binnen Sekunden wurde Mathilde zur lebenden Fackel, und ehe das Feuer gelöscht und das Mädchen aus seinen stoffreichen Ober- und Unterkleidern geschält war, erlitt sie Verbrennungen dritten Grades am ganzen Körper.

Das genaue Datum des Unglücks ist nicht bekannt, es muß in der Woche zwischen dem 17. und 24. Mai 1867 gewesen sein, denn das »Badener Wochenblatt« berichtete am 26. Mai zum ersten Mal über einen

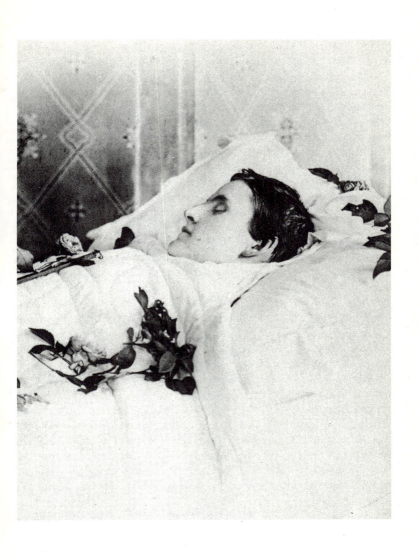

*Erzherzogin Mathilde auf dem Totenbett*

»schrecklichen Unfall der Frau Erzherzogin Mathilde auf der Weilburg«, ohne auf nähere Einzelheiten einzugehen.
Man brachte das schwerverletzte Mädchen ins Schloß Hetzendorf bei Wien und versuchte es zu behandeln, so gut es eben damals ging. Die verbrannten Hautpartien wurden mit Bleiwasser, Bleisalbe und Leinöl bestrichen, die Verbände mußten täglich gewechselt werden, und die Kranke litt dabei unsägliche Schmerzen. Teile des verbrannten Gewebes wurden operativ entfernt, der inneren Entzündungen versuchte man durch Aderlässe und Abführmittel Herr zu werden. Alles vergebens. Am 6. Juni wurde Mathilde von ihren Höllenqualen erlöst.
Bis in die tiefste Seele getroffen, schwor Ludwig, niemals zu heiraten, niemals mehr sein Herz an eine Frau zu hängen. Den ersten Teil des Eides hat er getreulich eingehalten ...
Unmittelbar nach Mathildes Tod vergrub er sich für einige Zeit in Muggia, aber schon bald begann er sein unstetes Wanderleben, das ihn zu einem berühmten Wissenschaftler und zu einem vielgelesenen Reiseschriftsteller machen sollte.
Noch im Todesjahr der angebeteten Mathilde setzte er zum ersten Mal seinen Fuß auf die Insel Mallorca, die für ihn zum Schicksal werden sollte, und zwar in der Person eines damals noch ungeborenen Mädchens, einer dunklen Schönheit mit undefinierbarem orientalischem Flair. Diese Catalina Homar (sprich Omar) war die Tochter eines Tischlers und Nachfahrin jener Mauren, die mehr als fünf Jahrhunderte lang die Insel beherrscht hatten.
Ludwig Salvator stieg 1867 in einem billigen kleinen Rasthaus ab und durchstreifte das Eiland nach Käfern, die er mit besessener Akribie beobachtete, zeichnete und katalogisierte. Wenig später erschien, anonym und im Eigenverlag, der »Beitrag zur Kenntnis der Coleoteren der Balearen«. Darin beschrieb er 332 verschiedene Käferarten, darunter nicht weniger als sechzehn, die noch kein Gelehrter vor ihm entdeckt hatte.
Die breite Öffentlichkeit nahm das schmale Bändchen natürlich nicht zur Kenntnis – die Zoologen horchten auf. Sie sollten bald feststellen, daß sie in dem Anonymus ein ernstzunehmendes Mitglied ihrer Gilde gefunden hatten.
Ludwig kehrte erst drei Jahre später nach Mallorca zurück, um dort für mehr als vierzig Jahre festen Fuß zu fassen – soweit es ihm eben

überhaupt möglich war, irgendwo auf der Welt noch einmal heimisch zu werden. Anscheinend hat er nie die einschneidenden Erlebnisse seiner Kindheit verarbeitet: Wir erinnern uns, daß er im Alter von achtzehn Monaten und dann als Elfjähriger noch einmal abrupt aus der Ruhe und Geborgenheit seines Heimes gerissen und als Flüchtling auf die Landstraßen getrieben wurde. Wir sehen ihn bis ans Ende seiner Tage immer auf der Wanderschaft (Flucht?), immer auf der Suche nach einem festen Platz, der das Gefühl von Heimat vermitteln könnte. Aus verständlichen Gründen bevorzugte der geborene Toskaner die südlichen Gefilde, im Norden hat er sich nie besonders wohl gefühlt. Die eigentliche Heimat jedoch, die Toskana, hat er nie mehr wiedergesehen.
Bereits mit einundzwanzig Jahren schrieb er: »Ich habe an vielen Orten den Sonnenuntergang gesehen ... in norwegischen Fjorden wie in albanischen Buchten, im Golf von Neapel und im Angesicht der afrikanischen Küste, hoch auf den Alpen und auf der öden Heide, im Atlantischen Ozean und an den Ufern der Nordsee ...«
Stellt man sich eine Weltkugel vor und zeichnet darauf die Reiserouten des Erzherzogs, dann zieht sich ein dichtes Spinnennetz rund um das Mittelmeer und über alle seine Inseln, einzelne lange Fäden reichen bis Australien, über den Stillen Ozean, Amerika und den Atlantik zurück nach Europa. Der »Dämon des Wandertriebes«, wie er seine Reiselust, die eher einem Reisefieber glich, selbst nannte, ließ ihn niemals mehr als ein paar Wochen zur Ruhe kommen. Aber während das Gros der reichen Müßiggänger seiner Zeit dem Reisen als Selbstzweck zur Vertreibung der Langeweile frönte, machte er einen Beruf daraus und arbeitete zugleich in mehreren wissenschaftlichen Disziplinen.
Das ausgehende 19. und das beginnende 20. Jahrhundert waren die Zeit der großen Forschungsreisenden. Tollkühne Männer stießen ins Innere Afrikas und Asiens, zum Nord- und zum Südpol vor, um die letzten weißen Flecken von der Landkarte zu tilgen. Ludwig Salvator hingegen interessierte sich vorwiegend für die damals noch völlig abseits und verborgen blühenden Schönheiten des Mittelmeerraumes, die verschwiegenen Buchten und verwunschenen Eilande vor den Küsten Europas. Er beschrieb Menschen und Häuser und Landschaften mit größter Detailbesessenheit, er katalogisierte Flora und Fauna, zeichnete Klimakarten und erstellte penibel recherchierte Statistiken über

Geburten und Todesfälle, Bevölkerungsstrukturen und Arbeitsbedingungen, Kultur und Folklore. Er war – was es damals noch gar nicht gab – Politologe, Soziologe, Geograph, Zoologe und noch dazu ein kenntnisreicher Reiseführer, dessen klare Sprache alle damals üblichen schwülstigen Schnörkel vermied. Ergänzt wurden die Berichte durch eine Fülle von hervorragenden Zeichnungen, die ein Kritiker einmal so beschrieb: »Das Zeichentalent des Erzherzogs ist ein sehr bedeutendes. Er führt den Stift mit einer Eleganz und Leichtigkeit, mit einer Sicherheit und Festigkeit wie sonst nur ein Künstler mit ausgesprochen zeichnerischer Begabung.«
»Wenn man seine Berichte liest und seine zahlreichen Illustrationen betrachtet, glaubt man in ein Kaleidoskop zu schauen oder, um es aktueller auszudrücken, einen Film zu betrachten«, schrieb die Pariser »Revue de Géographie« am Ende des vorigen Jahrhunderts.
In den sechsundsechzig Büchern des »gelehrten Erzherzogs«, die anfänglich im Eigenverlag, später – unter anderem – bei Brockhaus und im renommierten Reisebuchverlag Leo Wörl in Leipzig erschienen, einige davon in mehreren Auflagen, offenbart sich eine zwiespältige Seele, die eher ins ausgehende 20. Jahrhundert zu passen scheint als in seine blindlings fortschrittsgläubige Zeit. Einerseits wollte er die unberührten Winkel der Welt erschließen – andererseits erfaßte er hellsichtig die Gefahren, die hemmungslose Modernisierung und Egalisierung mit sich brachten.
Ein typisches Beispiel dafür ist sein zweimaliger Besuch des tunesischen Bizerta, das er erstmals in dem 1881 erschienenen Buch »Bizerta und seine Zukunft« beschrieb. Er beschäftigte sich darin mit den Entwicklungsmöglichkeiten für die armselige Stadt, falls man die äußerst günstig gelegene Bucht zu einem großen Hafenbecken erweiterte. Dieses Buch haben nicht nur reiselustige Afrikafahrer, sondern auch französische Generalstäbler sehr genau gelesen, und als Ludwig Salvator einige Jahre später neuerlich nach Bizerta kam, fand er einen erstrangigen Kriegshafen vor, europäische Betriebsamkeit statt orientalischer Gelassenheit. Die stolzen Männer von Bizerta waren zu Handlangern der französischen Militärmaschinerie verkommen. Betrübt hielt Ludwig in einem neuen Buch »Benzert« (= Bizerta) fest: »Man muß mit den Arabern gelebt ... haben, mit ihren Sitten bekannt sein, um den ganzen Zauber des orientalischen Wesens zu erkennen. Man muß

wirklich den vornehmen Ernst, den Anstand der arabischen Bevölkerung bewundern, die einen grellen Gegensatz zu dem europäischen Mob bildet... Was dieses Volk mit Bildung zu leisten imstande wäre, das haben die Araber in Spanien bewiesen, nun dürfen sie nicht zu Knechten werden, sie brauchen eine freie Entwicklung...«
Ludwig war in seinem Buch »Lose Blätter aus Abbazia« ein begeisterter Förderer dieses bislang weitgehend unbekannten Dörfchens, das in den achtziger Jahren einen unerhörten Aufschwung als nobler Kur- und Badeort nahm. Das hatte zwei Gründe: Zum einen hatte Österreich nach dem verlorenen Krieg von 1866 Venetien, Venedig und damit den prächtigen Lido, Tummelplatz der Schönen und Reichen, eingebüßt, zum anderen hatte Ende der fünfziger Jahre der kühne Bau der Südbahn über den Semmering das ganze Küstengebiet um Fiume (heute Rijeka) und damit Abbazia (heute Opatija) erschlossen.
In Abbazia schossen Nobelhotels und Kurhäuser aus dem Boden, die elegante Welt gab sich dort, vor allem im Winter, ein Stelldichein. Die Fahrzeit Wien–Abbazia betrug in den modernsten Zügen der Zeit – mit Salon-, Speise- und Schlafwagen – nur elf Stunden. Ludwig Salvator, der mit seiner Mutter einige Wochen in Abbazia verbrachte, war zunächst sehr angetan vom Anschluß der Adria an den Pulsschlag der Moderne – gleichzeitig aber beklagte er den Verfall von alten Sitten und geheiligten Traditionen auf dem Balkan, die Gleichmacherei in Modedingen und das Verschwinden eigenständiger Trachten. (»Die Serben an der Adria – ihre Typen und Trachten« mit ausgezeichneten mehrfarbigen Bildern nach Originalen des Verfassers.)
Eine seiner Reisen im Dienst des Fortschritts blieb ohne Folgen – außer einem Buch, natürlich. In »Die Karawanenstraße von Ägypten nach Syrien« schildert der unternehmungslustige Erzherzog einen recht mühsamen Kamelritt unter den primitivsten Bedingungen quer durch den Sinai. Er war der Meinung, daß dort die geeignete Strecke für eine Eisenbahnlinie liegen könnte und wollte sich an Ort und Stelle davon überzeugen. Der scharfe Wüstenwind, der unweigerlich auch jede Eisenbahntrasse verweht hätte, blies ihm alle diese Hirngespinste ein für allemal aus. Er beendete das einerseits kühne, andererseits todlangweilige Unternehmen mit einer sittsamen Pilgerfahrt nach Jerusalem.
Hat Ludwig Salvator jemals daran gedacht, Europa und seinen eigenen

Widersprüchlichkeiten zu entfliehen, um weit, weit weg noch einmal von vorn anzufangen? Diese Frage erhebt sich zwangsläufig bei der Lektüre der Bücher über die Fernreisen: »Eine Blume aus dem Goldenen Land – Los Angeles« und »Eine Reise um die Welt, ohne es zu wollen«. Letzteres Werk beschreibt den Besuch Australiens anläßlich der Weltausstellung von Melbourne im Jahre 1881, der sich zu einer Weltreise auswuchs, weil Ludwig das Schiff der Route Indischer Ozean–Suezkanal versäumt hatte und kurz entschlossen den Heimweg über den Stillen Ozean und quer durch Nordamerika nahm. Dieses Buch erlebte nicht weniger als fünf Auflagen und wurde somit ein Bestseller nach unseren heutigen Begriffen.

In beiden Texten weist Ludwig immer wieder auf die günstigen Voraussetzungen hin, die sich dem Auswanderer in Australien und in Amerika bieten. Er schildert Land und Leute in glühenden Farben echter Begeisterung: Der Verdacht liegt nahe, daß er sich nur zu gern mit jenen identifiziert hätte, die den Mut hatten, alle Brücken hinter sich abzubrechen und ein ganz neues Leben zu beginnen.

Er hatte den Mut offenbar nicht. Er bewegte sich weiterhin meist im Mittelmeerraum, ab dem Jahre 1872 auf einer eigenen Yacht: Die »Nixe« war ein prächtiges Schiff von fünfzig Metern Länge mit einem 100-PS-Motor und zusätzlichen Segeln.

»Ein Schiff ist eine selbständige Welt. Es ist ein Landhaus ... inmitten ewiger Jugend, denn nur das Meer bleibt auf dem Erdball ewig jung, und noch dazu ein Haus, das man weiterbewegen kann, sobald man der genossenen Aussicht müde wird«, schrieb Ludwig. Er, der in all seinen vielen Büchern kaum jemals einen Blick auf intime Gedanken freigab, hat hier sein Innerstes bloßgelegt, den »Dämon des Wandertriebs« schlüssig definiert.

Ein zweites solches Bekenntnis findet sich in dem Buch »Schiffbruch oder ein Sommernachtstraum«, in dem er den Untergang der »Nixe« vor der Küste Algeriens beschrieb; das Schiff war durch das tölpelhafte Manöver des Kapitäns auf ein Riff gelaufen. »Ich komme mir so unbeholfen auf dem Lande vor wie ein Einsiedlerkrebs, der seine Schnecke verloren hat ... Denn das Boot war für mich kein bloßes Bewegungsmittel ..., das einzige Haus, in welchem ich mich wirklich heimisch fühlte, denn ich hatte das Gefühl, daß ich jederzeit damit wegreisen könnte. Jetzt aber, wenn ich nachts erwache und denke, daß ich kein

Boot mehr habe, mit dem ich fortwandern kann, so wird mir bange zu Mute, ein Gefühl der Angst bemächtigt sich meiner, das Zimmer kommt mir wie ein Gefängnis vor, und ermattet wieder einschlummernd wiederholen unbewußt meine Lippen automatisch die Worte: ›Ein Schiff, ein Schiff!‹«

Dieser nächtliche Angstschrei verhallte natürlich nicht ungehört; Ludwig Salvator erwarb wenige Monate nach dem Verlust seiner »Nixe« eine neue Yacht, die als »Nixe II« ihren ruhelosen Besitzer weiter durch die »ewige Jugend des Meeres« trug.

Meist kommandierte er die Matrosen, die jahrzehntelang in seinem Dienst standen, selbst – soweit man bei Ludwig Salvator von Kommandieren im herkömmlichen Sinn überhaupt sprechen kann. Er bildete mit seiner Crew eine verschworene Gemeinschaft, in die jeder seine Meinung einbringen konnte. Einmal kam der Hafenkapitän von Ragusa unter vielen Demutsbezeigungen an Bord; er habe gehört, daß sich eine sehr hohe Persönlichkeit auf dem Schiff befände, und er wolle untertänigst seine Dienste anbieten. Ludwigs barsche Antwort lautete, daß es hier keine hohen Persönlichkeiten gebe, auf diesem Schiff seien alle gleich.

Daß der Hafenkapitän den Erzherzog nicht erkannte, ist nicht erstaunlich, denn der legte, gelinde gesagt, nicht den geringsten Wert auf Äußerlichkeiten, schon gar nicht auf sein eigenes Äußeres.

Seine Haut war lederbraun gegerbt, sein Anzug leger, um nicht zu sagen nachlässig und ungepflegt. Hatte er keine Manschettenknöpfe zur Hand, dann band er die Enden der Ärmel einfach mit einem Stück Schnur zusammen. Sein Anblick muß bisweilen sogar furchterregend gewesen sein; ein von ihm selbst geschilderter Zwischenfall in dem australischen Hafenstädtchen Albany legt Zeugnis dafür ab.

Ludwig Salvator war ein frommer Mensch. Wo immer er hinkam, suchte er zuallererst eine Kirche auf, um zu beten. In Albany fand er die einzige katholische Kirche verschlossen, man sagte ihm, der Schlüssel sei im Pfarrhaus zu haben. Dort klopfte er höflich an die Tür – und heraus trat der schreckensbleiche Geistliche, in der zitternden Hand ein Gewehr, auf den vermeintlichen Räuber gerichtet.

Als der Erzherzog nach seinem Schiffbruch mit der »Nixe I« mitten in der Nacht den österreichischen Konsul in Algier aufsuchte, um Hilfe zu erbitten, wurde er zunächst abgewiesen, bis er sich legitimierte. Ein anderes Mal hätte die Schiffswache ihn um ein Haar nicht an Bord gelassen, als er 1893 seine sehr verehrte Cousine, die Kaiserin Elisabeth von Österreich, im spanischen Alicante auf ihrer Yacht »Greif« besuchen wollte.

Eine andere bezeichnende Episode spielte sich in New York ab. Er schlenderte durch die Straßen und blieb interessiert an einer Baustelle stehen – der Partieführer wollte den kräftig aussehenden Mann auf der Stelle als Maurer anwerben.

Das »Räuberzivil« war allerdings viel mehr als eine Pose oder Maske, es diente ihm vor allem dazu, mit Leuten in Kontakt zu kommen, die er in einem Schlüsselsatz so beschrieb: ».. . fuhr ich gestern mit den Fischern aufs Meer; die Gesellschaft jener einfachen Menschen ist einem viel angenehmer, ich möchte sagen lehrreicher, als die mancher Gebildeten.« Und an anderer Stelle heißt es: »Je mehr man die Welt kennt, umso mehr überzeugt man sich, wie gering man ist.«

Als der Geringsten einer pflegte er auf Eisenbahnreisen dritter Klasse zu fahren – seine Begleiter stiegen in die erste Klasse ein –, und Ludwig nützte die Fahrten zu langen Gesprächen mit den anderen Passagieren, um sich ein unverfälschtes Bild von jenen Landstrichen zu machen, die zu beschreiben er sich vorgenommen hatte. Seine Fähigkeit, auch die ausgefallensten Dialekte zu sprechen, war ihm dabei eine unschätzbare Hilfe.

Wo aber hielt sich der Erzherzog auf, wenn er gerade nicht reiste? Wo schrieb er die Abertausenden Seiten seiner Manuskripte? In der Villa Zindis bei Triest haben wir ihn bereits angetroffen. Ein weiteres kleines Anwesen in Amleh im Niltal war ebenfalls sein eigen; ein drittes wollte er auf einer der Liparischen Inseln nördlich von Sizilien kaufen. Die lässige Weise, wie er, sozusagen mit der linken Hand, Grund und Boden zu erwerben pflegte, beschrieb er selbst ausführlich in dem achtbändigen Werk »Die Liparischen Inseln«.

»Die Felsenufer des Pignataru beherrschend, steht ein kleines Haus, von Kaktusfeigen umringt. Ich saß gern auf jenem luftigen Astricu mit dem lieblichen Ausblick auf . . . Vulcano und das ferne Sizilien . . ., als mir eines Tages die Idee kam, die kleine Erdscholle zu kaufen. Ich rief den Eigentümer, einen braven alten Bauern . . . Ich machte ihm den Vorschlag, den kleinen Grund und das Haus schätzen zu lassen und versprach, das Doppelte . . . zahlen zu wollen . . . Ich gab ihm den Auf-

trag, alle nötigen Dokumente zu sammeln ... und einem Notar zu übergeben, der alles fertig machen würde, worauf er bei meiner Rückkehr auf die Insel ... den Betrag ausgezahlt erhalten würde ...
Nach drei Monaten ließ ich den Anker wieder am Pignataru fallen. Der Astricu des Hauses sah ganz feierlich aus, die Mädchen hatten ihr bestes Mucadori auf das Haar geknotet und schienen mit Sehnsucht auf meine Ankunft zu warten ... Kaum war ich gelandet, kam mir der Bauer mit trauriger Miene entgegen und sagte zu mir: ›Herr, ich bitte um eine Gnade. Sie wollen mir das Häuschen doppelt bezahlen ... Aber seitdem ich es verkauft habe, ist mir bang im Herzen; wie kann ich mich von meiner Scholle trennen, die ich von den Eltern ererbte ... Ich will mein Wort nicht brechen und bitte um die Gnade, daß Sie mich davon befreien.‹
Und da traten die Mädchen mit der gleichen Bitte zu mir ... Selbst die Kinder brachten Blumen und weinten. ›Oh, gute brave Leute‹, sagte ich, ›wollt ihr nichts anderes, Haus und Grund sollen euch gehören. Wie könnte ich das Herz haben, euch zu entreißen, was ihr so liebt!‹ Aus allen Kehlen wurden Jubelrufe laut, die Mädchen ließen in ihrer Freude die Orangen aus den Schürzen fallen, sodaß sie wie Goldkugeln herabrollten ... Da trat der Alte gravitätisch vor und richtete an mich folgende Ansprache: ›Herr, durch deine Gnade habe ich wieder Frieden und Glück ... Segen falle auf dein Haupt ... Das Haus bleibt mir, aber ich will, daß es auch deines sei; jedesmal, wenn du herkommst, kehre wieder ein und bleibe bei uns, betrachte uns wie deine Leute und freue dich an unserer Freude.‹ Dabei ergriffen die Anwesenden meine Hände, und als ich die Bitte des Alten zu erfüllen versprach, hatten der Jubel und die Freude kein Ende.«
Soweit Ludwig Salvator in seinem Bericht, in dem er leider unerwähnt ließ, ob er tatsächlich zum alten Bauern zurückgekehrt ist. Wahrscheinlich ist er es nicht, denn die meiste Zeit, die er nicht auf dem Meer verbrachte, lebte er, und zwar bis knapp vor seinem Tod, auf seinen ausgedehnten Besitzungen auf der Insel Mallorca.
Mallorca war dem Mittel- und Nordeuropäer im letzten Drittel des vorigen Jahrhunderts kaum dem Namen nach bekannt. Lediglich einige spanische Adelige besaßen dort ihre Sommerresidenzen. Ansonsten war Mallorca, waren die Balearen im Hinblick auf Touristik und Fremdenverkehr jungfräuliches Land.

Drei Jahre nach seiner Käfersuche auf Mallorca kehrte Ludwig Salvator auf die Insel zurück, und alles wäre vermutlich ganz anders gekommen, wenn nicht in der Nähe von Valdemossa ein schwerer Platzregen sein Tagesprogramm umgeworfen hätte. Valdemossa (nach dem arabischen Wadi Musa = Mosestal) ist jener Ort, wo einstmals Frédéric Chopin und George Sand eine Zeitlang gelebt hatten.
Romantische Gefühle bewegten Ludwig Salvator bestimmt nicht, als er unter den Namen eines Grafen von Neudorf mit seinem braven Wratislaw Vyborny im Gasthof »Ca's Frances« abstieg. Eines Tages wollte er eben aufbrechen, um die Landschaft zu zeichnen, als der Himmel seine Schleusen öffnete. Der stets zu spontanen Entschlüssen neigende Erzherzog packte seine Zeichenutensilien weg und machte sich auf zum Besitzer eines ehemaligen Klostergebäudes namens Miramar, das er während eines Spazierganges gesehen und das ihm ausnehmend gut gefallen hatte. Was sich weiter abspielte, schildert »Graf Neudorf« so:
»Wir mieteten einen Karren und begaben uns unter dem strömenden Regen nach Sa Pablo, das wir nach zwei Stunden erreichten. Als wir auf der Hauptstraße ankamen, war keine Seele zu sehen, und sie war in einen Bach verwandelt. Schließlich konnten wir eine Frau, die uns von einem Portal aus betrachtete, fragen, wo sich Can Serra befinde.
›Dieses Haus rechts mit dem Portal und dem Bogen ist Can Serra‹, sagte sie.
Wir waren bald dort. Wir klopften an, und ein zwölfjähriges Mädchen öffnete uns die Tür.
›Ist hier Can Serra?‹ fragten wir.
›Ja, Juan Serra ist mein Vater. Ich werde ihn gleich rufen. Aber treten Sie bitte ein, bei dem Wetter.‹
Nach einigen Augenblicken stellte sich uns ein Herr vor, etwa vierzig Jahre alt, mit freundlichen Zügen.
›Sind Sie Juan Serra?‹
›Jawohl, mein Herr‹, antwortete er.
›Sehr gut. Ich bin ein Ausländer, der Ihre Insel bereist. Man hat mir gesagt, daß Sie einen kleinen Besitz an der Nordküste haben, der sich Miramar nennt und den Sie verkaufen wollen. Ich weiß nicht, ob man mir eine richtige Auskunft gegeben hat.‹
›Jawohl, mein Herr.‹
›Gut, ich möchte nicht feilschen. Nennen Sie mir bitte einen einzigen

angemessenen Preis. Dies sage ich Ihnen im voraus, denn wenn er übertrieben ist, so wird es zu keinem Abschluß kommen. Ich werde lediglich ja oder nein sagen.‹
Er überlegte einen Augenblick und sagte mir sogleich den Preis, der mir angemessen erschien.
›Wo werden wir den Kaufvertrag abschließen?‹
›In Palma.‹
›Wann?‹
›Am Mittwoch.‹
›Bei wem?‹
›Bei Formiguerra in der Nähe von Sa Portella.‹
›Guten Tag.‹
›Auf Wiedersehen.‹
Wir bestiegen den Karren und fuhren zurück. Miramar war gekauft.«
Ludwig Salvator ließ das alte Kloster renovieren und nach seinem Geschmack einrichten: mit schönen alten Bauernmöbeln im spanischen und maurischen Stil, die er auf der ganzen Insel während ausgedehnter Spaziergänge erwarb. Und dann kaufte er, ganz in der Nähe von Miramar, eine weitere, ansehnliche Villa, San Marroig, weil deren Besitzer gestorben war und seine Familie in größter Armut hinterlassen hatte. Den Leuten mußte doch geholfen werden – oder? Er kaufte eine Finca (Bauerngut) und noch eine und noch eine – bis ein gutes Dutzend beisammen war und dem Erzherzog fast die ganze Nordküste Mallorcas gehörte.
Zu guter Letzt erstand er noch ein Stück nackten Felsens, weil darunter eine bequeme Bucht zum Ankern der »Nixe« lag. Eines Abends saß er friedlich dort oben, betrachtete das Meer, und da näherte sich ein alter Bauer, der ihn unverwandt anstarrte. »Was schaust du so«, fragte der Erzherzog. – »Ich wollte nur den Herrn sehen, der für einen Felsen soviel Geld bezahlt«, erwiderte der Bauer und trollte sich kopfschüttelnd.
Kein Zweifel: die Leute von Mallorca hielten den »Grafen Neudorf« für leicht verrückt, doch sie änderten allmählich ihre Meinung. Er war ein guter Herr, und seine »Verrücktheit« entpuppte sich als Menschenliebe, Toleranz und Großzügigkeit. Wer mit seinen Sorgen zu ihm kam, fand ein offenes Ohr, und er wußte einen Ausweg aus mancherlei Nöten und Bedrängnissen. Sie liebten und verehrten »El Arche-

duque« – so nannten sie ihn, nachdem sein Inkognito gelüftet war –, schließlich wurde er unter dem Spitznamen »El Balearo« für jedermann nah und fern zum Begriff.

Es gab kein Telefon, und es stand in keiner Zeitung – aber die Mundpropaganda verbreitete zuverlässig, daß unweit von Miramar eine kleine Hospiteria lag, die von einem Bediensteten des Erzherzogs geführt wurde. Jeder Gast konnte dort drei Tage lang umsonst wohnen, und er bekam Brot, Wein und Öl, soviel er wollte. Die Hospiteria hatte über Besuchermangel niemals zu klagen.

Die Türen von Ludwigs Häusern standen Tag und Nacht offen; es kamen nicht nur die einheimischen Freunde, es kamen Besucher aus aller Welt – Gelehrte, mit denen der Erzherzog korrespondierte, Bekannte aus alten Zeiten und sogar Verwandte: Mutter Antonietta war einige Male da, auch Kaiserin Elisabeth, die neidlos zugestand, daß Miramar ungleich schöner sei als ihr Besitz auf Korfu.

Vielleicht hat der unkonventionellen Kaiserin aber auch und vor allem das unkonventionelle Leben auf Miramar und San Marroig behagt: ohne Etikette, ohne Kleidungsvorschriften, ohne fixe Mahlzeiten. Jeder konnte kommen und gehen, wann es ihm behagte. Die Häuser voll pulsierendem Leben, Diener samt Familien, Kinder überall, dazu Hunde, Katzen, Pferde. Jedes Tier durfte sein Leben bis zum natürlichen Tod genießen.

Die Umgebung der Ansitze: ein sorgfältig gepflegtes und dennoch ungezwungen natürlich wirkendes Paradies; Spazierwege durch die ausgedehnten Eichenwälder, hübsche Aussichtstürmchen, die zum Rasten und Schauen einluden, und auf einem Hügel ein kleiner ionischer Tempel, in dessen Mitte eine abgebrochene Säule stand. Sie war genau den Körpermaßen Ludwigs angepaßt, so daß er sich bequem darauf stützen konnte. Er sollte dieser Stütze in späteren Jahren immer öfter bedürfen.

1878 wurde knapp unter Miramar ein neues großes Haus gebaut, das den Namen »S'Estaca« erhielt. Dort wohnte später Catalina Homar, die Frau in Ludwigs Leben, auf die wahrscheinlich jene Worte gemünzt sind, die er einmal in einen seiner Texte einstreute: »... und welche Macht gleicht jener eines geliebten Weibes? Weder Ruhm noch Macht noch Geld wirken mit gleicher Kraft auf den sie liebenden Mann. Nur seine Liebe macht ihn glücklich ...«

Catalina Homar war noch ein Kind, als der Erzherzog sie zum ersten Mal sah. Ihr Vater, Miguel Homar, arbeitete als Tischler bei der Renovierung von Miramar. Täglich kam seine kleine Tochter und brachte ihm das Mittagessen; es befand sich in einem Tongeschirr, das in ein großes rotes Taschentuch eingehüllt war.

Die Szene wird von Ludwig selbst ausführlich geschildert, und zwar in einem schmalen Bändchen mit dem schlichten Titel »Catalina Homar«, das unter seinem eigenen Namen 1905 in einem Prager Verlag erschien. Das Buch verschweigt die Intensität der Beziehung zwischen dem Mitglied des Erzhauses und der Tischlerstochter, aber manches läßt sich zwischen den Zeilen lesen und konnte mittlerweile durch Berichte aus anderen Quellen ergänzt werden. Vor allem enthüllt das Buch das sensible Wesen des Autors, seinen Respekt vor den Mitmenschen und seine noble Diskretion. Allein das Vorwort, hier nur auszugsweise wiedergegeben, erweckt tiefe Sympathien für den Mann von Mallorca:

»Sonderbarerweise beschäftigen sich die Menschen am meisten mit den Taten derjenigen, die ihnen Schaden zufügen. Falschen Gelehrten, Empörern, die ein ruhiges Land in Feuer und Flammen setzen, Eroberern, welche Hunderttausende zur Schlachtbank führen – ihnen wird ein Denkmal errichtet, und mit grinsendem Lächeln blicken ihre ehernen Figuren vom hohen Marmorsockel auf die zu ihren Füßen wogende Menge, die blindlings neuen Zerstörern ihres Wohlergehens neue Statuen errichten wird.

Um die Geschichte wohltätiger Menschen, welche ihre Mitmenschen liebten, ihnen halfen, um die kümmert man sich kaum ... Um wieviel veredelnder wäre es, wenn man sich gerade mit der schlichten Geschichte dieser segenbringenden Geschöpfe beschäftigen würde, wie viele Beispiele von Tugend, Sanftmut, von Opferwilligkeit könnte man aus ihrem Leben lesen ...

Ein derartiges Leben schildern die folgenden Seiten, mit Tränen benetzte Blätter, die ich in dankbarer Erinnerung an ein teures, frühzeitig verstorbenes Wesen aufs Grab lege.«

In den Anfangskapiteln schreibt Ludwig einiges über die Geschichte der Insel, über die Erwerbung von San Marroig, über Catalinas von Arabern abstammenden Vater, über dessen jähen Tod, der die Kinder zwang, frühzeitig Geld zu verdienen, und wie Catalina, das schöne sanfte Mädchen, als Landarbeiterin nach San Marroig kam, es durch Tüchtigkeit und Umsicht bald zur Aufseherin brachte.

Und dann das Kapitel »Der einsame Spatz«, an dessen Beginn der Autor berichtet, wie er eines Tages, den unvermeidlichen Zeichenblock auf den Knien, am Strand saß und Vögel beobachtete. Wörtlich heißt es dann weiter:

»Die Mauerschwalben umkreisen [die Klippen], zwitschernd zu Tausenden, und vereinzelt der »Einsame Spatz« [= Blaudrossel], der namentlich am Spätnachmittag seine elegische Stimme dort ertönen läßt. Horch zu, auf einmal ertönt ein Lied [folgt der spanische Text und die deutsche Übersetzung: ›O blaues Meer, wie traurig bist du, du, welches aus meinen Blicken entführtest jenen, der mein ganzes Gut war‹].

Ich wurde von der Ähnlichkeit des Tonfalls mit dem menschlichen überrascht. Die Stimme schien sich zu nähern und wurde immer lauter und lauter. Ich blieb stumm, in Gedanken vertieft, bis ich nahende Schritte hörte und den Kopf hob. Es war C., welche in den Felsenritzen am Meer Salz aufgeklaubt hatte. Wie sie mich sah, schwieg sie und kam mir lächelnd entgegen.«

Punkt. Aus. Sie schwieg und kam ihm lächelnd entgegen. An dieser Stelle fällt schamhaft der Vorhang, alles Weitere bleibt der Phantasie des Lesers überlassen.

Um so ausführlicher, und gelegentlich auch mit einem kräftigen Schuß Humor, erzählt Ludwig den Aufstieg der jungen Catalina zur unumschränkten Herrin über seine ausgedehnten landwirtschaftlichen Betriebe, die unter ihrer tüchtigen Hand einen phänomenalen Aufschwung nahmen. Die mehr als dreißig Kilometer langen Weinberge produzierten den besten Rebensaft weit und breit, die von Catalina erfundene Methode der Pfirsichkonservierung wurde auf mehreren Weltausstellungen ebenso prämiiert wie ihr berühmter Malvasier und Muskatwein.

Am Anfang ihrer Karriere stand eine fürchterliche Prügelei, die ihren Vorgänger, den Gutsverwalter Antoni Celeu, um ein Haar das Leben gekostet hätte. Celeu nämlich war nicht nur Verwalter, er frönte – was Ludwig selbstverständlich nicht wußte – auch dem mallorquinischen Volkssport, dem Schmuggel. Vorwiegend billige Stoffe aus Südfrankreich, Tabak aus Algier und sogar Pferde wurden unter Umgehung des Zolls auf die Insel gebracht; die Zöllner, genauso arme Teufel wie die

Bauern und Fischer, drückten auch schon einmal oder mehrmals die Augen zu, wenn man ihnen einen bescheidenen Teil des Gewinns überließ.

Die Idylle wurde jäh gestört, als ein ehrgeiziger und leider ganz und gar unbestechlicher neuer Zollchef nach Palma kam. Plötzlich jagten die Zöllner wirklich und nicht nur zum Schein die als harmlose Fischkutter getarnten Schmugglerfahrzeuge, und da kam es einmal zu einem makabren Zwischenfall: Schmuggler hatten ein Pferd aus Algier, wie ein Schaf an allen vier Beinen gefesselt, transportiert. Als sie merkten, daß die Ladung zu schwer war und das Schiff kaum eine Chance hatte, dem pfeilgeschwinden Zollboot zu entkommen, versuchten sie sich eiligst des Pferdes zu entledigen. Es war zu gefährlich, das Tier aus den Fesseln zu lösen und über Bord zu werfen – also wurde es bei lebendigem Leibe zerstückelt. Das Schmugglerschiff, das den Zöllnern letztlich doch noch entkommen konnte, hinterließ eine breite rote Spur.

Der Erzherzog war völlig ahnungslos, daß sein Verwalter mit den Schmugglern unter einer Decke steckte, und darum nicht wenig erstaunt, als der neue Zollchef aus Palma eines Tages angeritten kam und erklärte, er habe zuverlässige Hinweise, daß sich in Miramar große Mengen von Konterbande befänden. Antoni Celeu wurde gerufen, und Ludwig Salvator stellte ihn vor die Wahl, sofort ein reumütiges Geständnis abzulegen oder fristlos entlassen und, darüber hinaus, auch sogleich verhaftet zu werden. Celeu gestand. Das Versteck, in dem sich später vierzig Säcke, prall gefüllt mit Tabak, fanden, lag in einer verborgenen Höhle direkt unter dem täglichen Spazierweg des Erzherzogs.

Der Verwalter wurde auf freiem Fuß angezeigt und behielt seinen Posten – aber nur für kurze Zeit. In einer der folgenden Nächte haben ihn unbekannte Täter – mit Sicherheit seine Spießgesellen, die sich durch ihn verraten fühlten – überfallen und halb tot geschlagen. Er verließ die Insel, und man hat nie mehr von ihm gehört.

Wenig später brach in den Waldungen unmittelbar hinter Miramar ein ebenfalls von den rabiaten Schmugglern gelegtes Feuer aus, das gefährliche Ausmaße anzunehmen drohte. Ludwig war nicht daheim, aber Catalina leitete die Löscharbeiten mit solcher Umsicht und Tatkraft, daß kein größerer Schaden entstand. Das Mädchen selbst erlitt dabei

eine schlimme Augenverletzung, an der sie einige Monate lang laborierte.
Der letzte Beweis war erbracht: Catalina Homar war der rechte »Mann«, den verwaisten Posten des Gutsverwalters zu übernehmen.
Es gibt keine schlüssigen Aufzeichnungen über das exakte Datum, ab welchem das Arbeitsverhältnis zwischen dem Herrn von Miramar und seiner Angestellten um rein persönliche Facetten bereichert wurde. Der Übergang wird vermutlich fließend gewesen sein, in den vielen Stunden, da Ludwig der Analphabetin, die nie eine Schule von innen gesehen hatte, Lesen, Schreiben und Rechnen beibrachte, ein gepflegtes Spanisch, schließlich auch Deutsch, Italienisch und – Arabisch!
1888 verließ Catalina in Begleitung des Erzherzogs zum ersten Mal in ihrem neunzehnjährigen Leben die Insel. Die Reise ging aufs spanische Festland, zur Weltausstellung nach Barcelona, wo die Weine des blutjungen Mädchens auf Anhieb mit einer Goldmedaille prämiiert wurden. In Barcelona gab es auch ein Wiedersehen zwischen Ludwig und der spanischen Königin Maria Christina, auch sie eine Habsburgerin, auch sie, wie Ludwigs früh verstorbene »Braut« Mathilde, eine Enkelin des Helden von Aspern, Erzherzog Karl. Maria Christina war eine mutige und resolute Person. Für den Monate nach dem plötzlichen Tod ihres Mannes geborenen Sohn, den späteren König Alfons XIII., führte sie, obwohl für diese Aufgabe überhaupt nicht vorbereitet, die Regierung. Sie war, wie so viele Frauen aus dem Hause Habsburg, eine geschickte Politikerin, die das eben einem mörderischen Bürgerkrieg entronnene Land mit Verstand und Fingerspitzengefühl durch eine Unzahl schwerer Krisen manövrierte. Spanien erlebte unter Maria Christina eine bemerkenswerte kulturelle Blüte.
Ob Catalina mit der Königin zusammentraf, ist unbekannt. Daß sie der geheimnisumwobenen Kaiserin-Sisi während deren zweiten und letzten Besuch in Mallorca begegnete, ist durch Ludwig selbst belegt: »Die beiden Frauen sprachen miteinander, wie wenn sie sich seit jeher gekannt hätten, denn in beiden war das menschliche Gefühl gleich wach. Die Sonne sank am Horizont, und wie Gold schimmerte das Meer und umgab gleich einer Gloriole die beiden Gestalten«, schrieb Ludwig mit einem kräftigen Anflug romantischer Verklärung.
Weder das freundschaftliche Zusammensein mit der Kaiserin noch das Leben an der Seite Ludwigs, der sie wiederholt auf seine Reisen mit-

*Oben: Ludwig Salvator, bereits von seiner Krankheit gezeichnet.*
*Catalina Homar*
*Unten: Skizze von Palma aus Ludwigs preisgekröntem Hauptwerk*
*»Die Balearen«*

nahm, oder gar die internationale Anerkennung der Früchte ihrer Arbeit haben Catalinas bescheidenem Wesen Schaden zugefügt. Sie verabscheute Eitelkeit und Hochmut; wenn Ludwig ihr glänzende Kritiken seiner Bücher zeigte, pflegte sie trocken zu bemerken: »Mach' Sie das nicht zu stolz. Alles ist nur eine Gnade Gottes.«
Catalina war, ebenso wie Ludwig, tief religiös; einen Höhepunkt ihres Lebens bildete 1899 die Pilgerfahrt ins Heilige Land an der Seite des Erzherzogs. Die Heimreise ging über Venedig: ». . . es war abends, die Salute, graugehüllt, glänzte blaß im Mondenlicht. C. fuhr ab. Noch scheint es mir, als fühlte ich ihren Händedruck, es sollte der letzte sein«, schrieb Ludwig. Einige Zeilen später heißt es: »Es waren böse Zeiten über mich hereingebrochen . . . Ich erkrankte . . . Ich schrieb ihr nichts darüber. Vielleicht hat sie es nie erfahren.«
Dies ist mit größter Wahrscheinlichkeit der Hinweis, daß sich Ludwigs entsetzliches Leiden zum ersten Mal manifestierte; er muß es sich auf einer seiner Orientreisen geholt haben, und es führte nach qualvollen Jahren zum Tode. Alle Anzeichen deuten darauf hin, daß er an Elephantiasis Arabum erkrankt war, die durch den Parasiten Filaria Sanguinis übertragen wird. Durch Verschluß der Blutkapillaren und Lymphgefäße kommt es zu Flüssigkeitsstauungen, unter in langen Intervallen auftretenden heftigen Fieberstößen zu monströsen Verdikkungen der Haut und der darunterliegenden Gewebe und zur Bildung von Ödemen. Vor allem die unteren Extremitäten schwellen grotesk an, so daß sie schließlich wie Elefantenbeine aussehen, woher die Krankheit ihren Namen hat. Auch Teile des Gesichts können von der Elephantiasis erfaßt werden; die letzten Bilder Ludwigs zeigen ein ballonförmig aufgedunsenes Antlitz.
Sechs Jahre lang hielt sich Ludwig von Mallorca fern, sechs Jahre lang schrieb Catalina immer drängender werdende Briefe, die er sehnsüchtig erwartete: »Die Adresse am Kuvert war der Schräge nach geschrieben, sodaß ich sie gleich unter dem Haufen von Briefen erkannte«, notierte er.
»Kommen Sie bald, kommen Sie zur schönen Estaca«, flehte Catalina und schilderte ausführlich, wie sie in jedem Herbst Traubengehänge anfertigte, sie einzeln auffädelte, an einen kühlen und windigen Ort hängte, so daß sie sich bis Weihnachten frisch hielten. Ludwig kam nicht zu Weihnachten, er kam auch nicht zur Pfirsichernte, wenn Ca-

talina immer wieder ihr köstliches Kompott für ihn konservierte, daß er es noch vor der neuen Ernte verzehren möge.
»Kommen Sie wenigstens auf einige Tage«, schrieb sie. Er erfand immer neue Ausflüchte.
Eines Tages erhielt Ludwig in seinem Haus im ägyptischen Ramleh einen Brief, der ihn stutzig machte. Er trug Catalinas Handschrift – und doch war es nicht die ihre, wie es schien. Tatsächlich stammte das Schreiben von Miguel Homar, Catalinas Bruder. Er teilte mit, daß seine Schwester krank sei. Ludwig sandte ein besorgtes Telegramm – Catalinas telegrafische Antwort kam postwendend: Es gehe ihr besser, sie sei jedoch noch bettlägrig. Dann drei Briefe Miguels hintereinander. Der erste vermeldete, daß Catalina schwerst erkrankt sei, der zweite, daß kaum noch Hoffnung bestehe; der dritte Brief brachte am 12. April 1905 die Todesnachricht. Catalina war, erst sechsunddreißig Jahre alt, am 5. April gestorben.
Was nicht in den Briefen stand, hat Ludwig erst später erfahren: Catalina war an Lepra zugrunde gegangen, jene Krankheit, die ihn schon einmal mit Abscheu und Entsetzen erfüllt hatte, als er 1873 in seinem Buch »Levkosia, die Hauptstadt Cyperns« schrieb: »Auf dem Wege nach Larnaka sieht man abends die Kamele still zur Skala wandern: einige kommen mühsam weiter, denn sie leiden an Krätze ... Aber siehe da, welch ein schauderhafter Anblick: Lepröse Menschen schleppen sich zur Straße, um unter Wehklagen von den Vorübergehenden ein Almosen zu erbitten, und sie flehen zu Gott um Linderung ihrer Qualen. Sie haben in dieser Gegend ihr Quartier aufgeschlagen, nachdem ihnen das Betreten der Stadt verboten wurde. Und dem grauenhaften Bild dient als passende Umrahmung auf beiden Seiten der stillen Straße, wo sich die leprösen Kranken und die krätzigen Kamele hinschleppen...«
Die letzten Zeilen von Ludwigs Gedenkschrift für Catalina Homar, die er unmittelbar nach ihrem Tode verfaßte, lauten: »In der Aufregung des Schmerzes schrieb ich diese Blätter, die ich mit den Worten schließe, daß ein gleich gutes Herz wie das Catalinas bestehen mag; ein besseres aber nicht.«
Er kehrte nun nach Mallorca zurück und ließ in der Kapelle von Catalinas Haus eine Tafel anbringen, unter der noch heute ein Ewiges Licht flammt: »Dem unvergeßlichen Andenken an Catalina Homar, welche

so viele Jahre hindurch die Seele dieses Hauses war, von Ludwig Salvator errichtet, mit der Bitte an jene, die kommen, daß sie für sie beten.«
Das Ewige Licht der Erinnerung flackert auch noch in unserer Zeit für Catalina Homar auf Mallorca. Allerlei Geschichten werden kolportiert, deren Wahrheitsgehalt indes zweifelhaft ist. So lebte bis vor wenigen Jahren in einer Villa in Palma eine 1892 geborene feine alte Dame, von der gemunkelt wurde, sie sei eine Tochter Catalinas und des Erzherzogs gewesen. Sie hieß Ana Vives Ribas; wenn man sie fragte, sagte sie, sie sei ein Patenkind des Arqueduque, und er habe ihr eine ausgezeichnete Erziehung zuteil werden lassen. Antonio Vives hieß übrigens der letzte Sekretär Ludwigs, und die heutigen Besitzer von Miramar heißen ebenso; über mögliche verwandtschaftliche Beziehungen zum Erzherzog schweigen sie sich aus.
Ein anderes Gerücht, das sogar in einigen Publikationen Niederschlag gefunden hat, will wissen, daß Catalina Homar einmal in Wien gewesen und von Kaiser Franz Joseph I. empfangen worden sei – dies ist indes nur ein Wunschtraum der Mallorquiner. Der österreichische Kaiser hat sich stets gegen die Eskapaden seiner Familie abgegrenzt. Offensichtlich aus guten Gründen und nicht aus Starrsinn und Kaltherzigkeit: Wenn er geduldet hätte, daß die eigenen Angehörigen die ehernen Hausgesetze durchbrechen – wie hätte er erwarten können, daß seine Völker sich an die Grundprinzipien der von ihm verkörperten monarchischen Idee hielten? Die stillschweigende Duldung von Ludwig Salvators exzentrischem Lebenswandel war das Äußerste, was man vom Kaiser erhoffen durfte – die offizielle Kenntnisnahme seiner »Maitresse« hingegen ist schlichtweg undenkbar.
Nach dem Zusammenbruch der Monarchie hat die Asphaltpresse mit unverhohlener Gier alte Skandalgeschichten aufgenommen und breitgetreten, den gestürzten Idolen von einst noch eimerweise Schmutz hinterhergegossen. Es konnte daher nicht ausbleiben, daß Ludwig Salvator seinen Teil davon abbekam. Man hat ihm Knaben angedichtet – dann doch wieder nicht Knaben, sondern als Jungen verkleidete Mädchen, die scharenweise die »Nixe« bevölkert hätten.
Das freie, ungezwungene Leben auf Miramar, wo männliche und weibliche Bedienstete samt zahlreichem Nachwuchs eine große Familie bildeten, wurde zu einer Serie orgiastischer Exzesse in einem Harem von

einander bis aufs Messer bekriegenden Frauen samt zahlreichen Bastarden hochstilisiert.
Noch jetzt kursiert auf Mallorca ein Pamphlet, in dem mittlerweile längst verstorbene, angebliche Zeugen mit ihren sehr widersprüchlichen Aussagen zitiert werden. Sie sind so absurd und so bizarr, sie stimmen so wenig mit dem Charakterbild Ludwig Salvators überein, wie wir es aus Selbstzeugnissen und Aussagen seiner Freunde und Bekannten kennen, daß man derlei ruhig als ekelhaften Dorftratsch abtun kann.
Lediglich eine mehrfach wiederkehrende Behauptung könnte den tieferen Grund für die plötzliche Trennung des Erzherzogs von Catalina erklären. Demnach habe Catalina eine flüchtige Affäre mit dem Kapitän der »Nixe II«, einem gewissen Don Juan de Singala, gehabt. Dies soll den Erzherzog so getroffen haben, daß er zu Catalinas Lebzeiten keinen Fuß mehr auf die geliebte Insel setzen mochte. Vergessen konnte er Catalina nicht, wie wir aus seinem schmerzerfüllten Nachruf erfahren.
Keinen Anlaß zu irgendwelchen Mißdeutungen gab Ludwigs Leben nach dem Tode Catalina Homars. Immer öfter und immer länger hielt er sich in Miramar auf, zunehmend gezeichnet von seiner Krankheit. Konnte er sich anfangs auf seinen Besitzungen noch von einem Aussichtstürmchen zum anderen schleppen und im ionischen Tempel, auf die abgeschnittene Säule gestützt, Rast machen, so sah man ihn später, schwer und mühsam auf einem mächtigen Apfelschimmel hockend, die Wälder und die Weinberge durchstreifen.
Sein großes Lebenswerk, ein siebenbändiges und mehr als 4 000 Seiten umfassendes Konvolut, »Die Balearen – in Wort und Bild geschildert«, war abgeschlossen. Es enthält eine Fülle bemerkenswerter Einzelheiten, wie etwa jene Passage, die den Pauschaltouristen unweigerlich zum Schmunzeln reizt: »Charakteristisch für die Mallorquiner ... ist ihre Gastfreundschaft. Jeder Fremde ist ein willkommener Gast, den sie mit Aufmerksamkeit überhäufen, und wenn er wollte, könnte er die ganze Insel durchwandern, ohne nötig zu haben, in einem Gasthaus einzukehren, denn in jedem Haus ... würde er herzliche Aufnahme und eine gastliche Herberge finden.«
Mag sich im Hinblick auf die altruistische Gastfreundschaft mittlerweile auch einiges geändert haben – an anderer Stelle finden sich gera-

dezu prophetische Worte: »Das Klima wird nicht mit Unrecht wegen seiner lieblichen Temperatur und Schönheit des Himmels mit dem südlichen Italien verglichen. Die Milde desselben übt sogar einen höchst günstigen Einfluß auf manche chronische Leiden und auf altersschwache Leute [sic!] aus.«

»Die Balearen«, an denen er nicht weniger als zweiundzwanzig Jahre geschrieben und gezeichnet hatte, wurden auf der Pariser Weltausstellung mit einer Goldmedaille ausgezeichnet; die zweibändige, bei Brockhaus erschienene Volksausgabe fand ein breites Lesepublikum.

Der »gelehrte Erzherzog« wurde mit Ehrungen aller Art überhäuft, als ordentliches Mitglied in die Londoner und in die Wiener Akademie der Wissenschaften aufgenommen; die geographische Gesellschaft verlieh ihm ihre höchste Auszeichnung, die von Naturwissenschaftlern heißbegehrte »Hauer-Medaille«.

Ludwig Salvator stand weiterhin im Briefwechsel mit zahlreichen Gelehrten, aber auch mit anderen hervorragenden Persönlichkeiten, wie etwa dem amerikanischen Präsidenten Theodore Roosevelt und dem französischen Schriftsteller Jules Verne. Seine langjährige Angewohnheit, die Briefe selbst zur Post zu tragen, sich geduldig in die Schlange vor dem Schalter zu stellen und mit den anderen Wartenden einen gemütlichen Plausch zu halten, mußte er der körperlichen Behinderung wegen aufgeben.

Auch nach dem Abschluß von »Die Balearen« kreisten seine Gedanken weiterhin um dieses Hauptthema. Er ließ die alten Märchen der Insel, wie sie noch von Hirten und Bauern erzählt wurden, sammeln und faßte sie zu einem Buch zusammen. Es zeigt aufschlußreiche Parallelen zwischen dem Märchengut dieser südlichen Insel und jenem des deutschen Sprachraums, das die Brüder Grimm veröffentlicht haben.

Ludwig hatte eben eine Arbeit über die Burgen und Wachttürme Mallorcas in Angriff genommen, als der Erste Weltkrieg ausbrach und Kaiser Franz Joseph I. die dem Erzherzog vierundvierzig Jahre zuvor gegebene Erlaubnis, seinen Hauptwohnsitz im Ausland aufzuschlagen, rückgängig machte.

Ludwig hielt sich einige Monate in Görz auf – nicht ohne auch diese Zeit für wissenschaftliche Studien zu nützen. Es entstand ein kleines Wörterbuch der friaulischen Sprache, ein auf keltische Wurzeln zu-

rückreichendes Idiom, dessen unmittelbar bevorstehendes Verschwinden er klar voraussah.
Am 13. Mai 1915 hielt er auf Schloß Brandeis, das er vom Vater geerbt hatte, traurigen Einzug. Es war die Heimkehr in ein ihm fremd gewordenes Land, er war ein einsamer Mann.
Die Menschen, denen er sich verbunden gefühlt hatte, waren längst dahingegangen. Der Vater starb 1870 während einer Pilgerfahrt in Rom, die Mutter 1888 auf Schloß Orth bei Gmunden. Kaiserin Elisabeth war ermordet worden, Kronprinz Rudolf, mit dem er sich immer gut verstanden hatte, durch eigene Hand aus dem Leben geschieden. Sein Bruder Johann, der liebe kleine Gianni von einst, mit dem zusammen er erzogen worden war, hatte sich von der Familie losgesagt; er war, schwerer politischer und militärischer Differenzen wegen, aus dem Erzhause ausgeschieden und unter dem Namen Johann Orth mit seinem Schiff »St. Margaret« im Jahre 1890 vor der südamerikanischen Küste verschollen. Mit dem Bruder Ferdinand, nun Chef des Hauses Toskana, verband ihn wenig. Die Schwierigkeiten, die Ferdinands Tochter Luise und sein Sohn Leopold der Familie machten, gingen Ludwig nichts an. Luise brannte ihrem Mann, dem sächsischen Kronprinzen, durch, Leopold tauchte als einfacher Herr Wölfling in einer zwielichtigen bürgerlichen Existenz unter.
Auch zur jüngeren Generation hatte Ludwig keine Verbindung mehr. Als Erzherzog Karl (der spätere Kaiser Karl I.) und seine Gemahlin Zita im Winter 1911/1912, kurz nach ihrer Eheschließung, für einige Monate zu Gast auf Schloß Brandeis weilten, glänzte der Hausherr durch Abwesenheit. Er ließ dem jungen Paar von einem Diener einige nichtssagend-freundliche Willkommenszeilen überreichen.
Der alte, unförmige Mann saß in den letzten Monaten seines Lebens unbeweglich in einem Zimmer im ersten Stock der Westfront, anscheinend sich selbst schon ein wenig entrückt, denn im letzten Text schreibt er in der dritten Person von sich: »Fern von den sonnigen Küsten Mallorcas hat der Verfasser die vorliegende Arbeit beendet. Vor dem breiten Fenster seines Schlosses in Brandeis saß er und träumte vom Süden, sah die Vogelschwärme vorüberziehen – Schwalben, Störche, wie sie den Gestaden seiner Sehnsucht zueilten. Der nordische Herbst war dem greisen Wanderer fremd geworden...«
Anfang Oktober wurde sein gesundheitlicher Zustand immer besorg-

niserregender. Man berief den berühmten Prager Chirurgen Prof. Dr. Rudolf Jedlicka, der umgehend alle Vorbereitungen für eine Amputation des am schlimmsten von der Krankheit befallenen Beines anordnete. Es kam nicht mehr dazu. Erzherzog Ludwig Salvator starb am 12. Oktober 1915 nachmittags im Beisein seiner Wirtschafterin, eines Priesters und des Arztes.

Sein Leichnam wurde in die Kapuzinergruft nach Wien übergeführt. Dort ruht der im Alter von achtundsechzig Jahren Verstorbene unter der Nummer 98 D in der sogenannten Ferdinand-Gruft; zwei, drei Schritte davon entfernt, Nummer 130 in der »Neuen Gruft«, ist die letzte Ruhestätte seiner »Braut« Mathilde, die im Alter von achtzehn Jahren den Flammentod erlitt.

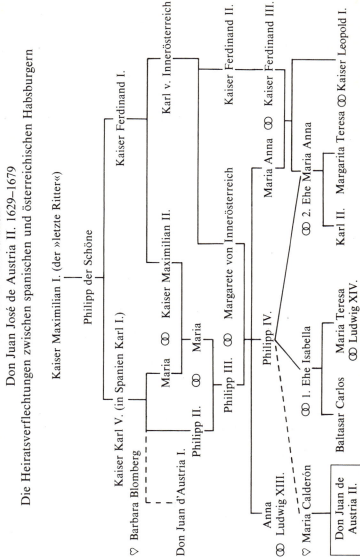

»Aschenbrödel«
Maria Anna 1738–1789

Kaiserin Maria Theresia
⚭ Franz Stephan v. Lothringen =
Kaiser Franz I.

| Maria Anna | Joseph II. Kaiser | Ma. Christina (»Mimi«) ⚭ Sachsen-Teschen | Elisabeth (»Liesl«) | Ma. Amalia ⚭ Parma | Leopold Großherzog Toskana, Kaiser Leopold II. | Ma. Karolina ⚭ Neapel-Sizilien | Ma. Antoinette ⚭ Frankreich | Maximilian Kurfürst v. Köln |

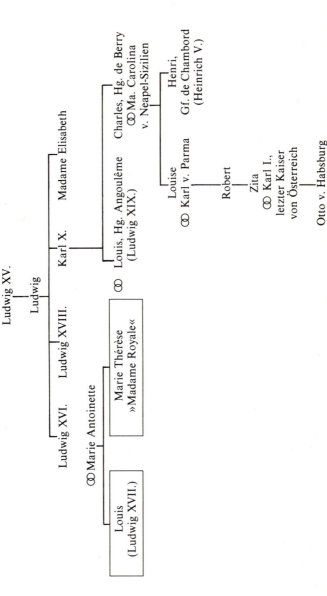

»Marie Antoinettes Kinder«
Louis 1785–1795 (?) – Marie Thérèse 1778–1851

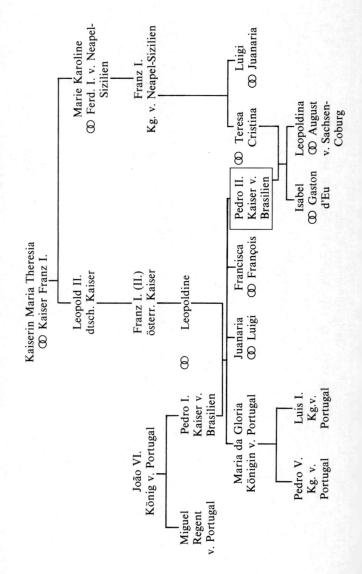

»Der Mann von Mallorca«
Ludwig Salvator 1847-1915

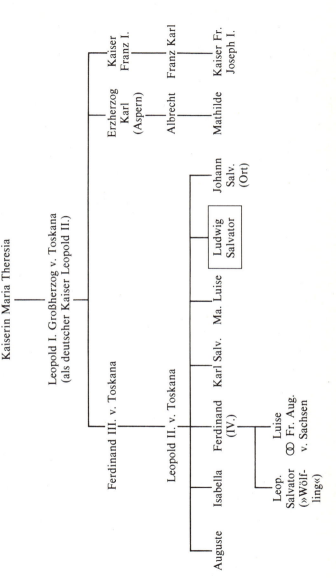

285

# Personenregister

Adalbert, Prinz von Preußen  209
Albert, Herzog von Sachsen-Teschen  73, 74, 80
Amalie von Leuchtenberg, Kaiserin von Brasilien  194, 195, 196, 199, 200, 222
Anna von Österreich, Königin von Frankreich  16, 21, 28, 35
Artois, Charles Graf von (später König Karl X. von Frankreich)  112, 124, 143, 149, 153, 154, 165, 166, 168, 169, 170, 171, 172, 173, 175, 178

Baltasar Carlos, Infant von Spanien  16, 21, 23
Berry, Charles Ferdinand, Herzog von  143, 153, 165
Blomberg, Barbara  7, 27
Bonifacio, José  199, 200, 202
Born, Ignaz von  78, 91, 92

Calderón, Maria, Mutter von Don Juan José de Austria  7, 18, 19, 23
Carl Salvator, Erzherzog  248, 254, 255
Chanterenne, Madeleine de  105, 140, 141, 144

Däniker-Haller, Cecile  204
Draiser, Baron  201, 202, 205

Edling, Anselm von  94, 95, 96, 97, 99, 101, 102
Elisabeth von Frankreich, Königin von Spanien  16, 18, 21
Enzenberg, Franz Joseph Graf  85, 87, 88, 92, 94, 97, 98, 102, 103
Enzenberg, Walburga Gräfin  85
Eu, Gaston Graf von  217, 221, 233

Ferdinand III., Großherzog von Toskana (»Nando«)  246, 247, 248, 254, 279
Francisca Carolina, Infantin von Portugal-Brasilien  189, 200, 209, 224
Franz Stephan, Herzog von Lothringen (Kaiser Franz I.)  53, 56, 57, 58, 59, 60, 61, 65, 67, 68, 69, 70, 71, 90, 91, 106, 240
Franz I., österreichischer Kaiser (als deutscher Kaiser Franz II.)  145, 146, 149, 174, 176, 202
Franz Joseph I., Kaiser von Österreich, König von Ungarn  245, 249, 252, 278

Gasser, Xaveria  83, 85, 86, 87, 88, 89, 95, 96, 102, 103
Guzman, Gasparo de, Graf von Olivarez  16, 18, 21

Heinrich IV., König von Frankreich, siehe Henri, Herzog von Bordeaux
Henri, Herzog von Bordeaux, Graf von Chambord (später König Heinrich IV. von Frankreich)  165, 170, 173, 175, 176, 178, 180, 182, 183, 185, 186, 187
Homar, Catalina  268, 269, 270, 271, 272, 274, 275, 277

Isabel, Infantin von Portugal-Brasilien, Gräfin von Eu  211, 216, 217, 222, 226, 230, 231, 232, 233, 234, 236
Isabella von Parma  66, 67
Itanhaen, Marques de  202, 203, 204

Johann Salvator, Erzherzog (»Gianni«)  239, 246, 250, 254, 279

Joseph II., deutscher Kaiser 57, 58, 59, 60, 61, 63, 66, 67, 68, 70, 71, 73, 74, 75, 81, 82, 87, 88, 91, 106, 240
Juan d' Austria, Don 7, 27, 28
**Juan José de Austria, Don**
Kapitel »Sohn einer Komödiantin«
Juanaria, Infantin von Portugal-Brasilien, Herzogin von Aquitan 200, 209, 211

Karl II., König von Spanien 11, 28, 29, 32, 35, 42, 43, 44, 45, 47, 49, 50
Karl V., deutscher Kaiser 7, 12, 27
Karl VI., deutscher Kaiser 54, 55, 56
Karl X., König von Frankreich, siehe Artois, Charles Graf von
Khevenhüller, Fürst Johann 59, 63, 68, 70, 72
Khüenberg, Agnes Gräfin von 69, 76, 77, 83

Leopold I., Großherzog von Toskana (als deutscher Kaiser Leopold II.) 53, 67, 68, 70, 74, 75, 76, 78, 240
Leopold II., Großherzog von Toskana 240, 241, 242, 243, 244, 245, 246, 247, 248, 249, 250, 252, 254, 255, 279
Leopold II., deutscher Kaiser, siehe Leopold I., Großherzog von Toskana
Leopoldine, Kaiserin von Brasilien 191, 192, 193
Leopoldina, Prinzessin von Sachsen-Coburg 216, 217, 222
Lopez, Francisco 219, 220, 221
Louis Antoine, Herzog von Angoulême (später König Ludwig XIX. von Frankreich) 112, 143, 148, 149, 150, 151, 153, 156, 157, 161, 165, 166, 173, 175, 178, 180, 181

**Louis Charles, Dauphin von Frankreich**
Kapitel »Marie Antoinettes Kinder«
Louis Napoleon (später Kaiser Napoleon III. von Frankreich) 184, 186
Louis Philippe, Herzog von Orléans 171, 184
Louis Stanislaus Xavier, Graf der Provence (später König Ludwig XVIII. von Frankreich) 112, 143, 146, 148, 149, 150, 151, 152, 153, 154, 156, 157, 158, 163, 165, 166
Ludwig XIV., König von Frankreich 11, 24, 28, 35
Ludwig XVI., König von Frankreich 73, 106, 108, 115, 116, 117, 118, 119, 120, 121, 122, 123, 124, 125, 126, 127
Ludwig XVIII., König von Frankreich, siehe Louis Stanislaus Xavier, Graf der Provence
Ludwig XIX., König von Frankreich, siehe Louis Antoine, Herzog von Angoulême
**Ludwig Salvator, Erzherzog (»Luigi«)**
Kapitel »Der Mann von Mallorca«

Maria Amalia, Herzogin von Parma 73, 75, 76, 77
Maria Anna von Österreich, Königin von Spanien 21, 23, 24, 26, 28, 31, 32, 34, 35, 38, 39, 40, 41, 42, 43, 44, 50
**Maria Anna, Erzherzogin (»Marianna«)**
Kapitel »Aschenbrödel«
Maria Antonia, Großherzogin von Toskana (»Antonietta«) 243, 244, 246, 249, 250, 255, 279
Maria Carolina von Neapel, Her-

zogin von Berry 165, 166, 173, 174, 175, 176
Maria Christina, Erzherzogin (»Mimi«) 59, 61, 63, 66, 67, 68, 73, 74, 75, 80
Maria da Gloria, Königin von Portugal 189, 195, 198, 200, 222
Maria Elisabeth, Erzherzogin (»Liesl«) 59, 61, 63, 73, 75, 80, 82
Maria Karolina, Königin von Neapel-Sizilien 55, 57, 73, 77, 89, 97, 98, 110, 111, 112, 142
Maria Theresia, Kaiserin 53, 54, 55, 56, 57, 58, 59, 61, 63, 64, 66, 68, 69, 70, 71, 72, 73, 74, 75, 77, 80, 81, 106
Marie Anna, Großherzogin von Toskana 241, 243
Marie Antoinette, Königin von Frankreich 8, 73, 105, 106, 107, 108, 110, 111, 112, 113, 115, 116, 117, 118, 119, 120, 121, 122, 123, 124, 125, 126, 127, 128, 130, 131, 133, 139
Marie Louise von Parma 148, 157, 183
**Marie Thérèse Charlotte, Dauphine von Frankreich (»Madame Royale«)**
Kapitel »Marie Antoinettes Kinder«
Mathilde, Erzherzogin 257, 258, 280

Napoleon I., Kaiser von Frankreich 148, 149, 153, 154, 156, 157, 161, 163
Nithard (Nidhard), Johann Eduard 24, 32, 34, 35, 36, 37, 38, 39, 40

Pedro I., Kaiser von Brasilien 191, 192, 193, 194, 195, 198, 199, 200
**Pedro II., Kaiser von Brasilien**
Kapitel »Magnanimo«
Philipp IV., König von Spanien 7, 11, 12, 14, 16, 17, 18, 21, 23, 24, 27, 28, 29, 30, 31, 32
Pinto, Dona Domitilia, Marquesa von Santos 192, 193, 194, 195
Podewils, Otto Graf 59, 65, 66

Ribera, Jusepe de (»Spagnoletto«) 22
Ribera, Maria Rosa de 22

Simon, Antoine 125, 128, 130, 131, 132, 134, 135
Simon, Marie Jeanne 130, 131, 132, 134

Teresa Cristina, Kaiserin von Brasilien, Ehefrau von Kaiser Pedro II. 210, 211, 214, 222, 224, 226, 230, 232, 233, 235

Valenzuela, Fernando 40, 41, 42, 43, 44
Valenzuela, Maria Eugenia 40, 41, 44
Verna de Maghelhãs Coutinho, Marianna (»Dadama«) 189, 199, 200, 201, 202, 203, 210, 216

---

*Bildnachweis*
Photo Bulloz, Paris (3); Elisabethinenkonvent, Klagenfurt (1); Landesmuseum für Kärnten, Klagenfurt (1); Musée d'art et d'histoire, Genf (1); Österreichische Nationalbibliothek, Wien (27); Roger Viollet, © Cap-Viollet (1).
Umschlag: Photo Bulloz, Paris (1); Kunsthistorisches Museum, Wien (1); Österreichische Nationalbibliothek, Wien (3).